GUNDULA DECHOW
KONSTANZE REENTS
KATJA TEWS-VOGLER

Inklusion

Schritt für Schritt

Chance für Schule und Unterricht

Cornelsen
SCRIPTOR

Autorinnen
Gundula Dechow ist Regelschullehrerin für GS und Sek I und Sonderschullehrerin in den Fachrichtungen „Hören“ und „Sprache“ in Schleswig-Holstein. Sie arbeitet in der Integration an allen Schulformen am Landesförderzentrum Hören in Schleswig.

Konstanze Reents ist Förderschullehrerin in Niedersachsen, ausgebildet in den Schwerpunkten „Lernen“ und „Geistige Entwicklung“. Sie arbeitet u. a. im Rahmen des Regionalen Integrationskonzepts und des Mobilen Dienstes stundenweise an Regelschulen mit dortigen Kollegen im Team.

Katja Tews-Vogler ist Gymnasiallehrerin und Sonderschullehrerin (Pädagogik bei Verhaltensauffälligkeiten). Sie arbeitet als Studienleiterin am Institut für Qualitätsentwicklung an Schulen Schleswig-Holstein in der Lehreraus- und -fortbildung.

Projektleitung: Dorothee Weylandt, Berlin
Redaktion: Marion Clausen, Berlin
Umschlaggestaltung: Torsten Lemme, Berlin
Grafik S. 22: Erik Liebermann, Steingaden
Layout und technische Umsetzung: fotosatz griesheim GmbH, Griesheim

www.cornelsen.de

1. Auflage 2013

Druck: orthdruk, Bialystok, Polen

ISBN 978-3-589-03949-4

Inhalt gedruckt auf säurefreiem Papier aus nachhaltiger Forstwirtschaft.

Inhalt

Teil C – Den Unterricht weiterentwickeln

Teil D – Unterrichtsmodelle

Vorwort

Alle reden von Inklusion – aber nur wenige machen konkret deutlich, was auf jede Lehrperson im Schulalltag zukommt, wenn sie sich auf das Abenteuer „Inklusion" einlässt. Diese Lücke füllen die Autorinnen mit diesem Buch.

Mir gefällt das Buch:

- Es ist ein Praktikerbuch, aber es ist nicht „aus der Praxis für die Praxis", sondern mit gehöriger *reflexiver Distanz* zur eigenen Berufsarbeit und mit klaren Theoriebezügen zur aktuellen Diskussion über die Schul- und Unterrichtsentwicklung geschrieben worden.
- Es beschreibt *ganz konkret* erste Schritte auf dem Weg der inklusiven Schule, ohne den Leser zu gängeln. Stets werden Handlungsalternativen genannt, immer wieder auf gelungene Praxisbeispiele verwiesen.
- Die vielen *Checklisten* komprimieren die Aussagen und übertragen sie in den eigenen Berufsalltag. Sie sind für jeden Einzelnen, aber auch für die Arbeit in Fachkonferenzen, Jahrgangsteams, Steuergruppen etc. hilfreich.
- Die Autorinnen benennen förderliche und hinderliche *Rahmenbedingungen*. Wichtig und ehrlich ist ihre Feststellung in der Einleitung: „Fehlende institutionelle Rahmenbedingungen können wir mit diesem Buch nicht ausgleichen."
- Sie verschweigen nicht, wie komplex die Umsetzung der Vorhaben ist, und beschreiben *die ganze Aufgabe,* die Lehrerinnen und Lehrer bewältigen müssen, die vor der Aufgabe stehen, einen inklusiven Unterricht zu leisten.
- Das Buch liefert wichtige Basisinformationen zur Inklusion (z.B. in Schritt 7 den „Index für Inklusion"), aber auch viele kleine Hilfen und nützliche Hinweise zur Weiterarbeit (z.B. in Schritt 3: „Schaffen Sie sich ein Nicht-stören-Schild an!" oder die wichtigen Hinweise auf außerschulische Unterstützungssysteme in Schritt 11).
- Es zeigt nachdrücklich auf, dass das Einzelkämpfermodell ausgedient hat. *Teamarbeit* ist angesagt – nicht als wünschenswerte Zugabe, sondern als zentrale Gelingensbedingung.

Wenn man das Buch „auf einen Rutsch" durchliest, fühlt man sich fast erschlagen vom Umfang der Arbeiten, die mit der Verwirklichung der Inklusion in unseren Schulen auf jede Lehrerin und jeden Lehrer und auf die Kollegien zukommen. Da ist das Motto tröstlich, das schon im Titel des Buches steht: Inklusion Schritt für Schritt. Anders formuliert: Es bringt nichts, ja, es ist sogar kontraproduktiv, alles auf einmal anpacken zu wollen.

Inklusion beginnt im Kopf! Zwanzig Schritte bis zur Inklusion? *Ginge das nicht ein bisschen fixer?* Die Antwort der Autorinnen lautet: nein! Ich schließe mich an: Wer inklusiven Unterricht halten will, kann und darf sich nicht auf die Unterrichtsentwicklung beschränken. Er muss auch sein Selbstbild und sein Verständnis vom Lehrerberuf weiterentwickeln, er muss förderliche Strukturen schaffen und sich aktiv für die Teamarbeit einsetzen.

Wege entstehen beim Gehen! Der Spruch könnte das Motto zu diesem Buch abgeben, weil er Mut machen kann. Aber der Spruch ist unvollständig, weil damit ausgeklammert wird, dass nicht jeder Weg zum Ziel führt. Deshalb die notwendige Ergänzung: „Wege entstehen beim Gehen. *Aber die Ziele entstehen im Kopf.*" – Und genau dafür finden Sie in diesem Buch viele überzeugende Anregungen, mit deren Hilfe Sie das kriterienlose Drauflos-Wursteln vermeiden können.

Was Schülern mit Förderbedarf hilft, tut auch allen anderen Schülern gut! Das Buch macht ein interessantes Phänomen der deutschlandweiten Diskussion um innere Differenzierung und Heterogenität, um Individualisierung und Kompetenzorientierung deutlich: In all diesen – getrennt gestarteten – Diskursen findet eine Annäherung an die Merkmalskataloge für „guten Unterricht" statt, wie sie von Andreas Helmke, Frank Lipowski und auch von mir vorgelegt worden sind. Konkret: Was für ein „inklusives Klassenzimmer" gut ist, ist auch für das „globalisierte Klassenzimmer" sinnvoll; wer Inklusion ernst nimmt, wird fast zwangsläufig zum Anhänger des kompetenzorientierten Unterrichts; was Ganztagsschulen voranbringt, hilft auch der Inklusion.

Professionelle Lerngemeinschaften helfen, die komplexen Aufgaben zu bewältigen! Ich war „schuld" daran, dass sich die drei Autorinnen zusammengetan haben, um dieses Buch zu schreiben. Sie kannten sich vorher nicht. Sie mussten sich erst „zusammenraufen", was ihnen gut gelungen ist. Warum? Weil sie das, was sie sich von den Leserinnen und Lesern dieses Buches erhoffen, selbst vorgemacht haben: Sie haben eine professionelle Lerngemeinschaft gebildet.

Ich empfehle das Buch allen, die sich auf den Weg der Inklusion machen wollen, mit Nachdruck.

Oldenburg, im Mai 2013
Hilbert Meyer

Einleitung

Mit diesem Buch möchten wir Ihnen Anregungen, Hinweise und Ideen zum Aufbau einer inklusiven Schule und eines inklusiven Unterrichts geben. Denn wir sind überzeugt: Inklusion ist machbar und bietet eine echte Chance – aber nicht automatisch, sondern nur dann, wenn Sie Ihren Unterricht systematisch entwickeln!

Die besondere Struktur des Buches gibt Ihnen die Möglichkeit, den Weg zum inklusiven Unterricht selbst Schritt für Schritt zu gehen.

Wir möchten Sie alle ansprechen: Lehrende, besonders in der Sekundarstufe I, Referendarinnen und Referendare, Fach- und Seminarleiter, Studierende, Einsteiger und berufserfahrene Praktiker, Schulleiter und Interessierte, Skeptiker und Überzeugte.

Darüber hinaus würden wir uns freuen, wenn Sie dieses Buch zum Anlass nehmen, kleine Lesegemeinschaften zu bilden, um Ihr Wissen und Können in Steuergruppen oder in einer professionellen Lerngemeinschaft dafür zu nutzen, Schule weiterzuentwickeln.

Das Buch besteht aus vier Teilen. Zunächst finden Sie **drei Themenbereiche**, die den Weg zum inklusiven Unterricht bereiten:

- Die persönliche Einstellung prüfen und die eigene Rolle weiterentwickeln (Schritte 1 bis 5)
- Institutionelle Rahmenbedingungen schaffen (Schritte 6 bis 12)
- Den Unterricht weiterentwickeln (Schritte 13 bis 20)

Jeder Bereich ist in mehrere Arbeitsschritte aufgeteilt, die sowohl zur Reflexion der eigenen Berufspraxis als auch der weiteren Entwicklung dienen.

Die **Schritte 1 bis 5** thematisieren das Denken und Handeln der einzelnen Lehrperson. Hier werden das eigene Selbstverständnis, die Einstellung und Haltung zur inklusiven Bildung, die eigene Rolle in einem inklusiven Unterricht und die Anerkennung der Vielfalt zum Thema gemacht.

In den **Schritten 6 bis 12** wird der Blick auf das System Schule geschärft, um Schulentwicklung mitzugestalten und förderliche Rahmenbedingungen zu schaffen, sowie Inklusion konzeptionell und praktisch an Ihrer Schule zu verankern.

Der dritte Themenbereich **(Schritte 13 bis 20)** behandelt die Weiterentwicklung des eigenen Unterrichts. Es geht um Teamarbeit, um Unterrichtsmethoden, Individualisierung des Lernens und Leistungsbewertung.

Zu fast jedem Arbeitsschritt bieten wir Ihnen zusätzlich praktische **Checklisten** an.

Den Abschluss bilden im vierten Teil **Unterrichtsbeispiele**, die veranschaulichen, wie die konkrete inklusive Unterrichtspraxis gestaltet werden kann.

Beim Lesen ist es sinnvoll, aber nicht unbedingt zwingend, das Buch von vorn nach hinten durchzuarbeiten. Sicherlich sind viele von Ihnen bereits einige Schritte auf dem Weg der Inklusion gegangen, haben entsprechende Erfahrungen gemacht und ein Fundament aufgebaut. Wählen Sie daher den Schritt für sich aus, der Ihrem gegenwärtigen Interesse am nächsten liegt.

Wir verweisen innerhalb der Schritte auf andere, so dass Sie entsprechend Ihrem Interesse durch das Buch geführt werden.

Inklusion – darunter verstehen wir in diesem Buch das gemeinsame Lernen von Schülern mit und ohne Beeinträchtigung, aber auch das gemeinsame Lernen von Schülern mit unterschiedlichen sozialen, sprachlichen und kulturellen Biographien.

Daher sollten in einem inklusiven Schulsystem sonderpädagogische Zuordnungen als Kategorisierungsinstrument ausgedient haben. Dennoch darf dies nicht zu dem Trugschluss verleiten, es bedürfe keiner sonderpädagogischen Förderung mehr. Die Unterstützung, die beispielsweise ein Kind mit dem Förderschwerpunkt „Körperliche und motorische Entwicklung" benötigt, lässt sich nicht aus einer Seite in einem Unterrichtsbuch herauslesen. Vielmehr braucht es weiterhin entsprechend ausgebildete Kollegen, die sich der individuellen Unterstützung dieses Kindes annehmen. Regelschullehrpersonen können dies schwer zusätzlich leisten oder „mal eben nebenbei" in einem Wahlpflichtkurs an der Uni erlernen.

Dies gilt für alle **sonderpädagogischen Förderschwerpunkte** (die Bezeichnung variiert in den einzelnen Bundesländern) wie

- Erziehung und Förderung von Kindern mit autistischem Verhalten
- Förderschwerpunkt Emotionale und soziale Entwicklung
- Förderschwerpunkt Lernen
- Förderschwerpunkt Sprache
- Förderschwerpunkt Sehen
- Förderschwerpunkt Hören
- Förderschwerpunkt Geistige Entwicklung
- Förderschwerpunkt Unterricht kranker Schülerinnen und Schüler

Inklusiver Unterricht ist ein relevantes Thema in allen Schulformen, auch an der Realschule, auch am Gymnasium. Das bedeutet nicht, dass jeder Schüler der Schule den Realschulabschluss oder das Abitur ablegen wird; es bedeutet aber, dass an allen Schulformen ziel- und abschlussdifferent gedacht und unterrichtet wird.

Um es klar zu sagen: Wir bieten zahlreiche Vorschläge an, die hilfreich sind und einen praktischen Weg aufzeigen. **Aber fehlende institutionelle Rahmenbedingungen können wir mit diesem Buch nicht ausgleichen!**

In vielen Schritten greifen wir auf die zehn Merkmale guten Unterrichts von Hilbert Meyer (2004) zurück. In diesen Fällen sind die von Meyer geprägten Begriffe kursiv hervorgehoben.

Wo es inhaltlich wichtig ist, heben wir Lehrpersonen der Förderschule als Förderschullehrer hervor, um sie von Regelschullehrern zu unterscheiden.

Aus Gründen der besseren Lesbarkeit wird in diesem Buch meistens die männliche grammatikalische Form verwendet. Damit sind selbstverständlich auch immer Frauen und Mädchen gemeint.

Die Begriffe „Heterogenität" und „Vielfalt" verwenden wir synonym.

Am Ende des Buches finden Sie allgemeine, vertiefende und weiterführende **Literaturhinweise.** Spezielle Literaturangaben zu einzelnen Schritten sind direkt im Anschluss des jeweiligen Schrittes aufgeführt.

Unsere Vorschläge und Checklisten sollen nicht dazu führen, dass Sie sich als einzelne Lehrperson noch stärker belastet fühlen. Vielmehr möchten wir Sie ermuntern, Schritt für Schritt voranzugehen, weitere Personen zur Unterstützung hinzuzuziehen, andere Institutionen einzubinden, sowie Aufgaben gemeinsam mit Kollegen und/oder arbeitsteilig zu erledigen. Wir denken, dass Inklusion realisierbar ist – allerdings in kleinen Schritten.

Eine zentrale Rolle haben Sie als Lehrerin oder Lehrer dabei inne. Mit Ihrer Haltung und Ihren Sichtweisen beeinflussen Sie viele Prozesse im Unterrichtsgeschehen sowie den Umgang der Schüler untereinander. Seien Sie sich Ihres Einflusses bewusst und fangen Sie an. Begeben Sie sich auf einen inklusiven Weg!

Viel Erfolg!

Juni 2013
Gundula Dechow
Konstanze Reents
Katja Tews-Vogler

Schritt 1: Ich wechsle meine Perspektive.

Gundula Dechow

1

Ziel: Sie erfahren, wie Ihre vertraute Perspektive auf Schule und Unterricht hin zu einem inklusiven Bildungsverständnis verändert werden kann.

Vielleicht erwarten Sie, dass in Schritt 1 sofort zentrale Positionen und Perspektiven inklusiven Unterrichts formuliert werden. Aber so schnell geht es nicht: Inklusiver Unterricht beginnt im Kopf!

In den Großstädten, aber nun auch in anderen Regionen, werden in unserer Gesellschaft schon seit Jahrzehnten die **wachsende soziale Vielfalt** und die **kulturellen Unterschiede** immer deutlicher. Traditionelle Lebenszusammenhänge treten in den Hintergrund und Selbstverständlichkeiten vergangener Zeiten verlieren ihre Bedeutung. Zudem leben und betonen wir verstärkt unsere Individualität in den unterschiedlichen Lebensbereichen. Wir erwarten die gesellschaftliche Akzeptanz unseres „Andersseins", ob bei der Lebensplanung, der Ernährung oder der Kleidung, um nur Einiges zu nennen. Unsere Gesellschaft zeigt heute ein multikulturelles, facettenreiches Bild und es besteht weitgehend Konsens darüber, dass Unterschiedlichkeit nicht nur ihre Berechtigung hat, sondern sogar „gefeiert" werden kann.

Die Auswirkungen der **Individualisierung** und der kulturellen Vielfalt unserer Gesellschaft werden auch in der Schule zunehmend spürbar.

Dieser wachsenden **Heterogenität** in der Schule angemessen zu begegnen, ist die aktuelle pädagogische Herausforderung.

Die Entwicklung einer veränderten Sichtweise auf Schule und Unterricht wurde auch früher schon kritisch hinterfragt und zu Beginn als Problem, vielleicht sogar als Gefahr, wahrgenommen und diskutiert. Heute sehen wir diese Entwicklungen im Rückblick als zu diesem Zeitpunkt notwendige Reformen an; eine Rückkehr zu den alten Verhältnissen ist unvorstellbar. Wir – die Autorinnen dieses Buches – sind uns sicher, dass dies auch für die aktuelle Herausforderung durch den inklusiven Unterricht gilt.

2009 verabschiedeten die Vereinten Nationen die **Behindertenrechtskonvention** (BRK 2009). Das Recht auf Selbstbestimmung und Teilhabe wird darin ohne jegliche Einschränkung auch für behinderte Menschen eingefordert. Diese bürgerrechtstheoretische Verankerung findet einen konsequenten Niederschlag in der Begründung von Inklusion. Im Kapitel „Bildung" (§ 24) heißt es:

> „Die Vertragsstaaten anerkennen das Recht von Menschen mit Behinderungen auf Bildung. Um dieses Recht ohne Diskriminierung und auf der Grundlage der Chancengleichheit zu verwirklichen, gewährleisten die Vertragsstaaten ein inklusives Bildungssystem auf allen Ebenen"
>
> *(BRK 2009, Art. 24, 1).*

Die gesellschaftliche Partizipation für Menschen mit Behinderung ist nun in allen Lebensbereichen geltendes Recht. Damit begründet diese Konvention auch in Deutschland eine veränderte Sichtweise auf Behinderung und einen Wendepunkt.

Sie veranlasst uns, den Behindertenbegriff neu zu denken und setzt damit einen bedeutsamen Impuls für die zukünftige gesamtgesellschaftliche Entwicklung. Den Prozess dieses Bewusstseinswandels kann auch Schule nicht ignorieren. Die Ratifizierung der Behindertenrechtskonvention stellt nicht nur einen Meilenstein in der Geschichte der Behindertenpädagogik, sondern auch in der Geschichte der allgemeinen Pädagogik dar, denn sie weist unserem gesamten Schulsystem den Weg in eine inklusive Zukunft (Wocken 2012).

Mit Beginn der schrittweisen Einführung eines **inklusiven Schulsystems** hält auch ein verändertes pädagogisches Denken Einzug, mit dem sich jeder, der an Schule beteiligt oder von ihr betroffen ist, auseinandersetzen muss. Die gewollte Vielfalt in den Lerngruppen stellt bisherige Denkweisen, Einstellungen und Praktiken auf den Kopf.

Dabei geht es jedoch nicht um die „Zerstörung" althergebrachter Strukturen, sondern um einen echten Perspektivenwechsel

„hin zu einer Schule für alle, die weder nach Geschlecht, Religion oder Weltanschauung, Herkunft, Behinderung, der ‚Begabung' den Zugang zu Bildungs(chancen) steuern oder reglementieren darf"

(Schwohl/Sturm 2010).

Dieses Denken ist neu und vielen fremd. Daher sind Reaktionen auf einer Skala von Verunsicherung bis hin zur Ablehnung zu beobachten – verständliche erste Reaktionen, die alle, die Inklusion voran bringen wollen, ernst nehmen müssen. Die ablehnenden Reaktionen basieren häufig auf grundlegenden persönlichen Überzeugungen und Einstellungen (Graumann 2002), die zumeist auf eigene, oft lange vergessene Lernerfahrungen zurückgeführt werden können.

Forschungen zu Innovationen im Schulsystem zeigen: Diese anfängliche Ablehnung kann auch die erste von mehreren Phasen der Auseinandersetzung mit dieser Thematik darstellen und einen persönlichen Lernprozess einleiten.

Lernen ist ein eigener innerer Prozess, für den sich jeder Mensch individuell entscheidet. Diese Aussage trifft für Lernende jeden Alters zu. So lädt dieser erste Schritt zu einer Auseinandersetzung mit eigenen Haltungen und Einstellungen ein und möchte dazu verführen, sich verunsichern zu lassen, um alternative Sichtweisen zuzulassen.

Dieser Lernprozess kann mit einer Metamorphose verglichen werden. Er bietet der Lehrperson, die sich darauf einlässt, die Chance, innezuhalten, einen Schritt zurückzutreten und die eigene Rolle kritisch zu beleuchten. Für diese Auseinandersetzung wird eine Offenheit gegenüber dem Fremden benötigt, so dass eigene Annahmen und Einstellungen nicht von vornherein als die einzig möglichen favorisiert werden. Jegliches pädagogische Handeln basiert, bewusst oder unbewusst, auf einem bestimmten Bild vom Menschen als lernendes Wesen. Was das in Zeiten der Inklusion heißt, gilt es zu ergründen, um Veränderung von Einstellungen und Verhalten überhaupt erst zu ermöglichen.

Wir laden Sie ein, einen **„Dialog" mit sich** – oder besser noch mit realen anderen Menschen – zu beginnen. Fragen können hierbei helfen, tief verinnerlichte Erklärungen für unsere Denkweisen und unser Verhalten aufzuspüren:

- Was weiß ich über inklusive Bildung?
- Was befürchte ich für meine bisherige Arbeit, wenn ich eine inklusiv zusammengesetzte Lerngruppe übernehme?
- Was erhoffe ich mir?
- Was hat mich veranlasst, einen Lehrberuf zu ergreifen?
- Auf welchen Überzeugungen beruht mein Menschenbild?
- Welche Werte sind mir wichtig?
- Wie sieht mein Verständnis vom Lernen aus?
- Wie sehe ich meine Lehrerrolle?
- Was möchte ich mit meinem Unterricht bewirken?
- Was ist mir in meinem Unterricht besonders wichtig?
- Welche vorrangigen Aufgaben hat Schule aus meiner Sicht zu erfüllen?

Gelingt es Ihnen, sich auf diese Metaebene zu begeben und das eigene professionelle Denken und Handeln zu hinterfragen, Erklärungen für Ihre bisherige Praxis zu finden, so haben Sie einen **reflexiven Zugang** zum Thema „Inklusive Schule" gewonnen. Dies ist die Voraussetzung, um Ihre Vorstellungen im Kontext des gesellschaftlichen Wandels zu diskutieren und eine neue Haltung zu erarbeiten.

Der Vergleich der eigenen „Sichtweise" mit der gesellschaftlich gewollten kann nun Argumente gleichberechtigt gelten lassen, die vorher nicht annehmbar erschienen. Im Dialog mit sich selbst und anderen kann so der Schritt aus der distanzierten Reserviertheit hin zu einer offenen, aufgeschlossenen Haltung gelingen. Sie erst eröffnet eine ungewohnte Freiheit, veränderte Einschätzungen und Ansätze zuzulassen und selbst veränderte Perspektiven – vielleicht erst „probeweise“ – einzunehmen.

Diese neu gewonnene Offenheit erlaubt es, Gegebenheiten nicht mehr ausschließlich zu beklagen, sondern in ihnen auch das Positive zu suchen und ihre Vorteile sowohl für die Lerngruppe als auch für die Lehrperson zu entdecken – nicht mehr die Defizite herauszustellen, sondern die Potenziale aufzuspüren und zu nutzen.

Das miteinander und voneinander Lernen erzeugt in einer heterogenen Lerngruppe eine Spannung, die positiv, jedoch auch negativ geprägt sein kann. Welche Qualität sie annimmt und in welchem Maße die Lerngruppe sowie der Lehrer von dieser Spannung profitieren, hängt entscheidend von der Haltung der Lehrperson der Lerngruppe gegenüber ab. Den Gewinn einer vielfältig zusammengesetzten Lerngruppe erfahren Beteiligte nur, wenn die „Wahrnehmung, Akzeptanz und Wertschätzung eines jeden“ (Index für Inklusion, 2003, 10) spürbar ist. Die Wertschätzung eines jeden Schülers und Lehrers ist eine wesentliche Bedingung für gelingende Inklusion.

Literatur

Behindertenrechtskonvention (BRK 2009): Wortlaut im Bundesgesetzblatt Jahrgang 2008, Teil II, Nr. 35, 1436-1438

Booth, Tony/Ainscow, Mel (2003): Index für Inklusion. Lernen und Teilhabe in der Schule der Vielfalt entwickeln. (Übersetzt, für deutschsprachige Verhältnisse bearbeitet und herausgegeben von Ines Boban und Andreas Hinz). Martin-Luther-Universität Halle-Wittenberg

Graumann, Olga (2002): Gemeinsamer Unterricht in heterogenen Gruppen. Bad Heilbrunn

Schwohl, Joachim/Sturm, Tanja (Hrsg.) (2010): Inklusion als Herausforderung schulischer Entwicklung. Widersprüche und Perspektiven eines erziehungswissenschaftlichen Diskurses. Reihe: Theorie bilden – Band 20. Bielefeld

Wocken, Hans (2012): Das Haus der inklusiven Schule. Baustellen – Baupläne – Bausteine. Hamburg

2 Schritt 2: Ich reflektiere mein Selbstverständnis.

Konstanze Reents

Ziel: Sie werden sich Ihrer eigenen Rolle im inklusiven Unterricht bewusst und können die damit verbundenen neuen Aufgaben reflektieren.

Zunächst beschreiben wir die Rolle der Lehrperson anhand konkreter Anforderungen und schaffen damit das Fundament, sich im Blick auf diese Anforderungen **selbst zu reflektieren.** Es folgen Möglichkeiten, diese Reflexion methodisch zu strukturieren, ein Beispiel finden Sie in der anschließenden Checkliste.

Unter „Rolle" ist die Summe der Anforderungen, Haltungen und Verhaltensweisen zu verstehen (hier: Rollensegmente), die von einer Lehrperson im inklusiven Unterricht erwartet werden.

In Veröffentlichungen zur Inklusion finden Sie zahlreiche Darstellungen zum **neuen Rollenverständnis** bzw. zum neuen Berufsbild einer Lehrperson. Vergleicht man diese mit Literatur zur allgemeinen Pädagogik und Didaktik, wird deutlich, dass die Arbeitsfelder der Lehrpersonen dieselben sind. Allerdings entstehen durch die größere Heterogenität viel komplexere Anforderungen.

Ebenso zahlreich sind die Aussagen darüber, dass ein inklusiver Unterricht denselben Prinzipien und didaktisch-methodischen Überlegungen zur Unterrichtsplanung und -gestaltung unterliegt wie jeder gute Unterricht.

Aus dieser Voraussetzung leiten wir die in der Literatur durch Aufgaben, Fähigkeiten und Kompetenzen beschriebenen Rollensegmente der Lehrerrolle ab. Die Rolle der Lehrperson ist keinesfalls zu unterschätzen: John Hattie fand in einer Meta-Meta-Analyse heraus, dass – abgesehen vom Schüler selbst – die Lehrperson den größten Einfluss auf den schulischen Lernerfolg hat (Steffens/Höfer 2012).

In der folgenden Auflistung sind die Rollensegmente unterschiedlichen Kategorien zugeordnet. Eine Rolle existiert unabhängig vom Rollenträger. Sicherlich füllt eine Lehrperson nicht alle Rollensegmente gleich umfassend aus, anzustreben ist allerdings eine gelungene Balance innerhalb der Kategorien. Insbesondere im Team bietet sich die Möglichkeit, unterschiedliche Schwerpunkte durch verschiedene Kollegen zu setzen und zu delegieren. Wichtig ist die Entscheidung: Will bzw. kann ich diese Rolle in diesem Schwerpunkt ausfüllen? Schauen Sie sich dazu die Grafik mit den Rollensegmenten der Lehrerrolle auf Seite 13 an.

Die Aufzählung in der Grafik erhebt keinen Anspruch auf Vollständigkeit.

Doch wie wird nun die Rolle, das Selbstverständnis, in Bezug auf die Aufgaben in einem inklusiven Unterricht reflektiert? Auch wenn Sie dies sicherlich allein tun können, sinnvoller ist die Reflexion in der Zusammenarbeit mit anderen. Die veränderte Lehrerrolle wird gestaltet, indem sich die Grundhaltung von Lehrpersonen gegenüber Heterogenität verändert, wofür die Bereitschaft, sich mit seiner Rolle auseinanderzusetzen (→ Schritt 1), grundlegende Voraussetzung ist.

Möglichkeiten zur methodisch strukturierten Reflexion des Selbstverständnisses

- Beobachtungsbogen (→ Checkliste)
- Einholen von Schüler-/Eltern-/Kollegen-Feedback
- Erfahrungsaustausch, Dialog, Diskussion (mit Kollegen der eigenen Schule, der Förderschule, in Netzwerken oder Gesprächskreisen ...)
- Führen eines Unterrichtstagebuchs
- Kollegiale Hospitation (kriteriengeleitet, mit strukturierter Stundennachbesprechung)
- Auswertung von Audio- und Videoaufnahmen
- Arbeit in Fachgruppen „Inklusion"

Rollensegmente der Lehrerrolle

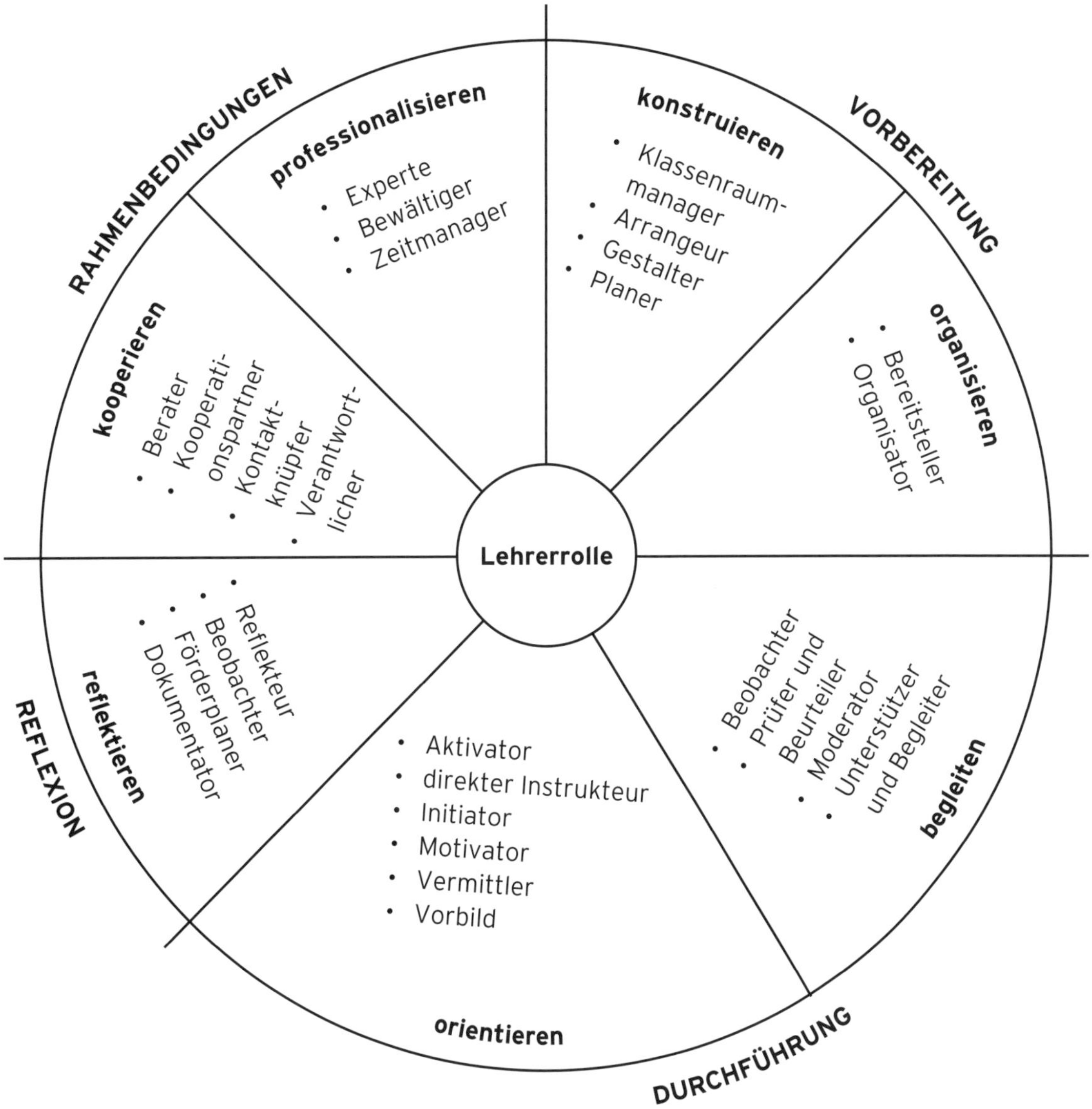

- Unterstützung durch die Fachberater für Unterrichtsqualität (z.B. in Niedersachsen durch die Landesschulbehörde)
- Vorbereitende/begleitende Fortbildung
- Stärken-Schwächen-Analyse (z.B. Meyer 2004, 144)
- Fragebögen (z.B. der Schulinspektionen)
- Index für Inklusion (→ Schritt 7) (Boban/Hinz 2003)
- Kollegiale Beratung

Vor allen anderen aufgelisteten Möglichkeiten formulieren Sie zuerst konkret die **Kriterien**, die für das **Erfüllen eines Rollensegments** gelten sollen. Vereinbaren Sie ggf. mit Kollegen oder schulintern diese Kriterien und legen Sie auch die **Indikatoren** fest, anhand derer Sie das Erreichte überprüfen können.

In Bezug auf inklusiven Unterricht dient der nächste Arbeitsschritt der gemeinsamen Klärung der Aufgaben und des Rollenverständnisses Ihres Kooperationspartners, z.B. der Förderschullehrperson. Hier variieren die Schwerpunkte von Kollege zu Kollege bzw. von Schule zu Schule, umso wichtiger ist eine gemeinsame Reflexion (→ Schritt 13).

Literatur

Boban, Ines/Hinz, Andreas (2003): Index für Inklusion. Lernen und Teilhabe in der Schule der Vielfalt entwickeln. Halle

Helmke, Andreas (2010): Unterrichtsqualität und Lehrerprofessionalität. Diagnose, Evaluation und Verbesserung des Unterrichts. Seelze, 3. Auflage

Hofmann, Christiane/Koch, Arno/von Stechow, Elisabeth (2012): Standards inklusiven Unterrichts – Standards guten Unterrichts. In: Benkmann, Rainer/Chilla, Solveig/Stapf, Evelyn (Hrsg.): Inklusive Schule – Einblicke und Ausblicke, Bd. 13 der Schriftenreihe „Theorie und Praxis der Schulpädagogik", Kassel, 122-137

Meyer, Hilbert (2004): Was ist guter Unterricht? Berlin

Scholz, Daniel (2012): Lehrer in neuen Rollen. Vom Hauptdarsteller zum Prozessbegleiter. In: mittendrin e.V., Stangier, Stephanie/Thoms, Eva-Maria (Hrsg.): Eine Schule für alle – Inklusion umsetzen in der Sekundarstufe. Mühlheim a. d. Ruhr, 39-44

Seitz, Simone (2011): Eigentlich nichts Besonderes – Lehrpersonen für die inklusive Schule ausbilden. In: Zeitschrift für Inklusion – online.net, 3/2011

www www.inklusion-online.net/index.php/inklusion/article/view/15/15 (letzter Zugriff am 04.04.2013)

Steffens, Ulrich/Höfer, Dieter (2012): Was ist das Wichtigste beim Lernen? Die pädagogisch-konzeptionellen Grundlinien der Hattieschen Forschungsbilanz aus über 50.000 Studien (Teil 2). In: Schulverwaltung in Niedersachsen. Zeitschrift für Schulleitung und Schulaufsicht 4/2012, 116-120

Checkliste Schritt 2 ▶

Checkliste Schritt 2

Welches Selbstverständnis habe ich von meiner Rolle als Lehrperson? Wie werde ich von anderen wahrgenommen?

Rollensegment: Vorbereitung des Unterrichts	Selbstreflexion/Fremdeinschätzung			
Kategorie: konstruieren	stimmt vollständig	stimmt teilweise	stimmt überwiegend	stimmt nicht
Ich nutze ein passendes Classroom-Management.				
Ich schaffe ein anregungsreiches Unterrichtsklima.				
Ich gestalte Unterrichtsprozesse abwechslungsreich.				
Ich gestalte eine auffordernde und anregende Lernumgebung.				
Ich plane individualisierten Unterricht und individuelle Fördermaßnahmen.				
Ich plane kompetenzorientierte Lernaufgaben.				

Rollensegment: Vorbereitung des Unterrichts	Selbstreflexion/Fremdeinschätzung			
Kategorie: organisieren	stimmt vollständig	stimmt teilweise	stimmt überwiegend	stimmt nicht
Ich stelle unterstützende Hilfen bereit.				
Ich organisiere differenzierende Materialien und Medien.				

Rollensegment: Durchführung des Unterrichts	Selbstreflexion/Fremdeinschätzung			
Kategorie: orientieren	stimmt vollständig	stimmt teilweise	stimmt überwiegend	stimmt nicht
Ich rege selbstständiges, eigenverantwortliches und gemeinsames Lernen an.				
Ich nutze direkte Instruktion in passenden Lernsituationen.				
Ich biete differenzierende Lernsequenzen an.				
Ich vermittle individuelle Erfolgserlebnisse.				
Ich rege kompetenzorientierte Lern- und Arbeitsmethoden an.				
Ich bin Vorbild in Bezug auf Verhalten, Einstellungen und Werte für gemeinschaftliches Denken und Handeln in der Vielfalt.				

Rollensegment: Durchführung des Unterrichts	Selbstreflexion/Fremdeinschätzung			
Kategorie: begleiten	stimmt vollständig	stimmt teilweise	stimmt überwiegend	stimmt nicht
Ich unterstütze und begleite individuelle Lernprozesse.				
Ich fördere die persönliche Entwicklung jeden Schülers.				

Ich rege zu eigenverantwortlichem Urteilen und Handeln an.				
Ich reflektiere vielfältige Lernwege mit den Schülern.				
Ich sorge für eine effektiv genutzte Unterrichtszeit.				
Ich dokumentiere individuelle Lernfortschritte.				
Ich spreche Fehler als Lernanlass mit den Schülern an.				
Ich moderiere den gemeinsamen Lernprozess.				

Rollensegment: Gestaltung von Rahmenbedingungen	**Selbstreflexion/Fremdeinschätzung**			
Kategorie: professionalisieren	**stimmt vollständig**	**stimmt teilweise**	**stimmt überwiegend**	**stimmt nicht**
Ich bilde mich in aktueller Fachdidaktik und Methodik fort.				
Ich eigne mir grundlegendes Wissen über sonderpädagogische Förderung und aktuelle diagnostische Verfahren an (explizit für Förderschullehrer).				
Ich bewältige Konflikte außerhalb des Unterrichts und auch mit Eltern.				
Ich manage meine Zeit bei der Einhaltung von Absprachen.				
Ich gehe mit meiner Zeit bei der Koordination, Organisation, Vorbereitung und Planung ökonomisch um.				

Rollensegment: Gestaltung von Rahmenbedingungen	**Selbstreflexion/Fremdeinschätzung**			
Kategorie: kooperieren	**stimmt vollständig**	**stimmt teilweise**	**stimmt überwiegend**	**stimmt nicht**
Ich berate Kollegen, Eltern, Schüler, ...				
Ich wirke partnerschaftlich bei der kollegialen Hospitation mit.				
Ich arbeite mit Kollegen, Schulleitung, Eltern, Integrationshelfern, pädagogischen Mitarbeitern, Förderschullehrern zusammen.				
Ich knüpfe Kontakte zu Beratungsstellen.				
Ich trage Verantwortung für jeden Schüler meiner Klasse.				
Ich halte Absprachen im Team ein.				

Rollensegment: Reflexion des Unterrichts	**Selbstreflexion/Fremdeinschätzung**			
Kategorie: reflektieren	**stimmt vollständig**	**stimmt teilweise**	**stimmt überwiegend**	**stimmt nicht**
Ich reflektiere individuelle Lernvoraussetzungen und -möglichkeiten.				
Ich plane und dokumentiere individuelle Kompetenzentwicklung bei Schülern.				
Ich prüfe mein eigenes Handeln im Sinne der Selbstwirksamkeit.				
Ich reflektiere meine eigene Rolle.				

Schritt 3: Ich überprüfe mein Selbstmanagement und passe es an die Rahmenbedingungen an.

Konstanze Reents

3

Ziel: Sie werden dazu angeregt, Ihre verfügbare Arbeitszeit effektiver zu planen und zu nutzen.

In einem inklusiven Unterricht steigt die **Komplexität der Anforderungen** (→ Schritt 2). Insbesondere der organisatorische Aufwand erfordert einen hohen persönlichen Zeiteinsatz, z.B. um Absprachen im Team zu treffen, Schreibaufgaben zu bewältigen (Förderpläne, Lernentwicklungsberichte), an Fort- und Weiterbildungen teilzunehmen, Kollegen und Eltern zu beraten, Unterricht in heterogenen Lerngruppen zu planen etc.

Die objektiv definierbaren Anforderungen erleben Berufstätige subjektiv in Form unterschiedlicher Belastungen (vgl. Rohnstock 2012, 62; Schaarschmidt 2010). Darauf reagieren sie mit individuellen Bewältigungsstrategien (Veränderung der Arbeitsorganisation, bewusster Umgang mit Konflikten etc.) und lassen sie so mehr oder weniger erträglich werden (vgl. Kretschmann 2008, 7).

Die Krux am Lehrerberuf ist, dass das Unterrichten selbst nur einen Teil der Arbeitszeit definiert, während die Vorbereitung des Unterrichts, Korrekturarbeit, Elterngespräche, Konferenzen etc. mehr oder weniger frei zu terminieren sind und teilweise in der persönlichen Verantwortung des Lehrers liegen. Dazu kommen dann noch Hausarbeiten, Hobbys etc. (vgl. Kretschmann 2008, 38) wie bei allen Berufstätigen. Einerseits hat der Lehrer den Vorteil der selbstständig zu bemessenden Arbeitszeit, andererseits häufig das Gefühl, niemals wirklich fertig zu werden und alles noch besser machen zu können.

Im inklusiven Unterricht **verlagern sich die Arbeitsschwerpunkte** in Richtung Vorbereitung, Beratung und Lernbegleitung. Dies erfordert mehr Selbstorganisation in der Arbeit des Lehrers. Die Vielfalt der Anforderungen verlangt insgesamt ein **diszipliniertes Selbstmanagement**, was hohe Ansprüche an eigene Bewältigungsstrategien stellt.

„Eine zweckmäßige Gestaltung des häuslichen Arbeitsplatzes, eine durchdachte Arbeitsorganisation und ein bewusster Umgang mit der verfügbaren Zeit, der neben der Arbeit auch Erholungsphasen vorsieht"
(Kretschmann 2008, 39) schaffen aber Entlastung.

Managementverfahren wie das Zeitmanagement sind bisher überwiegend aus der Wirtschaft bekannt und nicht ohne Weiteres auf die Schule übertragbar.

„Andererseits: Auch eine Lehrkraft muss organisieren, Arbeitsprozesse rationalisieren, Abläufe optimieren, Konflikte minimieren, den Schreibtisch zu Hause pflegen und mit der Materialfülle zurecht kommen"
(Gudjons 2006, 175).

Als Selbstmanagement wird eine Arbeitstechnik bezeichnet, bei der man sich so führt und organisiert (= managt), dass man Erfolg hat (Seiwert 1995, 9).

„Effektives Selbstmanagement verlangt, dass wir unsere persönlichen Entwicklungsmöglichkeiten erkennen, unsere Fähigkeiten entfalten und dabei unseren eigenen Bedürfnissen gerecht werden"
(Wehmeier 2001, 13).

In der Literatur finden Sie Anregungen, die eigene Arbeit möglichst effektiv zu gestalten und so zu mehr Arbeitszufriedenheit und einem geringeren Stressgefühl zu kommen (vgl. Rohnstock 2012, Kretschmann 2008, Gudjons 2006). Wir wollen hier ebenfalls einige Anregungen und Beispiele zum Selbstmanagement auflisten, die sich bewährt haben:

Handeln Sie nach dem „Direkt-Prinzip": Erledigen Sie zeitlich überschaubare Aufgaben sofort. Dies schafft Erleichterung und diese Tätigkeiten beschäftigen Sie dann nicht mehr.

Reflektieren Sie Ihr eigenes Anspruchsniveau: Legen Sie für sich fest, wie Sie die Qualität Ihrer Arbeit einschätzen und welche Qualität Sie anstreben. Realistische Standards zu setzen und zu erreichen motiviert, macht zufrieden und vermittelt Ihnen Erfolgserlebnisse.

Verringern Sie Ihren persönlichen Druck: Formulieren Sie für sich ein erreichbares Maß bzgl. eigener Erwartungen, Ziele oder Ansprüche. Verabschieden Sie sich von eventuell vorhandenen Schuldgefühlen, denn Sie tragen nicht für alles und nicht allein die Verantwortung. Prüfen Sie, wie viel Kraft Sie gegenwärtig in Ihre Arbeit investieren und ob Ihr Einsatz Ihnen noch gut tut.

Schaffen Sie sich eine geordnete Arbeitsumgebung: Ein gut durchdachtes Ablagesystem (z.B. Hängeregister), ein geordneter, freier und übersichtlicher Schreibtisch, ein regelmäßig gepflegtes Ordnersystem auf dem PC sowie Aufräumrituale (z.B. mit täglichen oder wöchentlichen Aufräumzeiten und regelmäßigem Wegwerfen von überflüssigen Materialien) sorgen für eine strukturierte Arbeitsumgebung, die ein zeitsparendes Auffinden benötigter Materialien ermöglicht und somit auch ein Gefühl von Ruhe und Ordnung vermittelt.

Sorgen Sie für eine störungsfreie Arbeitszeit: Jede Störung in Ihrer Konzentration bedeutet Stress. Schließen Sie die Tür Ihres Arbeitszimmers und machen Sie Ihre Arbeitszeit für andere deutlich (z.B. mit einem „Nicht-stören-Schild“ an der Tür), stellen Sie das Telefon um, vereinbaren Sie feste telefonische Sprechzeiten für Eltern, unterdrücken Sie die Neugier, jede neu eingetroffene E-Mail sofort zu öffnen, etc.

Strukturieren Sie Ihre Aufgaben:
Setzen Sie sich realistische Ziele: Je klarer Sie Ihr Ziel festlegen (evtl. mit mehreren Zwischenzielen), umso leichter können Sie es erreichen. Planen Sie realistische Erledigungszeiten ein; nutzen Sie Ihre Erfahrungen dazu.

Beachten Sie langfristig vorgegebene Arbeitszeiten und regelmäßige Termine: Zeiten, die durch die Schule vorgegeben sind, z.B. Unterricht, Konferenzen oder Elternsprechtage, sind meistens bereits für das ganze Jahr im Voraus terminiert. Darüber hinaus legen Sie in der für Sie frei verfügbaren Zeit ritualisierte „Zeitgefäße“ fest, wie Termine im Team, Zeiten für Elterngespräche oder Telefonzeiten, die eine wöchentliche oder monatliche Einrichtung sind. Zu den regelmäßigen Terminen gehören auch Ihre Freizeittermine wie Sporttraining.

Legen Sie längerfristige Vorhaben fest: Planen Sie die Aufgaben ein, die nicht durch ritualisierte Zeiten vorgegeben sind, z.B. Fortbildungen, Klassenfahrt.

Erstellen Sie einen persönlichen Wochenplan: Wochenpläne helfen Ihnen, sich nicht zu verzetteln. Notieren Sie alles, was Sie in einer Woche erreichen und erledigen wollen. Wochenpläne verschaffen Ihnen einen schnellen Überblick und helfen, sich auf das Wesentliche zu konzentrieren.

- Dazu notieren Sie alle persönlichen Termine und Anliegen der nächsten Woche zunächst auf einer Liste.
- Setzen Sie anschließend Ihre Prioritäten, indem Sie sie nach Dringlichkeit und Wichtigkeit bewerten und kategorisieren.
- Tragen Sie nun zunächst langfristig vorgegebene Termine (z.B. Dienstbesprechung), nicht beeinflussbare bzw. regelmäßige Termine (z.B. Training, Malkurs, Klassenkonferenz), dann abgesprochene Termine (z.B. Teamsitzungen, Zahnarztbesuch) und zum Schluss Ihre priorisierten persönlichen einzelnen Termine (z.B. Joggen, Unterrichtsvorbereitung) und deren voraussichtliche Dauer in Ihren Wochenplan ein.
- Vergessen Sie nicht, genügend Freizeit und Pufferzeiten mit einzuplanen.
- Arbeiten Sie diesen Plan ab und streichen Sie abends durch, was Sie geschafft haben. Am Ende Ihres Arbeitstages reflektieren Sie

Ihren Tag. Mit diesen Erfahrungen optimieren Sie zukünftige Arbeitstage.
- Vergessen Sie nicht, sich selbst zu belohnen, wenn Sie mit Ihrer Arbeit zufrieden sind.

Im Internet gibt es zahlreiche **Online-Kalender** (z.B. bei googlemail, hotmail, web.de), die teilweise auch als App auf Smartphones übertragbar sind. Sinnvoll ist es, eine monatliche Terminübersicht anzulegen und diese bei der Wochenplanung im Blick zu haben.

Je besser die schulischen Termine organisiert und vorbereitet sind, desto einfacher ist Ihre individuelle Planung im Anschluss. Schulübergreifende Termine von Förderzentrum und Regelschulen können Sie absprechen und auf den gleichen Wochentag legen, so dass Tage für gemeinsame Treffen frei bleiben (z.B. Konferenzen an den Regelschulen immer am Montag, im Förderzentrum am Mittwoch). Dies erfordert Absprachen zunächst auf Schulleitungsebene (→ Schritt 6 bzw. 12).

Delegieren Sie Aufgaben: Üben Sie, nein zu sagen bzw. Aufgaben an andere zu delegieren. Fragen Sie sich: „Was kann ich leisten? Was nicht?" Klären Sie für sich, für welche Aufgaben an anderen Stellen Kompetenzen und Optimierungspotentiale vorhanden sind und ob Sie auf diese zugreifen können bzw. wollen (z.B. Beratungskompetenz der Förderschullehrkraft, Vorhandensein geeigneter Materialien in der Schule, Teamarbeit).

Berücksichtigen Sie Freizeit und Erholungszeiten: Das Leben besteht nicht nur aus Arbeit, einen Teil Ihrer Zeit organisieren Sie effektiv, den anderen Teil füllen Sie mit befriedigenden privaten Aktivitäten aus.

Hilfreiche Links mit vielen praktischen Tipps und Tests:
www.seiwert.de - Zeitmanagementtest, Buchtipps, Downloads
www.coping.at - Tests zum Arbeitsfeld Gesundheitsförderung im Lehrerberuf

Literatur

Bischof, Klaus/Bischof, Anita/Müller, Horst (2010): Selbstmanagement. Best of-Edition. Freiburg

Gudjons, Herbert (2006): Neue Unterrichtskultur – veränderte Lehrerrolle, Bad Heilbrunn, 172-190

Kretschmann, Rudolf (Hrsg.) (2008): Stressmanagement für Lehrerinnen und Lehrer. Weinheim und Basel, 3., neu ausgestattete Auflage

Rohnstock, Dagmar (2012): Zeit- und Selbstmanagement für Lehrende. Berlin, 2. überarb. Auflage

Rothland, Martin (Hrsg.) (2007): Belastung und Beanspruchung im Lehrerberuf. Wiesbaden

Schaarschmidt, Uwe (2010): Beruf mit Risiken. In: Gehirn und Geist, 11/2010

Seiwert, Lothar (1995): Selbstmanagement: Persönlicher Erfolg, Zielbewusstsein, Zukunftsgestaltung. Offenbach, 5., völlig neu bearbeitete Auflage

Wehmeier, Peter (2001): Selbstmanagement: Organisationsentwicklung und Interaktion. Sternenfels

Checkliste Schritt 3 ▶

Checkliste Schritt 3

Wie bewerte ich selbst mein Zeitmanagement?

Anregungen	Das ist nichts für mich	Das nehme ich mir vor	Das will ich noch konsequenter tun	Das gelingt mir gut
Ich schaffe eine geordnete Arbeitsumgebung und ein durchdachtes Ablagesystem.				
Ich räume mein Arbeitszimmer auf und sortiere Unterlagen aus (z.B. wöchentlich).				
Ich sorge für störungsfreies Arbeiten, indem ich die Tür zu meinem Arbeitszimmer schließe (Bescheid gebe, bis ... Uhr zu arbeiten).				
Ich sorge für störungsfreies Arbeiten, indem ich das Telefon umstelle oder den Anrufbeantworter einschalte.				
Ich nehme mir jede Woche Zeit, um einen Wochenplan mit den Aufgaben der nächsten Woche zu erstellen.				
Ich schreibe grundsätzlich alles auf eine Liste, was zu erledigen ist.				
Ich setze Prioritäten bzgl. meiner Aufgaben nach Dringlichkeit und Wichtigkeit.				
Ich delegiere Aufgaben, sobald dies möglich ist.				
Ich sage auch mal NEIN!				
Ich plane Pufferzeiten für unvorhergesehene Ereignisse ein.				
Ich streiche am Ende jeden Tages im Wochenplan durch, was ich erledigt habe.				
Ich plane meinen Unterricht langfristig im Voraus.				
Ich erleichtere meine Arbeit, indem ich mir Unterstützung bei Kollegen suche (gemeinsame Vorbereitung).				
Ich nehme mir Zeit für mich, meine Familie, meine Freizeit, meine Erholung.				

(In Anlehnung an Kretschmann 2008, 137)

Schritt 4: Ich nehme Lerngruppen mit unterschiedlichen Bedürfnissen an.

Katja Tews-Vogler

4

Ziel: Sie lernen Chancen und Entlastungsmöglichkeiten kennen, die Sie in vielfältigen Lerngruppen nutzen können.

Das deutsche Bildungssystem folgt bislang dem sogenannten **Wait-To-Fail-Prinzip**, das heißt, man reagiert auf Probleme erst, wenn Lern- und Entwicklungsverläufe eskalieren. In Deutschland beginne „die Sonderpädagogik ... mit Interventionen, wenn Probleme nur noch schwer handhabbar sind." (Grosche/Huber 2012). In den USA hat man dieses Problem schon vor vielen Jahren erkannt und das **Response-To-Intervention-Modell (R-T-I)** entwickelt. R-T-I ist ein Rahmenkonzept zur Identifikation, Prävention und Intervention bei Beeinträchtigungen im Lernen und Verhalten. In den Vordergrund rücken präventive Strukturen, die problematische Entwicklungen frühzeitig erkennen und den daraus resultierenden Konsequenzen entgegenwirken sollen.

Notwendig ist also ein grundsätzliches Umdenken, für das aber nicht Sie als Lehrperson allein die Verantwortung tragen. Die Berücksichtigung von Heterogenität der Schülerschaft kann nicht einfach verordnet werden.

Auf der anderen Seite setzen viele Lehrer Inklusion oft schon lange um und stehen seit Jahren vor der Herausforderung, individuellen Bedürfnissen in ihren Lerngruppen gerecht zu werden.

Der Gedanke der Inklusion spiegelt außerdem gesellschaftliche Realität wider, die vielerorts längst als Bereicherung gesehen wird.

Der **Diversity-Ansatz** stammt aus der amerikanischen Bürgerrechtsbewegung. „Diversity" steht für Differenz, Heterogenität und Verschiedenheit, wird positiv aufgefasst und als **Vielfalt** übersetzt. Diese Vielfalt umfasst Verhaltensweisen, Motivation, soziokulturelle Herkunft, Interessen, Lernstile, Leistungsbereitschaft oder -disposition.

„Wir verstehen Diversity + Inclusion als strategischen Faktor für den Unternehmenserfolg und sehen die Vielfalt unserer Mitarbeiter als Bereicherung. Wir unterstützen unsere Mitarbeiter, ihre Einzigartigkeit und ihr Potential einzubringen – für eine hohe Zufriedenheit der Arbeitnehmer und für den gemeinsamen wirtschaftlichen Erfolg. Die Förderung von Diversity + Inclusion in der Unternehmenskultur bringt mehr Wettbewerbsfähigkeit und Innovationen – Beispiele belegen dies bei der BASF bereits jetzt".

(www.basf.com > Über BASF > Mitarbeiter > Diversity + Inclusion; zuletzt aufgerufen am 04.04.2013)

Der Blickwinkel inklusiver Pädagogik richtet sich auf **alle** Kinder und Jugendlichen. Für **alle** Schüler müssen Barrieren in Bildung und Erziehung auf ein Minimum reduziert werden (Boban/Hinz 2003). Das Schlagwort, mit dem die didaktischen Konsequenzen aus diesem Ansatz gezogen werden, lautet: individuelle Förderung.

Individuelle Förderung beschränkt sich aber nicht nur auf diejenigen, die langsamer lernen, einen sogenannten „Migrationshintergrund" haben sowie durch soziale, psychische oder andere Gründe am erfolgreichen Lernen gehindert werden.

Vielmehr geht es auch um Hochbegabte, um Kinder, die schneller lernen, die spezielle Kompetenzen oder Erfahrungshorizonte haben. Sie benötigen ebenfalls andere Angebote als ihre Mitschüler. Spezielle Gesichtspunkte der Mädchen- respektive der Jungenerziehung stehen ebenso im Fokus.

Unsere Gesellschaft beklagt einen immer stärker werdenden Fachkräftemangel bei gleichzeitig steigenden Sozialabgaben für solche Menschen, die keinen Zugang zur Berufswelt finden. Die Gründe dafür liegen auch darin, dass in unseren Schulen ihre Begabungen und Möglichkeiten nicht ausreichend erkannt und gefördert wurden.

„Herr Hüther, die Neurowissenschaften, sagen Sie, können längst belegen, dass wir in Schule und Ausbildung unseren Kindern nicht gerecht werden. Was läuft falsch?"

„Unser Bildungssystem siebt nach Kriterien aus, die weder den Anforderungen der heutigen Gesellschaft noch den Fähigkeiten der Kinder entsprechen. Wenn wir so weitermachen, wird unser Land seine Zukunftsfähigkeit verlieren. Denn wir bieten nicht nur den vermeintlich ‚Minderbegabten' zu wenige Chancen, es klappt auch mit den sogenannten ‚High-Performern' nicht mehr. Bestnoten in der Schule sind nicht das, worauf es für die Entfaltung eigener Begabungen und ein gelingendes Leben ankommt".[1]

In einer zunehmend diversifizierten Welt sollten die Kompetenzen und Fähigkeiten jedes jungen Menschen so weit wie möglich genutzt werden.

Daraus folgt für das Schulsystem: Ressourcen müssen erkannt und gefördert, Bildungs- und Entwicklungswege für viele Schüler breiter angelegt und länger offen gehalten werden.

Die Teilhabe in Gesellschaft und Beruf sollte jedem Schüler, jeder Schülerin optimal ermöglicht werden. Je mehr sich eine Vielfalt von Lebensmöglichkeiten und Lebenschancen entwickelt, desto wichtiger wird es, in den Bereichen Bildung und Erziehung Ressourcen und Hilfen dafür bereitzustellen.

Inklusion bildet natürliche Bedürfnisse ab. Individualpsychologen wie Alfred Adler sehen zwei elementare Bedürfnisse, die das Handeln jedes Menschen leiten. Das Bedürfnis nach Sicherheit und das nach Wert (Dreikurs et al. 2007). Der Mensch als soziales Wesen hat das Bedürfnis, in eine Gemeinschaft eingebunden zu sein. Das Gefühl der Zugehörigkeit hängt ab vom Respekt, der Achtung und dem Vertrauen, das er sich selbst und das andere ihm entgegenbringen.

1 Gerald Hüther in einem Interview anlässlich der Neuerscheinung seines Buches: Hüther/Hauser (2012): Jedes Kind ist hochbegabt. www.randomhouse.de/Special_zu_Huether_Hauser_Jedes_Kind_ist_hoch_begabt/aid38733.rhd?mid=8510 (zuletzt aufgerufen am 02.03.2013)

Daneben ist das Selbstwertgefühl von großer Bedeutung: Wertschätzung erfahren, „etwas wert sein“, sich fähig fühlen. Ein Kind oder Jugendlicher will dazu gehören, sich angenommen und sicher fühlen (→ Schritt 5).

Der Versuch der traditionellen Schule, homogene Gruppen zu schaffen, steht diesen Bedürfnissen im Weg – er kann nur gelingen, indem ausgelesen und sortiert wird.

Die Vorteile der Homogenität haben sich in internationalen Forschungen als große Illusion herausgestellt. Dennoch wird immer noch versucht, Differenzen zu minimieren und menschliche Vielfalt für Schule handhabbar zu machen, indem vermeintlich homogene Lerngruppen gebildet werden. Personen werden dann über definierte Defizite kategorisiert.

Wertschätzung und die Chance, sich als selbstwirksam zu erleben, können für viele Kinder und Jugendliche dadurch nicht mehr zum Tragen kommen.

Erzwungene Homogenität kann die Lernatmosphäre stören. Die Erwartung von Homogenität kann zur Ursache für Unterrichtsstörungen werden, wenn sie dazu führt, den kleinsten gemeinsamen Nenner zu suchen und große Stoffmengen gleichmäßig auf alle zu verteilen.

Dass dadurch viele Schüler unter- bzw. überfordert werden, liegt auf der Hand. Jeder weiß von sich selbst, welches Verhalten er zeigt, wenn er das Gefühl hat, sich zu langweilen oder aber einer Sache nicht gewachsen zu sein. Unruhe, Nervosität oder unterschwellige Aggressionen bzw. das Bedürfnis, sich der Situation zu entziehen, folgen fast automatisch. Dass Kinder und Jugendliche ähnlich wie Erwachsene reagieren, kennt jeder aus seinem Unterricht.

Wie oft überwiegt am Ende einer Unterrichtsstunde der Eindruck, fortwährend gefordert gewesen zu sein, kleine Strohfeuer gelöscht, viele Fragen beantwortet zu haben – letzten Endes aber niemandem richtig gerecht worden zu sein und nichts geschafft zu haben?

Zunehmend wird beklagt, dass Schul- und Unterrichtsalltag kaum noch zu bewältigen seien, weil Kinder und Jugendliche immer schwieriger würden.

Das kann nicht nur auf veraltete Kategorisierungssysteme (→ Schritt 1) zurückgeführt werden. Aber der historisch entstandene Begabungsbegriff beruht auf gesellschaftlichen Funktionen der Vergangenheit (Arbeiter, Angestellte und akademische Elite). Die entsprechenden Zuordnungen zu drei Schularten funktionieren so nicht mehr, wie allein schon die ständig steigende Anzahl und Spezialisierung einzelner Berufsgruppen deutlich werden lässt.

Chancen und Entlastungspotenziale in vielfältigen Lerngruppen

„Individuelle Förderung“ hört sich zunächst nach viel Arbeit und Aufwand an. Ihre Sorgen sind deshalb gut nachvollziehbar. Wenn Verschiedenartigkeit aber als Problem und Belastung in den Vordergrund gerückt wird, verstellt das den Blick darauf, dass alle Lerngruppen auch viele Gemeinsamkeiten haben. Individuelle Förderung bedeutet nicht, dass Sie für 25 Kinder einer Klasse 25 Einzelstunden konzipieren müssen.

Individuelle oder spezifische Förderung versteht Förderung im Sinne von **Unterstützung des selbstständigen Lernens** („das Lernen lernen“) – nicht aber als „angeleitete Defizitkompensation“ (Metzger 2010).

Ausgangspunkt sind Kinder und Jugendliche, die eine Lerngemeinschaft bilden. Jeder Schüler hat individuelle Bedürfnisse, für deren Realisierung spezielle Möglichkeiten und Methoden vorgehalten werden müssen. Ein geeigneter organisatorischer Rahmen und ausgewählte Methoden, die eigenverantwortliches Lernen der Schüler fördern, unterstützen die individuelle Förderung bei gleichzeitiger Entlastung für Sie (→ Schritt 14).

Viele Bedürfnisse werden aber von allen Mitgliedern der Lerngemeinschaft geteilt. Sie bilden den gemeinsamen Erziehungs- und Bildungsrahmen, zum Beispiel über das Thema. Das bedeutet gleichzeitig auch, dass die einzelnen Individuen viele unterschiedliche Ressourcen und damit Expertenwissen für dieses Thema mitbringen können. Die Kompetenzen, Talente, Neigungen, kulturellen und sprachlichen **Ressourcen** können produktiv für das Unterrichtsgeschehen genutzt werden und Sie so von der Last der „Alleinunterhalterin" entlasten. Aus dem Blick auf Gemeinsamkeiten und Unterschiede innerhalb Ihrer Lerngruppe ergibt sich automatisch ein unterrichtlicher Ansatzpunkt. Gibt es Erfahrungs- oder Erlebniswissen, das einzelne Schüler in die Lerngruppe einbringen können?

Teilhabe der Schüler am Unterricht und **persönliche Bedeutsamkeit** motivieren für das Lernen. Schüler sind z.B. betroffen über politische und gesellschaftliche Ereignisse, die sie emotional berühren und persönlich betreffen. Unterschiedliche Nationalitäten bieten hier einen breiten Fundus an. Durch die Einbindung persönlicher Erfahrungen werden gleichzeitig zwei Voraussetzungen für „guten Unterricht" erfüllt:

- *„lernförderliches Klima"*
- *„sinnstiftende Kommunikation"*.

Wenn Probleme oder Unterrichtsgegenstände ausgewählt werden, die für das Leben der Schüler jetzt oder später besondere Bedeutung haben, sind sie wertvoll und bieten automatisch einen hohen Aufforderungscharakter, den manche sorgfältige und zeitaufwändige Planung am Schreibtisch nicht aufwiegen kann.

Die Chancen und Vorteile für Schule und Unterricht durch soziale, sprachliche, religiöse, kulturelle und erfahrungsbezogene Vielfalt liegen damit nicht nur in einer verbesserten Förderung von Kindern und Jugendlichen, sondern auch in einer möglichen **Entlastung für Lehrende** und Erziehende.

Unterrichtsrealität setzt Inklusion oft schon um. Bauen Sie darauf auf! Vieles von dem, was hier beschrieben und vorgeschlagen wird, praktizieren Sie schon seit langem. Als Lehrperson stehen Sie schon seit vielen Jahren vor der pädagogischen Herausforderung, den Bedarf jedes einzelnen Kindes herauszufinden, um ihm angemessene Angebote machen zu können. In den Grund- und Gemeinschaftsschulen, in den (ehemaligen) Hauptschulen gehört der Umgang mit heterogenen Lerngruppen seit vielen Jahren zum Schulalltag. Viele gute Konzepte und Ideen liegen bereits vor. Diese sollten Sie zuallererst nutzen und weiter verwenden (ggf. modifiziert).

Tragen Sie bereits bestehende Ansätze zusammen!

Nutzen Sie Ihr heterogenes Kollegium mit allen verborgenen Kompetenzen!
Das kann nur gelingen, wenn Sie sich zuallererst von der Last des Einzelkämpfers verabschieden. „Pädagogik der Vielfalt" bezieht sich nicht nur auf das Potenzial der unterschiedlichen Individuen einer Lerngruppe mit ihren unterschiedlichen Ressourcen. Neben den Lehrpersonen müssen alle Beteiligten einbezogen, mögliche Unterstützer gefunden und genutzt werden. Zusätzliche Professionen können dazu beitragen, den Unterrichtserfolg aller Schülerinnen und Schüler bei geschicktem Einsatz enorm zu verbessern (→ Schritt 11).

Um möglichst effektive und attraktive Unterstützungsangebote bereitstellen zu können, hilft es schon, sich auf die Suche nach (versteckten) Kompetenzen im Kollegium zu machen.
- Wer hat Fortbildungen besucht und kann sein erworbenes Wissen einsetzen, welche Zusatzqualifikation gibt es?
- Wer kennt oder hat Kontakt zu Menschen, die über besondere Kenntnisse verfügen oder therapeutische Angebote machen könnten?
- Zu welchen speziellen Themen gibt es bereits ausgearbeitete Unterlagen und Materialien?

Sie wissen nicht, ob demnächst ein hochbegabtes, ein hörgeschädigtes Kind, ein Kind mit autistischen Verhaltensweisen oder mit besonderem Förderbedarf im Bereich personale und soziale Identität in der Klasse sein wird. Deshalb ist es hilfreich, wenn rechtzeitig zum Beispiel im Rahmen einer Konferenz mögliche

Qualifikationen, Kompetenzen, Fähigkeiten oder Fertigkeiten zusammengetragen werden.

Sind die einzelnen Kompetenzen bekannt, kann ihr Einsatz in den unterschiedlichen Unterstützungs- und Förderbereichen der Schule gezielter genutzt werden.

Es ist oft erstaunlich, welche Vielfalt an **Fähigkeiten in einem Kollegium** nutzbar gemacht werden kann. Sie werden Zusatzangebote erhalten und auf ausgearbeitete Projekte zurückgreifen können.

Vielleicht gibt es Kollegen, die Interesse haben, sich zu einem speziellen Bereich fortzubilden und dies dann später dem gesamten Kollegium zu Gute kommen zu lassen. Diese Angebote dürfen allerdings keine zusätzliche Belastung darstellen, sondern müssen durch Entlastungsmöglichkeiten ausgeglichen werden.

Gemeinsame Ziele des Kollegiums für eine erfolgreiche inklusive Schule sollten auch sein:

- Aufgaben neu verteilen,
- Teamstrukturen schaffen, die alle entlasten,
- neue Kolleginnen und Kollegen hinzugewinnen.

Literatur

Boban, Ines/Hinz, Andreas (2003): Index für Inklusion. Lernen und Teilhabe in der Schule der Vielfalt entwickeln. Halle

Dreikurs, Rudolf/Grunwald, Bernice B./Pepper, Floy Ch. (2007): Lehrer und Schüler lösen Disziplinprobleme. Weinheim

Grosche, Michael/Huber, Christian (2012): Das Response-to-intervention-Modell für einen inklusiven Paradigmenwechsel in der Sonderpädagogik. In: Zeitschrift für Heilpädagogik 08/12; 313-323

Hinz, Andreas (1998): Pädagogik der Vielfalt – ein Ansatz auch für Schulen in Armutsgebieten? In: Hildeschmidt, Anne/Schnell, Irmtraud (Hrsg.) (1998): Integrationspädagogik. Auf dem Weg zu einer Schule für alle. Weinheim, 127-144

Hüther, Gerald/Hauser, Uli (2012): Jedes Kind ist hochbegabt. München

Metzger, Klaus/Weigl, Erich (Hrsg.) (2010): Inklusion. Eine Schule für alle. Modelle – Positionen – Erfahrungen. Berlin

Checkliste Schritt 4 ▶

Checkliste Schritt 4

Wie kann ich das Potenzial heterogener Lerngruppen und das des Kollegiums wahrnehmen und nutzen?

1. Stellen Sie sich Ihre Lerngruppe vor!

Welche Gemeinsamkeiten haben die Schüler?	
Worin unterscheiden sie sich?	
Welchen Einfluss haben die Heterogenitätsmerkmale meiner Schüler auf meine Unterrichtsplanung? Welchen Einfluss könnten sie noch haben?	
Welche kulturellen Hintergründe bringen meine Schüler mit? Inwiefern kann ich dies als Ressource, z.B. bei der Themenwahl, nutzen?	
Welche sprachlichen Unterschiede oder Besonderheiten bringen meine Schüler mit? Inwiefern kann ich sie nutzen?	
Gibt es besonderes Erfahrungs- oder Erlebniswissen einzelner Schüler (religiös, kulturell, ...), die diese in die Lerngruppe einbringen können?	
Gibt es Schüler mit besonderen Interessen oder Fertigkeiten? Kann ich diese Experten nutzen, indem ich sie bei einer speziellen Aufgabe einsetze?	
Kann ich die Gemeinsamkeit von Schülergruppen nutzen und fördern?	
Wie kann ich die Gemeinsamkeiten spezifischer Gruppen (Peergroups) berücksichtigen? Wie kann ich ihnen Raum für einen Austausch geben?	
Gibt es Unterstützungssysteme, die ich auf Grund der Leistungsheterogenität der Lerngruppe einführen könnte?	

2. **Stellen Sie sich die Kompetenzen und das Potenzial Ihres heterogenen Kollegiums vor.**

Welche Angebote gibt es bereits für welche Zielgruppe? Kann ich diese für meine Lerngruppe nutzen?	
In welchen Bereichen fördern wir bereits gut?	
Gibt es Bereiche, zu denen wir noch keine ausreichenden Angebote haben? • Lese-Mathe-Förderung • Durchgängige Sprachbildung • Förderung von Jugendlichen mit Migrationshintergrund • Hochbegabtenförderung • Musische Förderung • Sportverein, Entwicklungsbereich Wahrnehmung und Bewegung • Gesundheitsförderung • Berufsorientierung • Sexualität und Familie (Pro Familia) • Nachmittagsangebote • Projekte • Gewaltprävention • ...	
Über welche diagnostischen Kompetenzen verfügen wir im Kollegium?	
Kann ich auf genügend Fachpersonal, das über die notwendigen Kompetenzen verfügt, zurückgreifen?	
Gibt es Kollegen, Freunde oder andere Personen, die Unterstützung oder eine zusätzliche AG anbieten können?	
Habe ich alle Netzwerke eingeplant/genutzt?	
Was tue ich, um die Teilhabe aller Schüler zu ermöglichen? Was benötige ich (Material, personelle Ressourcen, ...), um dies zu ermöglichen?	
Wer veranlasst **wann**, dass zusätzliches Personal eingeworben wird?	

5 Schritt 5: Ich richte meinen Blick auf individuelle Ressourcen.

Katja Tews-Vogler

Ziel: Sie erfahren, wie individuelle Potenziale produktiv im Unterricht umgesetzt werden können.

Damit Inklusion gelingen kann, sollen Kinder und Jugendliche Wertschätzung für ihre individuelle Bedürfnisse, Fähigkeiten und Ressourcen erfahren.

Das hört sich gut an, stellt Sie aber vor große Herausforderungen. Dies gilt umso mehr angesichts der Arbeitsverdichtung in den letzten Jahren. Da fällt es nicht leicht, eigenes Durchhaltevermögen für die individuelle Förderung von Schülern zu entwickeln und Vertrauen aufzubauen – in Ihre eigenen Möglichkeiten und in die der Schüler.

Verständlich, wenn Sie fragen: Wie soll ich jedem Kind in dieser Vielfalt gerecht werden? Wie können insbesondere Schüler mit dem Förderschwerpunkt „emotionale und soziale Entwicklung" positiv in der Gemeinschaft aufgenommen werden? Und wie gehe ich mit ihnen und mit Unterrichtsstörungen konstruktiv um, ohne dass ich selbst auf der Strecke bleibe (→ Schritt 20)?

Über die wichtigsten Einflussvariablen auf den Lernerfolg liegt heute ein relativ abgesichertes empirisches Wissen vor. Andreas Helmke stellt dazu das **Angebots-Nutzungs-Modell** vor (Helmke 2009).

Helmke sieht den Unterricht in seiner Gesamtheit als Angebot, das nicht notwendigerweise zu den beabsichtigten Wirkungen führt. Ob und wie dieses genutzt wird, hängt von zahlreichen Faktoren ab. Auch Meyer weist darauf hin, dass es zwar eine Reihe von Korrelationsnachweisen zwischen Input, Prozess- und Produktvariablen gibt, allerdings noch keine klaren Kausalbeziehungen nachgewiesen werden konnten (Meyer/Feindt/Fichten 2008).

Diese Erkenntnisse entlasten Sie insofern, als Sie Lernprozesse von außen nur anregen können – was am Ende wirklich gelernt wird, entscheidet der Lerner selbst.

Der Lernerfolg Ihrer Schüler gelingt aber leichter, wenn ein *„lernförderliches Klima"* herrscht. Metaanalysen (in jüngster Zeit die Hattie-Studie) zeigen: Für den Lernerfolg ist das **Verhältnis des Schülers zum Lehrer** entscheidend.

Die Lernatmosphäre sollte deshalb auf Vertrauen beruhen. Vertrauen auch darauf, dass Schüler lernen und zu sinnvollen Wissenskonstruktionen gelangen wollen. Eine positive Beziehung, eine vertrauensvolle Atmosphäre, ein respektvoller Umgang miteinander gehören dazu.

Neurobiologische Erkenntnisse

Wenn menschliches Handeln geprägt ist durch das Bedürfnis nach Sicherheit und Wertschätzung (→ Schritt 4) sowie nach Bindung und Wachstum, muss ein Schüler sich als **selbstwirksam** erleben, um Selbstvertrauen und Zuversicht gewinnen zu können. Beides ist wichtig für die Persönlichkeitsentwicklung und ein erfolgreiches Lernen.

Befunde aus der Gehirnforschung scheinen dies zu belegen: Manfred Spitzer und Gerald Hüther betonen in ihren Veröffentlichungen die Bedeutung von positiven emotionalen Erfahrungen für das erfolgreiche Lernen von Inhalten und Verhalten. Das Gehirn ist kein Datenspeicher, sondern ein Datengenerator und ein Problemlöseinstrument.

Lernen bedeutet neurowissenschaftlich: **neue Informationen in vorhandene zu integrieren.** Das gelingt nur, wenn bereits Wissen vorhanden ist. Dieses ist mit individuellen Bedeutungen versehen, es ist geknüpft an individuelle Erfahrungen. Dabei gibt es große Abweichungen. Es ist kaum möglich, homogene Lernprozesse zu erzeugen. Lehr-Lern-Arrangements sind also nur dann effektiv, wenn sie an vorhandenes Wissen anknüpfen können.

„Das Lernen funktioniert bei Kindern (wie bei Erwachsenen) immer dann am besten, wenn es ein bisschen ‚unter die Haut geht', wenn also die emotionalen Zentren im Gehirn aktiviert werden und all jene Botenstoffe vermehrt gebildet und freigesetzt werden, die das Knüpfen neuer Verbindungen zwischen den Nervenzellen fördern."

(www.gerald-huether.de/populaer/veroeffentlichungen-von-gerald-huether/texte/maerchen-gerald-huether/index.php, zuletzt aufgerufen am 02.03.2013)

Die Bedeutung von positiven Emotionen für erfolgreiches Lernen konnte von der Gehirnforschung belegt werden. Eine Mixtur von neuroplastischen Botenstoffen führt zur Ausschüttung bestimmter Eiweiße. Die wiederum sind entscheidend daran beteiligt, Verknüpfungen herzustellen, die im Gehirn zur Lösung eines Problems oder zur Bewältigung einer neuen Herausforderung gebraucht werden.

„Das ist der Grund, warum wir bei all dem, was wir mit Begeisterung machen, auch so schnell immer besser werden. Jeder kleine Sturm der Begeisterung führt gewissermaßen dazu, dass im Hirn ein selbst erzeugtes Doping abläuft. So werden all jene Stoffe produziert, die für alle Wachstums- und Umbauprozesse von neuronalen Netzwerken gebraucht werden."

(www.gerald-huether.de/populaer/veroeffentlichungen-von-gerald-huether/texte/begeisterung-gerald-huether/index.php, zuletzt aufgerufen am 02.03.2013)

Leider gibt es beim Lernen auch Phasen, in denen es um wenig verlockendes Üben geht. Um „dran zu bleiben", es noch einmal zu versuchen, sind ebenfalls neuroplastische Botenstoffe notwendig. Dopamin z.B. motiviert dazu, sich anzustrengen. Die zur Ausschüttung erforderlichen positiven Emotionen werden unter anderem durch **positives Feedback** angeregt.

Das Anknüpfen an vorhandenes Wissen ist an eine weitere Voraussetzung gebunden: das Interesse muss geweckt, der Gebrauchszweck deutlich sein.

Ohne persönliche Bedeutsamkeit kann das Gehirn der Schüler mit Abschalten (Träumereien), der Organismus mit Aktivitäts- oder Ausweichmöglichkeiten (Hyperaktivität oder Störung des Unterrichts) reagieren.

„Ganz gleich, ob Kinder oder Erwachsene lernen, wenn es erfolgreich sein soll, muss es bedeutsam sein, die tiefsten inneren Bedürfnisse treffen, nämlich wachsen und dazu gehören wollen".

(www.sinn-stiftung.eu/wissen/themen--beitraege/lernen--schule/index.html, zuletzt aufgerufen am 02.03.2013)

Hüther, Spitzer und andere Forscher konnten in den letzten Jahren mit Hilfe neuer bildgebender Verfahren zeigen, dass das Generieren neuer Denk-, Gefühls- und Handlungsmuster in viel stärkerem Maß als bisher angenommen durch eigene Erfahrungen herausgeformt wird.

Selbstwirksamkeitserwartungen beeinflussen unsere Motivation, unsere Handlungen, den ganzen Verlauf eines Lösungsprozesses, unsere Ausdauer und den Handlungserfolg selbst. Sie veranlassen uns zu optimistischen Einstellungen wie:

- „Ich habe Vertrauen in mich und meine Fähigkeiten."
- „Ich kann die auf mich zukommenden Probleme bewältigen."
- „Wenn ich mich genügend bemühe, werde ich die Aufgabe/das Problem lösen können."

(Plagmann 2012)

Aber nur wenn Kinder sich für ihren Erfolg anstrengen müssen, lernen sie, dass Erfolge durch eigene Handlungen zu beeinflussen sind.

Vertrauen und positive Beziehungen zu Kindern aufbauen

Vertrauen entsteht durch Akzeptanz und Wertschätzung in der Begegnung zwischen Lehrern und Schülern (Rogers 1979). Dafür wichtig ist, was Jakob Muth schon 1962 als „pädagogischen Takt" bezeichnet hat. Das Taktgefühl beruht auf einer sensiblen und respektvollen Haltung gegenüber jedem anderen. Es geht eher auf Stärken ein als auf Schwächen.

Schon in den ersten Tagen in einer neuen Klasse können Sie aktiv zum Aufbau einer positiven Beziehung beitragen.

- Bitten Sie die Schüler, Fotos oder persönliche Gegenstände mitzubringen und diese vorzustellen.
- Stellen Sie sich selbst Ihren Schülern vor, berichten Sie von sich als Mensch. Bringen Sie etwas von sich mit.
- Finden Sie die Lieblingsbücher der Kinder heraus und lesen Sie diese in der Klasse.
- Bemühen Sie sich besonders in der ersten Zeit bewusst um zwei oder drei positive Kontakte zu jedem Schüler!
- Gehen Sie auf Entdeckungsreise zu den Ressourcen Ihrer Schüler.
- Setzen Sie „schwierige" Schüler hin und wieder als Lernhelfer ein. Nutzen Sie dabei Ihr Wissen über vorhandene Ressourcen oder Interessen der Schüler.

Für den (Lern-)Erfolg eines Schülers ist die Erfahrung, eine Aufgabe erfolgreich gelöst zu haben, von elementarer Bedeutung. Spenden Sie großzügig **Lob** für eine erbrachte Leistung! Nicht nur das Produkt sollte im Fokus stehen, sondern auch der Lernprozess. Wertschätzung kann etwas mit Leistung zu tun haben, aber auch damit, dass jemand eine bestimmte Eigenschaft, eine Haltung oder ein bestimmtes Verhalten zeigt.

Beispiel:
Pascal gibt sich Mühe bei der Lösung einer Aufgabe, er greift auf bereitgestellte Unterstützungssysteme zurück. Dafür sollte er Wertschätzung erfahren - auch wenn das Ergebnis am Ende noch nicht korrekt ist.

Wenn Kollegen sich über Ihre Klasse beschweren, hilft differenziertes Nachfragen weiter. Ist wirklich die ganze Klasse 8a schwierig oder sind es nur drei Schüler, die derzeit ein besonders herausforderndes Verhalten zeigen?

Alle Kinder wertschätzen, das heißt auch, traurige Kinder mitsamt ihrer Trauer zu akzeptieren, ängstliche Kinder mitsamt ihrer Angst und wütende Kinder mitsamt ihrer Wut. Schaffen Sie Gelegenheiten, in denen Ihre Schüler lernen, mit ihren Gefühlen umzugehen.

Ressourcenorientierung

In vielen pädagogischen Praxisfeldern verbreitet sich die Sichtweise der lösungsorientierten Kurztherapie, eine spezielle Art der Gesprächstherapie, die von Steve des Shazer und Insoo Kim Berg 1982 erstmals vorgestellt wurde. Im Zentrum steht nicht die Suche nach Ursachen für Verhaltensweisen oder Probleme, sondern der Blick auf mögliche Lösungen. Um in komplexen Situationen oder Systemen erfolgreich sein zu können, ist es nicht immer das Beste, sie verstehen zu wollen. Hilfreich kann dagegen sein, zu beobachten, was funktioniert, um dies in kleinen Schritten auszubauen.

Der lösungsorientierte Ansatz ist eng mit dem systemischen verbunden. Danach wird der Mensch als eingebunden in Systeme und Subsysteme gesehen, die sich in einem konstanten Veränderungsprozess befinden; sie wirken auf den Menschen ebenso ein wie er auf sie. Jede noch so kleine Veränderung bewirkt eine Veränderung im Gesamtsystem.

Auch soziale Gemeinschaften wie Lerngruppen bilden ein System, das wiederum aus verschiedenen, miteinander in Austausch stehenden Teilen besteht (Familie, Schule, Gesellschaft). Systeme werden aber nicht durch das Zusammenfinden und die räumliche Nähe von Menschen gebildet, sondern über **kommunikative Austauschprozesse.** Diese entwickeln sich laufend weiter – ob wir wollen oder nicht! Sie können konstruktiv oder wenig förderlich sein. Wertschätzende, konstruktive Kommunikationsprozesse erzeugen im Individuum ein Sicherheits- und Zugehörigkeitsgefühl in der Gemeinschaft – aus individualpsychologischer Sicht ein zentrales Ziel menschlicher Entwicklung.

Der Blick richtet sich auf vorhandene Ressourcen und das, was funktioniert. Die Auffassung darüber, was eine Ressource ist, kann unterschiedlich sein. Sie kennen das Beispiel vom Glas Wasser, das als halb voll oder halb leer angesehen werden kann. Lösungsorientiertes Vorgehen orientiert sich am halb vollen Glas, an den Ressourcen und Kompetenzen der Kinder.

Beispiel (vgl. Thommen 2011):
Lehrer A über die Klasse 6 im Lehrerzimmer: „Diese Klasse ist extrem schwierig. 15 von 21 Kindern haben einen ausländischen Pass; insgesamt sind Kinder aus acht Nationen dort. Die Verständigung mit den Kindern und unter den Kindern ist kaum möglich. Ich sage nur: babylonisches Stimmgewirr."

Lehrerin B über dieselbe Klasse 6: „Die Klasse ist sehr interessant: 15 von 21 Kindern haben einen ausländischen Pass; insgesamt sind dort Kinder aus acht Nationen. Es ist faszinierend zu beobachten, wie die Kinder sich untereinander verständigen, obwohl sie zum Teil über keine gemeinsame Sprache verfügen. Sie helfen sich mit Gesten oder stellen ihre Ideen durch Zeichen bzw. über das Malen dar."

Was heißt das für Sie? Durch eine prozessbegleitende Beobachtung der Lern- und Entwicklungsfortschritte richten Sie Ihren Fokus nahezu automatisch auf die Kompetenzen Ihrer Schüler. Darauf aufbauend die nächsthöhere Entwicklungsstufe anzustreben (→ Schritt 16), hilft Ihnen bei der Unterrichtsplanung mehr als herauszufinden, was die Kinder nicht können.

Ein gelungener Förder- oder Lernplan, der auf dem Entwicklungsstand eines Kindes aufbaut und deswegen weder unter- noch überfordert, kann Sie als Lehrkraft entlasten, wenn er mit dem Kind besprochen und für das Kind zu jedem Zeitpunkt transparent und gut sichtbar zur Verfügung steht.

Stellen Sie den Schülern Aufgaben, an denen sie wachsen können (→ Schritt 17). Günstig dafür sind problemorientierte Aufgaben.

Sie haben hohe Erwartungen, aber auch Vertrauen in Kompetenzen und Fähigkeiten Ihrer Schüler und machen ihnen gegenüber Ihre Einschätzung deutlich.

Geben Sie sich Mühe, die Ressourcen Ihrer Schüler zu erkennen und diese zu spiegeln. Unterstützen Sie die Schüler darin, ihr Lernen selbstständig zu planen, zu kontrollieren und zu evaluieren.

Ihre Schüler sollten ihr Lernen an kurz- und langfristigen Zielen orientieren. Sie helfen dabei, positive Lernerfahrungen zu erkennen und Konsequenzen für zukünftiges Lernen abzuleiten. Erarbeiten Sie mit Ihren Schülern, was sie beim nächsten Mal noch besser machen und wie sie dies erreichen können. Verdeutlichen Sie Lernfortschritte, visualisieren Sie Lernerfolge im Klassenraum und setzen Sie lernbiologische Erkenntnisse bewusst ein.

Achten Sie darauf, dass in Partner- und Gruppenarbeit Schüler mit hoher Selbstwirksamkeitserwartung mit anderen zusammenarbeiten (Lernen am Modell, in sozialen Kontexten).

Literatur

Helmke, Andreas (2009): Unterrichtsqualität und Lehrerprofessionalität. Seelze

Meyer, Hilbert/Feindt, Andreas/Fichten, Wolfgang (2008): Skizze einer Theorie der Unterrichtsentwicklung. Überlegungen zu einem interdisziplinären Ansatz. In: Friedrich Jahresheft XXV. Guter Unterricht, 111-115

Muth, Jakob (1962): Pädagogischer Takt. Heidelberg

Rogers, Carl (1979): Lernen in Freiheit. Zur Bildungsreform in Schule und Universität. München

Palmowski, Winfried (2007): Der Stein des Anstoßes. Systemische Beratung im schulischen Kontext. Dortmund

Plagmann, Eckhardt (2012): Unveröffentlichte Seminarunterlagen. Kiel

Spiess, Walter (Hrsg.) (2000): Logik des Gelingens. Lösungs- und entwicklungsorientierte Beratung im Kontext von Pädagogik. Dortmund

Thommen, Beat (2011): Irritation und Verführung. Intervention bei Unterrichtsstörungen aus systemisch-konstruktivistischer Sicht. Dortmund

Checkliste Schritt 5 ▶

Checkliste Schritt 5

Wie kann ich positive Beziehungen zu den Schülern aufbauen?

Sie gehen respektvoll mit Ihren Schülern um.	• Sie begrüßen jeden Schüler (evtl. mit Handschlag). • Sie sprechen Schüler mit Namen an. • Sie lächeln sie an. • Sie plaudern über das Pausenbrot ... • Sie hören Ihren Schülern zu. • Sie erzählen auch viel über sich, versuchen, Gemeinsamkeiten zu finden und aufzuzeigen.
„Pädagogischer Takt" ist Ihnen wichtig.	• Sie gehen höflich mit Schülern um. • Sie agieren rücksichtsvoll. • Sie zeigen Anerkennung, gleichzeitig aber auch Anspruch. • Sie loben Ihre Schüler (auch in Gegenwart der Eltern). • Sie schicken positive Botschaften an die Eltern. • Sie reagieren bestimmt, gleichzeitig aber auch einfühlsam. • Sie sind tolerant, zeigen aber gleichzeitig Grenzen klar auf. • Sie trennen zwischen Person und (unerwünschtem) Verhalten; Sie zeigen, dass Sie die Person akzeptieren, nicht aber unerwünschtes Verhalten. • Sie legen Wert auf Wiedergutmachung anstelle schneller Strafen. • Sie gestehen eigene Fehler ein und entschuldigen sich dafür.
Sie zeigen grundsätzlich Vertrauen in die Leistungsbereitschaft Ihrer Schüler.	• Ihre Schüler erhalten die Gelegenheit zu erfahren, dass sie schwierige Situationen meistern können. • Die Schüler haben Gelegenheit, mögliche Vorbilder zu beobachten (z.B. durch geschickte Kombination von Gruppen).
Sie fördern Selbstwirksamkeitserwartungen.	• Ihre Schüler erfahren von Ihnen Zutrauen in ihr Leistungsvermögen, gleichzeitig können sie darauf vertrauen, dass Sie nur so viel erwarten, wie sie leisten können. • Sie ermutigen die Kinder, sich einer Aufgabe zu stellen und nach einer Lösung zu suchen! • Sie ermutigen Ihre Schüler zu optimistischen Sichtweisen.
Sie suchen nach Themen, die für Ihre Schüler bedeutsam sind.	• Freundschaft, Partnerschaft • unterschiedliche kulturelle, politische, religiöse Hintergründe • Drogen, Freizeit • Berufsvorbereitung • ...
Sie binden Ihre Schüler in Unterrichtsplanung und -gestaltung ein.	• Sie erfragen die Interessen. • Sie fordern Vorschläge der Schüler ein. • Sie beziehen sie ein bei der Frage, was als Nächstes gelernt werden soll. • Sie machen die Schüler Schritt für Schritt mit der Selbstreflexion ihrer Lernfortschritte vertraut. • Sie geben Verantwortung an die Schüler ab.

Ressourcenorientierung

Sie richten den Blick auf die Kompetenzen und Ressourcen Ihrer Schüler.	Sie überlegen für jeden Schüler fünf Eigenschaften/ Ressourcen, auf die Sie auf keinen Fall verzichten möchten.
Sie orientieren sich bei Ihrer Unterrichtsplanung an den Kompetenzen Ihrer Schüler. Sie richten Ihren Fokus auf individuelle Lernfortschritte.	1. Sie setzen Verfahren der lernprozessbegleitenden Diagnostik ein. Leitfragen: Was kann das Kind? Was muss es noch lernen? Was kann es als Nächstes lernen?[2] 2. Sie beobachten kontinuierlich den Lernprozess.[3] 3. Sie konzipieren lernniveaubezogene Aufgaben.[4]
Sie zeigen Interesse an den einzelnen Schülern.	Sie versuchen in persönlichen Gesprächen Ressourcen herauszufinden, die über fachliche Kompetenzen hinausgehen. (Interessen, Hobbys, Tätigkeiten in der Freizeit ...)
Sie treffen differenzierte Aussagen.	Sie überlegen, wer genau welches Verhalten zeigt.

2 Dehn, M./Hüttis-Graff, P. (2006): Zeit für die Schrift. Beobachtung und Diagnose. Berlin
3 Vgl. auch Checkliste zu Schritt 16
4 Vgl. auch Checkliste zu Schritt 17

6 Schritt 6: Ich wirke bei der Schulentwicklung mit.

Gundula Dechow

Ziel: Sie erfahren, an welchen Stellen Sie als Lehrperson eine inklusive Schulentwicklung mitgestalten können.

„Noch nie war der Druck auf Lehrerinnen und Lehrer, sich an der staatlich verordneten Unterrichtsentwicklung zu beteiligen, so groß wie heute."

(Meyer 2010)

Schulentwicklung beschreibt einen pädagogischen Prozess, der die Schule insgesamt oder in Teilen verändert.

Sie umfasst drei ineinander greifende Arbeitsbereiche: die Organisations-, die Unterrichtssowie die Personalentwicklung (Rolff et al. 2000). Veränderungen in einem der Subsysteme oder parallel in allen leiten einen Wandel im gesamten System der Einzelschule ein. Die folgende Abbildung verdeutlicht diesen Systemzusammenhang.

Um umfassende Schulentwicklungsprozesse wie die inklusive Schulentwicklung zu managen, bedarf es einer systematischen Arbeitspla-

Drei-Wege-Modell der Schulentwicklung
(nach Rolff 2013)

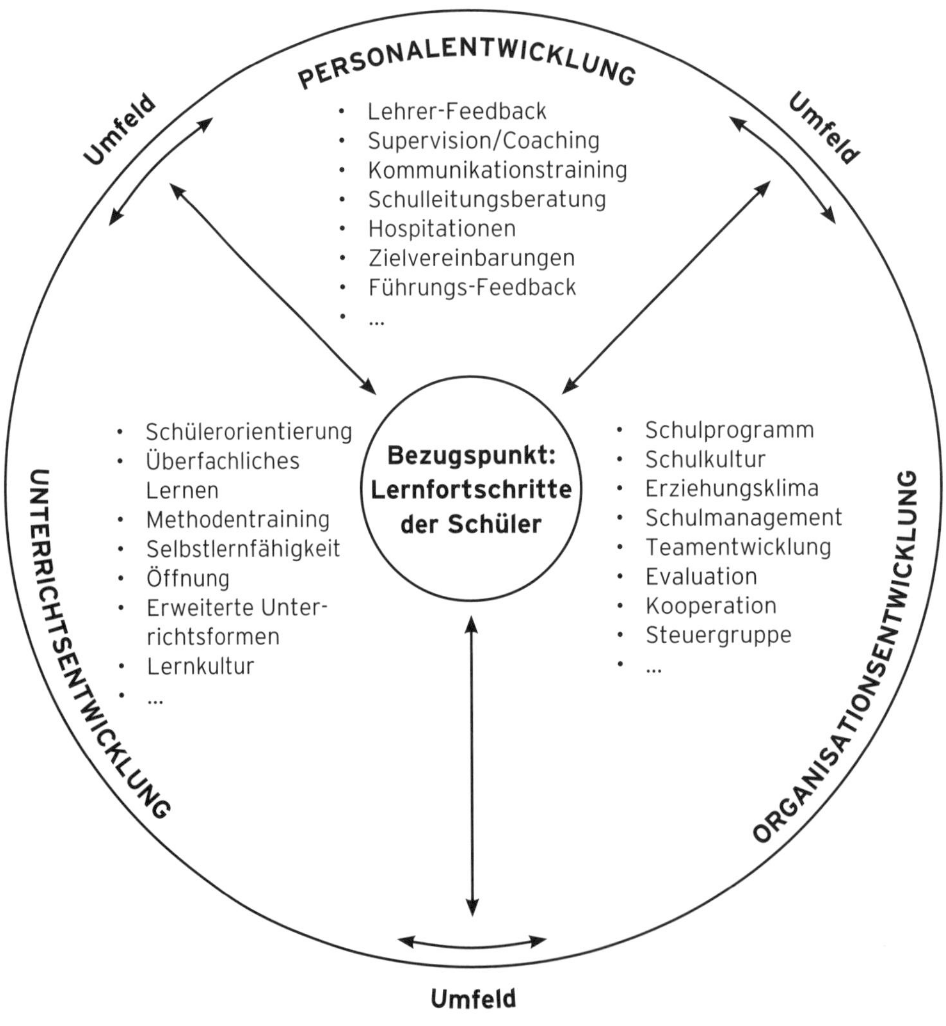

nung. Das **Schulprogramm** stellt den Rahmen dafür bereit, wobei Inhalt und Bedeutung eines Schulprogramms je nach Bundesland variieren (Riecke-Baulecke 1999, 84).

Im Schulprogramm sind Entwicklungsziele einer Schule definiert und die damit verbundenen Maßnahmen zur Erreichung dieser Ziele formuliert. Diese sollten „sich auf Weniges, dafür Wesentliches ... konzentrieren" (Malik 2006, 110), darüber hinaus sollten die wenigen Ziele aber große sein, „die ins Gewicht fallen, die etwas bedeuten, wenn sie erreicht werden." (Malik 2006, 18)

Eine **inklusive Schule** zu etablieren, bedeutet ein derartig großes Ziel, das einen Wandel besonderer Art einleitet. Es gilt ein „inklusives Verständnis von Unterricht und Lernen" (Boban/Hinz 2003, 11) zu entwickeln und zu implementieren. Das bedeutet, dass Veränderungen in allen drei Subsystemen – Organisation, Unterricht und Personal – in Angriff genommen werden müssen.

In der **Inklusion** geht es darum, sämtliche Barrieren in Bildung und Erziehung für alle Schüler auf ein Minimum zu reduzieren. Der **Index für Inklusion** bietet die Möglichkeit, eine inklusive Schulentwicklung in dem Maße zu fördern, wie es eine Schule zum gegenwärtigen Zeitpunkt anstreben möchte. Den Rahmen für die Entwicklung von Zielperspektiven einer inklusiven Schule bilden drei miteinander verbundene Dimensionen:

A Inklusive Kulturen schaffen
- Gemeinschaft bilden
- Inklusive Werte verankern

B Inklusive Strukturen etablieren
- Eine Schule für alle entwickeln
- Unterstützung für Vielfalt organisieren

C Inklusive Praktiken entwickeln
- Lernarrangements organisieren
- Ressourcen mobilisieren

(Boban/Hinz 2003)

Alle drei Dimensionen sind erforderlich, um Inklusion in einer Schule zu entwickeln. Das stellt für alle Beteiligten eine große Herausforderung dar. Es hat sich als sinnvoll erwiesen, externe Fachleute als Moderatoren und Prozessberater hinzuziehen, um eine fachlich kompetente Begleitung zu nutzen (Kempfert/Rolff 2005, 37). Darüber hinaus ist es entlastend, nicht alles aus eigener Kraft bewältigen zu müssen. Die Fortbildungsinstitute jedes Bundeslandes stellen dafür Fachleute und bieten entsprechende Veranstaltungen an.

Das Gelingen einer inklusiven Schulentwicklung hängt im Wesentlichen von der Art ab, wie das Thema „inklusive Schule" mit allen Beteiligten und in allen Gremien kommuniziert wird. Dabei hat es sich bewährt, eine gemeinsame **Grundüberzeugung** bzgl. Inklusion mit der gesamten Schulgemeinschaft zu entwickeln (siehe oben, Dimension A). Sie erfordert eine neue Werteorientierung, wie z.B.
- Recht auf Bildung ohne Aussonderung,
- Vertrauen in Schülerpotentiale,
- Wertschätzung von Vielfalt,
- Gleichwertigkeit trotz Verschiedenheit

und Zeit, diese spezifisch für Ihre Schule in der Diskussion zu entwickeln. Hier lohnt es sich zu schauen, welche Ziele eventuell schon jetzt verankert sind und gelebt werden und welche zukünftig bedeutsam sein sollen – eine Grundsatzdiskussion, die Sie aktiv mit führen und gestalten können.

Erfahrungen zeigen, dass die Basis erfolgreicher Schul- und Unterrichtsentwicklung eine gemeinsame Haltung zu folgenden Fragen ist:
- Was wollen wir an unserer Schule?
- Was wollen wir für unsere Schüler?

Entwickeln Sie mit allen Beteiligten eine **Vision** Ihrer zukünftigen, inklusiven Schule frei nach Antoine de Saint-Exupéry:

„Wenn du ein Schiff bauen willst, so trommle nicht Leute zusammen, um Holz zu beschaffen, Werkzeuge vorzubereiten, Aufgaben zu vergeben und die Arbeit einzuteilen, sondern wecke in ihnen die Sehnsucht nach dem weiten, endlosen Meer."

Zeichnen Sie gemeinsam ein Bild Ihrer inklusiven Schule und verankern Sie inklusive Werte. Vervollständigen Sie mit Ihren Kollegen Sätze wie:

- Wir wollen an unserer Schule ...
  (z.B. *respektvoll miteinander umgehen*).
- Uns ist wichtig, dass ...
  (*alle Kinder sich willkommen fühlen*).
- Jeder Schüler soll ...
  (*in seiner Individualität wertgeschätzt werden*).

Auf diese Weise entsteht ein **inklusives Leitbild**, das die pädagogische Grundhaltung sowie unterrichtsbezogene Grundsätze beschreibt. Dieses Leitbild illustriert das Qualitätsverständnis der Schule. Leitsätze konkretisieren schließlich das Leitbild und formulieren **inklusive Grundwerte**, qualitative Zusagen sowie künftige Entwicklungsrichtungen. Aus den allgemein formulierten Leitsätzen werden schließlich konkrete Strategien entwickelt und formuliert, die im Schulprogramm verankert werden.

Beispiele dafür finden Sie u.a. in den **Schulprogrammen** dieser Schulen:
www.robert-bosch-gesamtschule.de
www.maxbrauerschule.de
www.gs-bergedorf.de

In der Literatur wird davon ausgegangen, dass die Motivation für Schulentwicklung hauptsächlich von innen heraus, durch die Lehrpersonen, entsteht. Ihnen wird demnach ein wesentlicher Einfluss zugesprochen, den es zu nutzen gilt – das betrifft auch oder sogar besonders die inklusive Schulentwicklung.

Individuelles Entwicklungsengagement kann zu einer „Keimzelle" für Unterrichtsentwicklung und damit ein Motor für Schulentwicklung werden.

Diese Erkenntnisse sollten Sie ermutigen, Ansatzpunkte für inklusive Veränderungen in Ihrem Unterricht zu entdecken. Beginnen Sie im Kleinen:

Wie kann ich das soziale Miteinander fördern?
- Klassenrat
- Präsentation von Gruppenarbeiten und Einzelleistungen

(Dimension A - Gemeinschaft bilden)

Was kann ich tun, um den respektvollen Umgang zu fördern?
- Abläufe und Regeln im Unterricht sind allen bekannt
- eindeutiger Umgang mit Störungen (von allen erarbeitet und akzeptiert)

(Dimension C - Lernarrangements organisieren)

Wie können meine Schüler mehr miteinander bzw. voneinander lernen?
- Erfahrungen einzelner Schüler werden thematisiert
- Feedbackkultur

(Dimension C - Lernarrangements organisieren)

Wie kann ich die vielfältigen Lernvoraussetzungen meiner Schüler adäquater berücksichtigen?
- Information durch/Unterstützung von Sonderpädagogen
- Schülerbeteiligung an der Unterrichtsplanung
- vielfältigere Unterrichtsformen

(Dimension B - Unterstützung der Vielfalt)

Was können die Schüler und was kann ich als Lehrperson z.B. durch das hörgeschädigte Kind lernen?
- Rituale im Unterricht entlasten auch mich als Lehrperson
- Bedeutung von Gesprächsdisziplin
- Hilfen anbieten und erhalten ist selbstverständlich

Ansatzpunkte für inklusive Veränderungen im eigenen Unterricht zu finden, gelingt erfahrungsgemäß besser durch den Austausch in einem **Team**. Dieses Team kann zunächst aus einem oder mehreren parallel arbeitenden Kollegen bestehen. Schulentwicklungsrelevant werden Ihre individuellen Initiativen jedoch, wenn nicht nur ein Teil des Kollegiums davon erfährt, sondern derartige Einzelinitiativen in der gesamten Schule kommuniziert werden (Vorstellung in Fach- und Lehrerkonferenzen).

„Tun Sie Gutes und sprechen Sie darüber!" Machen Sie andere auf Veränderungen in Ihrem Unterricht aufmerksam und berichten Sie von Ihren Erfahrungen. Laden Sie Kollegen in Ihren Unterricht ein. Auf diese Weise wird eine **fruchtbare Kommunikation** initiiert. Noch unsichere Kollegen werden ermutigt und weitere Mitstreiter für inklusive Veränderungen gewonnen.

Das Kennenlernen unterschiedlicher Konzepte und Methoden sowie die Erfahrungsberichte reformfreudiger Kollegen können das Entwicklungsengagement im Kollegium positiv beeinflussen. Wünschenswert wäre es, wenn ein derartiger **Austausch** z.B. durch Teambildung, Projektgruppen, Steuergruppen seitens der Schulleitung abgesichert wäre, denn auf diese Weise könnte die Organisationsentwicklung die Unterrichtsentwicklung unterstützen. (Rolff et al. 2000, 20)

Was umfasst eine **inklusive Unterrichtsentwicklung** explizit? Bastian (2007) beschreibt Unterrichtsentwicklung als systematische und gemeinsame Anstrengung aller am Unterricht beteiligten Personen mit dem Ziel, das Lehren und Lernen sowie die schulinternen Bedingungen zu verbessern. Für eine inklusive Unterrichtsentwicklung kann ergänzt werden:

... mit dem Ziel, das Lehren und Lernen sowie die schulinternen Bedingungen hinsichtlich der Teilhabe aller Schüler am Unterricht zu verbessern.

Relevante Unterrichtsbereiche zeigt unsere Abbildung auf S. 34. Für sie bieten sich wiederum unterschiedliche Konzepte für inklusive Unterrichtsentwicklung an, von denen an dieser Stelle nur eine kleine Auswahl genannt werden kann.

Dimension C: inklusive Praktiken entwickeln – Schüler lernen miteinander
- Kooperatives Lernen (Green)
- Schülerfeedback

Dimension C: inklusive Praktiken entwickeln – Die Schüler sind Subjekte ihres eigenen Lernens
- Methoden und Arbeitstechniken (Klippert)

Dimension C: inklusive Praktiken entwickeln – Der Unterricht wird auf die Vielfalt der Schüler hin geplant
- Selbst organisiertes Lernen (SOL) (Individualisierung des Lernens)
- Arbeit mit Kompetenzrastern (nach A. Müller)

Die Organisation von Schulentwicklungsprozessen sowie ihre praktische Umsetzung finden in sämtlichen **Schulgremien** statt, in denen Sie mit entscheiden und mitgestalten können.

Dazu zählen vor allem:
- Schulkonferenz
- Lehrerkonferenz
- Fachkonferenz
- Steuergruppe
- Didaktische Konferenz
- Schulleitungsteam mit Assistenzen
- Jahrgangskonferenzen
- Arbeitsgruppen zu verschiedenen Themen/ Projekten

Neben diesen verfassten Organen zur Mitbestimmung gibt es weitere Lenkungsinstrumente wie die **Steuergruppe.** Sie erhält das Mandat des Kollegiums, die inklusive Schulentwicklung organisatorisch umzusetzen. Sie hat die Aufgabe, die Vernetzung zwischen den Teams, zwischen den Arbeitsgruppen zu fördern und die verschiedenen Prozesse auf das gemeinsame Ziel „inklusive Schule" auszurichten, also „das große Ganze" im Auge zu behalten. Somit beeinflusst sie die kurz- und mittelfristige inklusive Schulentwicklungsplanung maßgeblich. Die Bedeutung dieses Steuerungsorgans hat in den vergangenen Jahren in einigen Bundesländern durch die zunehmende Eigenverantwortung von Schulen zugenommen.

Hierarchisch unterhalb der Steuerungsgruppe kann es noch weitere Lenkungsinstrumente geben.

Die **Didaktische Konferenz** erarbeitet Vorschläge zur Gestaltung des Haushalts und zur Nutzung der Funktionsstunden. Sie berät über Möglichkeiten des fächerübergreifenden Lernens und entwickelt Vorschläge zur Ausgestaltung der Stundentafel.

Die **Jahrgangskonferenzen** beraten organisatorische und pädagogische Angelegenheiten eines Jahrgangs und fassen entsprechende Beschlüsse.

Jahrgangsfachkonferenzen erarbeiten Stoffpläne für die entsprechenden Schuljahre und verabreden eventuell Einzelprojekte.

Spezifische Fragen der Schul- und Unterrichtsentwicklung werden in **Arbeitsgemeinschaften** oder in **Projektgruppen** diskutiert (z.B. Individualisierung des Unterrichts, Unterricht in anderen Lernformen wie im Lernatelier, Rhythmisierung, Entwicklung von Rückmeldeformaten). Auf Antrag der Schulleitung, der Fachkonferenzen oder der Lehrerkonferenz können sie zu spezifischen Themen eingerichtet werden. So entsteht in ihrem Rahmen ein Modell oder eine Maßnahme, worüber zu Beginn die betroffenen Jahrgänge, Klassenlehrer und Fachlehrer beraten. Stimmen sie zu, entscheidet die Lehrerkonferenz auf Antrag über eine Erprobung.

Für die Umsetzung übertragener Aufgaben oder Projekte hat sich auch im Bildungsbereich das **Projektmanagement** etabliert. Es umfasst die Strukturierung und Steuerung systematischer Qualitätsentwicklungsprozesse und hat sich besonders bei Prozessen mit vielschichtigen Interessenslagen bewährt. Anwendung findet es nicht bei Routineaufgaben, sondern bei einmaligen, komplexen Aufgabenstellungen, wie sie in den Arbeitsgemeinschaften oder Projektgruppen realisiert werden sollen.

Die Vorgehensweise des Projektmanagements ermöglicht ein planvolles, zielgerichtetes und reflektiertes Vorgehen und verspricht dadurch höhere Erfolgsaussichten.

Der Ablauf erfolgt in folgenden Schritten: **Definition – Planung – Durchführung – Abschluss.**

Es werden Projektgruppen gebildet, die je nach Aufgabenstellung aus Lehrpersonen, anderen schulischen Mitarbeitern, Eltern sowie Vertretern der Schülerschaft bestehen.[5] Die Personalrotation, die fach- und funktionsübergreifende Zusammensetzung sowie die Befristung von Projekten bieten die Chance, individuelle Vorstellungen, Meinungen und Perspektiven zu berücksichtigen. Darüber hinaus ergeben sich dadurch ständig neue Lernmöglichkeiten.

Wichtige Regeln des Projektmanagements sind **klare Ziel-** und **Terminvorgaben** sowie die Überwachung des Projektfortschritts. Eine verbindlich verantwortliche Führung der übertragenen Aufgaben impliziert Handlungssicherheit.

Da die Vielfalt von Gremien und Projekten an einer Schule nicht zwingend für die Qualität von Schulentwicklungsprozessen bürgt, sollte ihre Wirksamkeit stets geprüft werden. Um die Anzahl der Lenkungsinstrumente möglichst gering zu halten, lohnt es sich immer, vor der Einführung neuer Gremien, Ansatzpunkte für Veränderungen in bereits funktionierenden Strukturen zu suchen.

In allen genannten Gremien können inklusiv geprägte Inhalte diskutiert und erarbeitet werden und jeder Kollege kann dort gestaltend mitarbeiten und dadurch bei einer inklusiven Schulentwicklung mitwirken.

5 In der Fachliteratur wird die Bedeutung von Projektgruppen in Schulen betont, da sie ein wesentliches Element zur Entwicklung eines internen sozialen Netzwerkes darstellen.

Literatur

Boban, Ines/Hinz, Andreas (2003): Index für Inklusion. Lernen und Teilhabe in der Schule der Vielfalt entwickeln. Halle

Kempfert, G./Rolff, Hans-Günter (2005): Qualität und Evaluation. Ein Leitfaden für pädagogisches Qualitätsmanagement. Weinheim

Malik, Fredmund (2006): Führen – Leisten – Leben. Wirksames Management für eine neue Zeit. Frankfurt/M.

Meyer, Hilbert (2010): Was ist guter Unterricht? Berlin

Riecke-Baulecke, Thomas/Müller, H.-W. (1999): Schul-Management. Den Wandel gestalten. Leitideen und praktische Hilfen. Braunschweig

Rolff, Hans-Günter (2013): Schulentwicklung kompakt. Modelle, Instrumente, Perspektiven. Weinheim und Basel

Rolff, Hans-Günter/Buhren, Claus/Lindau-Bank, Detlev/Müller, Sabine (2000): Manual Schulentwicklung. Handlungskonzept zur pädagogischen Schulentwicklungsberatung (SchuB). Weinheim und Basel, 3. Auflage

Kooperatives Lernen

Brüning, Ludger/Saum, Tobias (2009): Erfolgreich unterrichten durch Kooperatives Lernen. Essen, 5. Auflage

Brüning, Ludger/Saum, Tobias (2009): Erfolgreich unterrichten durch Visualisieren. Essen, 2. Auflage

Ebbens, Sebo/Ettekoven, Simon (2009): Unterricht entwickeln. Bd. 1: Effektiv lernen. Hohengehren

Green, Norm/Green, Kathy (2005): Kooperatives Lernen im Klassenraum und im Kollegium. Seelze

Weidner, Margit (2003): Kooperatives Lernen im Unterricht. Seelze

Schülerfeedback

Bastian, Johannes/Combe, Arno/Langer, Roman (2007): Feedback-Methoden. Weinheim

Gudjons, Herbert (2006): Neue Unterrichtskultur – veränderte Lehrerrolle. Bad Heilbrunn

Methoden und Arbeitstechniken

Klippert, Heinz (2007): Methodentraining. Weinheim

Selbst organisiertes Lernen

Kiper, Hanna/Mischke, Wolfgang (2008): Selbstreguliertes Lernen – Kooperation – Soziale Kompetenz. Stuttgart

Klippert, Heinz (2007): Eigenverantwortliches Arbeiten und Lernen. Weinheim

Arbeit mit Kompetenzrastern

Müller, Andreas (2008): Mehr ausbrüten, weniger gackern. www.institut-beatenberg.ch

Projektmanagement

Endler, Susanne (2011): Projektmanagement in der Schule. Projekte erfolgreich planen und gestalten. Hamburg, 7. Auflage

Checkliste Schritt 6 ▶

Checkliste Schritt 6

Wie kann ich inklusive Schulentwicklung (mit-)gestalten?

Möglichkeiten	Das mache ich bereits	Das ist mein nächster Schritt
Bereich: Unterrichtsentwicklung		
Klassenrat		
Klassenregeln		
Rituale		
Transparenz von Abläufen		
transparente Leistungserwartung		
eindeutiger Umgang mit Störungen		
vielfältige Unterrichtsformen		
Schülerbeteiligung bei der Planung		
Feedbackkultur		
Präsentationen von Gruppen- und Einzelleistungen		
Methodentraining		
kollegiale Hospitation		
Lehrertraining (z.B. kollegiale Fallberatung, Supervision)		
...		
Bereich: Organisationsentwicklung – Mitarbeit in Gremien		
Schulkonferenz		
Fachkonferenz		
Steuergruppe		
Didaktische Konferenz		
Lehrerkonferenz		
Schulleitungsteam		
Jahrgangskonferenz		
Assistenz der Schulleitung		
Arbeitsgruppen		
Jahrgangsteams		
Projektgruppe		
...		

Schritt 7: Ich evaluiere meine Arbeit in der Schule mit dem Index für Inklusion.

Konstanze Reents

7

Ziel: Sie erfahren, wie Sie mit Hilfe des Index für Inklusion die Barrieren und Ressourcen inklusiver Arbeit reflektieren können, um so inklusive schulische Prozesse anzustoßen.

Der **Index für Inklusion** kursiert seit einiger Zeit in den Lehrerzimmern (Sie finden ihn kostenlos als Download unter www.eenet.org.uk/resources/docs/Index%20German.pdf). Als Material zur Selbstevaluation dient er Schulen, um bestehende Bedingungen zur Inklusion zu reflektieren. Er bietet die Möglichkeit, gemeinsam Barrieren inklusiver Arbeit zu identifizieren sowie Ressourcen aufzudecken, um so inklusive Prozesse anzustoßen oder weiter zu entwickeln. Kennzeichnend für den Index ist die **inklusionsbezogene Beschreibung der Schulqualität**, er berücksichtigt alle Dimensionen von Heterogenität und verlangt für das Initiieren eines inklusiven Prozesses die Einbeziehung aller beteiligten Personen (eben inklusiv). Daher ist der Titel dieses Kapitels nicht ganz treffend, denn die Arbeit mit dem Index erfordert eine Gruppe von Menschen, nicht die einzelne Person. Allerdings kann jeder einzelne Lehrer als „Keimzelle" der Schulentwicklung (→ Schritt 6) einen solchen Prozess anstoßen und initiieren.

Drei wesentliche Schlüsselkonzepte liegen dem Index zugrunde:

- Barrieren für das Lernen und die Teilhabe finden sich in allen Bereichen der Schule;
- Unterstützung von Vielfalt, wobei Vielfalt konstruktiv (produktiv) zu verstehen ist;
- Auseinandersetzung mit „institutioneller Diskriminierung" (Hinz 2010, 10f.).

Inhaltlich befasst sich der Index mit den drei Dimensionen, die Sie schon aus dem vorigen Schritt kennen: inklusive Kulturen schaffen (A), inklusive Strukturen etablieren (B) und inklusive Praktiken entwickeln (C).

Dimension A (Gemeinschaft bilden; inklusive Werte verankern) befasst sich mit dem Aufbau einer wertschätzenden, akzeptierenden Gemeinschaft, deren inklusive Werte von allen getragen und weitervermittelt werden. In dieser sicheren und zusammen arbeitenden Gemeinschaft leistet jeder seinen Beitrag. Seine Leistung und Entwicklung werden von allen geschätzt und anerkannt.

Dimension B (eine Schule für alle entwickeln; Unterstützung für Vielfalt organisieren) hat zum Ziel, dass sich Inklusion durch alle Strukturen der Schule zieht, um so auf allen Ebenen auf die Vielfalt von Schülern einzugehen und ihre Entwicklung zu unterstützen.

Dimension C (Lernarrangements organisieren; Ressourcen mobilisieren) hat zum Ziel, dass schulische Praktiken (z.B. Unterricht) die Dimensionen A und B ausdrücken. Unterricht wird so gestaltet, dass gemeinsames Lernen am gemeinsamen Lerngegenstand stattfindet. Schulische und außerschulische Ressourcen dienen als Unterstützung zum Erreichen dieser Absicht.

Diese drei Dimensionen sind wiederum in 44 Indikatoren aufgeschlüsselt, die durch insgesamt 560 Fragen konkretisiert werden. Das Buffet an Impuls-Fragen bietet Anregungen für die aktuelle Praxis, aber auch für mögliche Entwicklungsschritte.

Der Index wird nicht von vorn bis hinten nach einem vorgegebenen Schema durchgearbeitet, vielmehr bestimmen Anliegen und Interesse den Anfang und die Reihenfolge des Vorgehens. Erfahrungen haben gezeigt, dass es nicht ratsam ist, alles und das auch noch sofort zu bearbeiten.

Durch den Impulscharakter der Fragen gelangen die **Potenziale der Schule** in den Blick. In der Diskussion werden bestehende Bedingungen betrachtet, die bisher evtl. weniger im Fokus der Schulentwicklung standen. Alle Fragen sind ressourcenorientiert und beinhalten eine Wertehaltung.

Der Index enthält ausführliche Beschreibungen, wie ein Prozess gestaltet werden kann.

Aus der Erfahrung in der Arbeit hat sich folgendes verkürzte Vorgehen bewährt:

1. **Bildung einer Gruppe,** die mit allen an der Schule Beteiligten zusammenarbeitet und den jeweils aktuellen Stand des Prozesses zurück meldet.
2. **Analyse der Schulsituation.** Der Austausch auf der Ebene der Indikatoren oder auf der Ebene der Fragen ermöglicht konkrete Gesprächsanlässe (Dialoge), die zu einer Ermittlung des aktuellen Standes, der größten Hindernisse (Baustellen) sowie nächster Entwicklungsschritte beitragen.
3. **Festlegung von Prioritäten bzgl. des Entwicklungsvorhabens** (und damit des Entwicklungszieles), die den Vorstellungen und Bedürfnissen aller entsprechen.
4. **Planung nächster Schritte** zur Entwicklung einer inklusiven Schule
5. **Umsetzung der Planungsvorhaben**
6. **Reflexion** des gemeinsamen Prozesses und Evaluation der Entwicklungsergebnisse

Der Index ermöglicht somit die Reflexion der schulischen Situation, liefert selbst allerdings keine Lösungsansätze oder Antworten auf die diskutierten Fragen. Gerade die intensive Diskussion über Planungsschritte oder Umsetzungsmöglichkeiten macht die Arbeit mit dem Index zu einem anregenden und aktivierenden Prozess, welcher seine Zeit benötigt, wenn dessen Ergebnisse nachhaltig sein und von allen getragen werden sollen. Er ist nicht innerhalb weniger Wochen abgeschlossen, sondern braucht sicherlich ein Jahr, bis die geplanten und erwünschten Veränderungen sich in der Schule etabliert haben.

Ausgehend von Einzelpersonen kann ein Veränderungsprozess in Schulen konkret so ablaufen:

1. Bildung einer Gruppe:
Ich als „Keimzelle" (→ Schritt 6) der Schulentwicklung beginne mit der Suche nach interessierten und engagierten Kollegen, die sich gemeinsam mit mir auf den Weg machen, einen inklusiven Prozess an meiner Schule anzustoßen. Eventuell beziehe ich Eltern und Schüler (z.B. Eltern- und Schülervertreter) gleich zu Beginn mit ein. Interessierte bilden das Index-Team oder eine Steuergruppe.

Der Index-Prozess selbst kann ein Modell für inklusive Praxis an Schulen sein, indem er alle einbezieht.

Gerade wenn verschiedene Personengruppen beteiligt sind, ist es wichtig, sich auf eine gemeinsame Sprache, ein gemeinsames Verständnis von Begriffen zu einigen, damit alle von Anfang an verständlich miteinander kommunizieren. Unter den Begriffen „Inklusion", „Barrieren" oder „Teilhabe" verstehen z.B. nicht alle das Gleiche oder belegen die Fragen nicht mit denselben Inhalten.

Bei der Orientierung hinsichtlich der inklusiven Leitidee, sowie bei der Einigung, was die Gruppe zu erreichen versucht, sollten sich alle Beteiligten einig sein. Wichtig ist, das Votum für die Arbeit der ganzen Schule bzw. für das Kollegium einzuholen, da der Prozess ansonsten bereits an dieser Stelle nicht voranschreitet. Um eine größere Handlungsfähigkeit zu erreichen, lastet die Verantwortung für die Organisation und Umsetzung der Planungsvorhaben auf allen – auch denjenigen, die nicht Teil der Gruppe sind.

2. Analyse der Schulsituation:
Die Bestandsaufnahme besteht konkret aus der Auseinandersetzung mit den Indikatoren und den Fragen des Index.

Sobald die Gruppe in groben Zügen ihr vorrangig zu bearbeitendes Entwicklungsziel und damit eine der drei Dimensionen festgelegt hat, beginnt die gemeinsame Diskussion. Wendet sie sich den Fragen eines Indikators zu, ist es fast egal, bei welcher Frage die Auseinandersetzung beginnt, da alle Fragen miteinander in Beziehung stehen und sich immer wieder treffen, überschneiden und zum gleichen Punkt führen. Daher motiviert der Start bei einer interessanten Frage, die die Gruppe aktuell anspricht.

Sobald Barrieren benannt oder Ressourcen und Potenziale erkannt werden, sind diese festzuhalten und dem Gesamtkollegium vorzustellen.

3. Festlegung von Entwicklungszielen:
Mit dem Wissen über die Barrieren und der Rückmeldung aus dem Kollegium werden konkrete, erreichbare Entwicklungsziele formuliert, z.B. mit Hilfe der „SMART-Methode". Auch hier ist die Einigkeit aller Beteiligten für den Erfolg des Prozesses wesentlich.

4. Planung nächster Schritte:
Nach einer freien Ideensammlung (z.B. mit der Methode „Zukunftswerkstatt") werden erste Lösungsvorschläge formuliert. Von einer Zukunftsvision ausgehend entscheidet sich die Gruppe zunächst für einen umsetzbaren Lösungsvorschlag und erarbeitet im Anschluss einen konkreten Umsetzungs- bzw. Handlungsplan. Dieser enthält neben Verantwortlichkeiten, Zeitplan und ggf. Teilschritten auch Indikatoren, anhand derer zu bewerten ist, ob das Ziel erreicht wurde.

5. Umsetzung der Planungsvorhaben:
Hier heißt es: Ärmel hochkrempeln und loslegen! Erfolg versprechend ist es, wenn möglichst viele beteiligte Personen und Institutionen mitarbeiten, wie z.B. Fachkonferenzleitungen, didaktische Leitungen, pädagogische Mitarbeiter oder Hausmeister. Von der Tragfähigkeit der Umsetzungsvorschläge hängt die Qualität des Prozesses ab.

6. Reflexion:
An dieser Stelle findet entweder die erste positive Feststellung über erreichte Veränderungen oder die erste Enttäuschung über Fehlschläge statt. Die Nachbereitung und damit Evaluation fällt häufig schwer, da sie sich getaner Arbeit zuwendet, die bewertet wird.

Die Nachbereitung findet auf zwei Ebenen statt: Zum einen wird die eigene Arbeit der Gruppe (in den Bereichen Effektivität, Produktivität, Enttäuschungen, Ermutigendes ...) innerhalb des Index-Prozesses reflektiert und bewertet. Die folgende Checkliste auf S. 44 kann als Beispiel dienen. Zum anderen erfolgt hier eine Evaluation des aktiven Entwicklungs- und Veränderungsprozesses bzgl. der Inklusion an der Schule.

Die Ergebnisse sind für alle Beteiligten zugänglich und somit öffentlich zu machen. Entscheidend dabei ist, dass sich *etwas*, wenn auch nur ein wenig, erfolgreich verändert hat. Auch Fehler sind notwendige Beiträge zur Entwicklung.

Für die Gestaltung weiterer inklusiver Prozesse schließt sich ein zweiter Entwicklungszyklus an (s.o.: Prozessschritte 2 bis 6).

In vielen Bundesländern unterstützen verschiedene Fortbildungseinrichtungen den oben beschriebenen Prozess. Sie finden die Adressen im Internet. Die an diese Einrichtungen abgeordneten Lehrpersonen begleiten, unterstützen, moderieren und evaluieren, je nachdem an welcher Stelle die Gruppe Begleitung wünscht und benötigt. Ebenfalls unterstützend tätig werden z.B. in Niedersachsen die Fachberater für Unterrichtsqualität und Schulentwicklungsberater.

▶

Literatur

Boban, Ines/Hinz, Andreas (Hrsg.) (2003): Index für Inklusion. Lernen und Teilhabe in der Schule der Vielfalt entwickeln. Entwickelt von **Booth, Tony/Ainscow, Mel.** Übersetzt, für deutschsprachige Verhältnisse bearbeitet und herausgegeben. Halle-Wittenberg

Hinz, Andreas (2010): Inklusion als Chance für individuelles und gemeinsames Lernen in heterogenen Gruppen. In: **Schneider, Liane** (Hrsg.): Gelingende Schulen. Gemeinsamer Unterricht kann gelingen. Schulen auf dem Weg zur Inklusion. Baltmannsweiler

Reich, Kersten (Hrsg.) (2012): Schule: Mit dem „Index für Inklusion" beginnen. In: Inklusion und Bildungsgerechtigkeit. Standards und Regeln zur Umsetzung einer inklusiven Schule. Weinheim/Basel, 147-204

Checkliste Schritt 7 ▶

Checkliste Schritt 7

Wie kann ich den Index-Prozess innerhalb der Gruppe reflektieren?
Nutzen Sie die Ergebnisse als Hilfen für zukünftige Prozesse.

Kriterien	trifft voll zu	trifft teilweise zu	trifft kaum zu	trifft gar nicht zu
Jeder ist freiwillig und gern Teil der Gruppe.				
Jedes Gruppenmitglied wird wertgeschätzt.				
In der Gruppe arbeiten wir gleichberechtigt und offen miteinander.				
Probleme sprechen wir in der Gruppe offen und wertfrei an.				
Die Gruppe hat einen tragfähigen Rückhalt im Kollegium.				
In der Gruppe verstehen alle, wovon wir sprechen.				
In der Gruppe gehen wir ehrlich mit den Fragen des Index um.				
In der Gruppe akzeptieren und diskutieren wir unterschiedliche Meinungen offen.				
Die Leitidee wird von allen in der Gruppe getragen.				
Jedes Gruppenmitglied übernimmt Verantwortung, die von jedem akzeptiert wird.				
Rückmeldungen an das Kollegium nehmen wir regelmäßig vor.				
Das Entwicklungsziel ist in der Gruppe tragfähig.				
Teilziele werden in der Gruppe erreichbar formuliert.				
Indikatoren werden in der Gruppe erkennbar benannt.				
Das Planungsvorhaben der Gruppe findet Unterstützung im Gesamtkollegium.				
In der Gruppe übernehmen wir gleichberechtigt Aufgaben des Handlungsplans.				

8 Schritt 8: Ich öffne mich für lernförderliche Zeitstrukturen.

Gundula Dechow

Ziel: Sie erfahren, wie Sie Lernprozesse in heterogenen Lerngruppen mit alternativen Zeitstrukturen unterstützen können.

Sie haben sicher – unabhängig vom Thema Inklusion – schon Diskussionen darüber geführt, ob und wie sinnvoll die momentan vorherrschenden Zeitstrukturen an deutschen Schulen sind. Fünf bis sieben Stunden Unterricht in 45-minütigen „Häppchen“, ein schnelles Aufeinanderfolgen unterschiedlicher Themen, mit mehreren kurzen und längeren Pausen dazwischen. Wir wissen alle, dass Zeitstrukturen einen entscheidenden Rahmen für die Unterrichtsgestaltung bilden und Unterricht im 45-Minuten-Rhythmus so strukturiert ist, dass die Lernprozesse in diesem Zeitraum abschließbar sind (Esslinger-Hinz et al. 2007). Daraus erwächst oft ein hektischer Schulvormittag für Lehrer und Schüler, der zu Stress und Zeitdruck führt.

Betrachten Sie nun diese Thematik unter dem Blickwinkel „Inklusion“. Ihre Lerngruppe ist durch Verschiedenartigkeit und sehr unterschiedliche Ausgangsvoraussetzungen gekennzeichnet. Ihre Aufgabe, jedem Schüler mit seinen individuellen Bedürfnissen individuelle Lernmöglichkeiten und Lernmethoden vorhalten zu können (→ Schritt 4), erfordert einen organisatorischen Zeitrahmen mit sehr **unterschiedlichen Zeitspannen** sowie zeitliche Gestaltungsspielräume, denn Lernprozesse in vielfältigen Lerngruppen verlaufen anders als in herkömmlichen und erfordern daher eine veränderte Infrastruktur unterrichtlicher Konstruktionen (Bönsch 2012, 121).

Lernen in diesen Lerngruppen braucht Zeit: Zeit, um miteinander und voneinander zu lernen, für das selbstständige Lernen im eigenen Rhythmus, für das Reflektieren des eigenen Lernprozesses (Wo stehe ich? Wie organisiere ich mich?) etc. Diese Zeit können Sie Ihren Schülern in den herkömmlichen Zeitstrukturen nur schwer einräumen.[6]

Daher müssen neben anderen Strukturen wie Raum (→ Schritt 9), Kooperation (→ Schritt 10) oder Konzepte (→ Schritt 11) auch die Zeitstrukturen überdacht werden. Der Schultag, die Schulwoche und das Schuljahr sollten auf die Voraussetzungen der Schüler sowie auf das inklusive Profil der Schule abgestimmt und damit eine passende zeitliche Gestaltung des Unterrichtstages – eine **Rhythmisierung** – entwickelt werden.

Hierbei sind zwei Ebenen zu unterscheiden: die strukturelle und die zeitliche Ebene. Auf der **strukturellen Ebene** werden Entscheidungen bezüglich der Lernangebote, der Lernmethoden und der Lernumgebung getroffen. In diesem Zusammenhang wird auch von der **„inneren Rhythmisierung“** gesprochen, die dem Lernrhythmus und dem -tempo des einzelnen Schülers Rechnung trägt. Auf der **zeitlichen Ebene** geht es um die Taktung des Schultages: Festlegung von Beginn und Ende des Unterrichts, die Dauer der Lernblöcke sowie die Anzahl und Länge der Pausen. Diese zeitliche Taktung wird auch **„äußere Rhythmisierung“** genannt. Sie ist Thema in diesem Schritt.

Bei der Rhythmisierung sind zwei Ansätze zu beobachten.

Einige Schulen (häufig Halbtagsschulen) verändern aus unterschiedlichen Gründen zunächst ihr Stundenraster, um ihnen wichtige Elemente der Unterrichtsgestaltung zu realisieren. Unter Beibehaltung der herkömmlichen Fächer und ihrer Stundenverteilung werden

6 Begründungsansätze für ein Votum veränderter Zeitstrukturen liefern zudem verschiedene Wissenschaften (Psychologie, Neurowissenschaft) sowie Erkenntnisse der Reformpädagogik und der Schulforschung.

unterschiedliche Stundenmodelle entwickelt, wie die folgenden Beispiele zeigen.

> **Beispiele für unterschiedliche Stundenmodelle:**
> 60-Minuten-Modell: www.gymnasium-moelln.de
> 68-Minuten-Modell: http://joomla.luisen-schule-mh.de
> 75-Minuten-Modell: www.igs-osnabrueck.de/unser-profil/rhythmisierung
> 80-Minuten-Modell: http://www.igslist.de

Andere Schulen legen ihr pädagogisches Konzept auch ihrer Zeitstruktur zugrunde. Möchte Ihre Schule ein inklusives, pädagogisches Konzept entwickeln, werden die Schuluhren im wahrsten Sinne des Wortes zukünftig anders ticken, denn es gilt, dafür ein geeignetes Stundenraster zu schaffen.

Welche Elemente charakterisieren Rhythmisierung?

- Offener Anfang (gleitender Tagesbeginn, gemeinsames Frühstück, Morgenkreis),
- Abkehr vom 45-Minuten-Rhythmus hin zu flexiblen Lernblöcken,
- regelmäßig wiederkehrende Bausteine und zeitliche Fixpunkte (Morgen-, Montags- oder Wochenabschlusskreise, Pausen, gemeinsames Frühstück, Phasen von Freiarbeit sowie Spiel- und Bewegungszeiten),
- Einbeziehung von Bewegungselementen: Bewegungspausen, Bewegung im Unterricht,
- spielerische Aktivitäten auch am Vormittag, individuelle Übungszeiten,
- Projektarbeit,
- variable Lage kognitiver Fächer im Stundenplan,
- Thementage/-wochen, Projekttage/-wochen, Werkstatttage/-wochen; Epochenunterricht.

Einige dieser Elemente werden inhaltlich weiter ausdifferenziert:

- Gesamtöffnungszeiten: Gestaltung des Tagesbeginns/-endes,
- Pausen/Mittagspause (Dauer und Gestaltung),
- Lernblöcke: zeitlicher Umfang,
- Lernblöcke: Gestaltung (lehrergesteuerte/schülergesteuerte Phasen); Abfolge,
- Lernblock: Inhalt (curricular gebundener Unterricht, ergänzende Lernangebote).

Bei der **Ausdifferenzierung der Lernblöcke** kann sehr unterschiedlich vorgegangen werden.

- Größere Zeiteinheiten für individualisiertes Lernen schaffen.

> **Beispiel Freie Comenius Schule Darmstadt:**
> altersangepasste Rhythmisierung des Schultages in den einzelnen Stufen; überwiegend Unterrichtsblöcke von 90 Minuten, teilweise je nach Erfordernis/Inhalt auch kürzere Zeiten. http://www.fcs-da.de

- Zeitgewinn erzielen durch partielle Verkürzungen von Zeittakten, um die gewonnene Zeit für pädagogische Vorhaben einzusetzen (z.B. Nelson-Mandela-Schule Berlin).
- Auflösung der Fächer bzw. Strukturierung des Tages/der Woche nach Lerntätigkeiten wie Lernatelier, Lernbüro, Projekt, Kurs (z.B. Helene-Lange-Schule Wiesbaden).
- Zeit gewinnen durch partielle Verkürzung von Unterrichtsstunden; gewonnene Zeit für pädagogische Vorhaben zu nutzen (z.B. Erich-Kästner-Schule Kronau).
- Bildung von Teams, die als selbstständige Einheiten agieren. Sie ermöglichen eine dezentrale und flexiblere Zeitstrukturierung (z.B. Max-Brauer-Schule Hamburg).

Schauen Sie, welche Lösungen andere Schulen entwickelt haben. Sie müssen nicht immer „das Rad neu erfinden“ – profitieren Sie von den Erfahrungen anderer und verschaffen Sie sich eventuell vor Ort ein eigenes Bild.

Ein pädagogisches **Ganztagskonzept** mit alternativen Zeitstrukturen und längeren Lernblöcken erleichtert die Konstruktion individueller Lernarrangements und Lernmethoden für heterogene Lerngruppen. Daher kommen in diesem Bereich erfahrene Kollegen zu dem Schluss, dass eine **Ganztagsschule** den besseren organisatorischen Rahmen für gelungene Inklusion bietet.

Die Konzeption einer Ganztagsschule erfordert noch umfangreichere Überlegungen hinsichtlich einer veränderten zeitlichen Gestaltung des Unterrichtstages als die einer Halbtagsschule, denn Rhythmisierung in der Ganztagsschule bedeutet: Leben und Lernen in der Schule.

Eine **Rhythmisierung** des ganzen Tages berücksichtigt neurobiologische und physiologische Aspekte des Lernens durch eine ausgewogene Verteilung des Unterrichts am Vor- und Nachmittag.

Sie beschreibt ebenfalls einen ausgewogenen Wechsel von:

- Anstrengung und Erholung
- Bewegung und Ruhe
- Kognitiven und praktischen Arbeitsphasen
- Gelenktem Arbeiten und Selbsttätigkeit
- Individuellem Arbeiten und Arbeiten in der Gruppe

Damit soll die Rhythmisierung helfen, den langen Schultag entsprechend der Aufnahmefähigkeit der Schüler, ihrem Lern- und Leistungsvermögen zu strukturieren und Erholungspausen in den Tagesablauf zu integrieren.

Beispiele:
www.baumheideschule.de
www.gs-bergedorf.de/profil_5bis7.htm
www.bettinaschule-frankfurt.de/178-Lernzeiten

Es gibt dabei kein einheitliches Modell. Welche Art der Zeitstruktur für Ihre Schule die passende ist, muss sich im Diskurs über die schuleigene didaktische Ausrichtung entwickeln.

Leitfaden zur Entwicklung einer alternativen Zeitstruktur

1. Bestandsaufnahme
Es werden die Bedingungen untersucht, die die Zeitgestaltung betreffen. Inwieweit unterstützt die geltende Zeitstruktur eine Realisierung der angestrebten Lernformen und Lernangebote oder nicht?

2. Festlegung von Zielen – Grundsatzentscheidung
Zuerst muss das pädagogische Konzept klar sein: Lernangebote, Lernmethoden und Lernumgebungen. Erst dann kann eine Veränderung der Zeitstruktur folgen; sie unterstützt die Umsetzung des Konzepts.

3. Festlegung der Strategien zur Zeitstrukturierung
Auf der Grundlage der Ziele wird zunächst die Herangehensweise geklärt. Werden zunächst nur einzelne Bereiche oder die gesamte Zeitstruktur verändert?

4. Ausarbeitung eines konkreten Konzepts
Rahmenbedingungen:

- Modell (offen, gebunden, teilgebunden, plus Angebote);
- Verweildauer der Schüler am Tag, in der Woche;
- Schülerverkehr (ländlicher Raum);
- Raumangebot.

Mögliche Elemente des Konzepts:

- Gesamtöffnungszeiten: Gestaltung des Tagesbeginns/-endes;
- Pausen/Mittagsband (Dauer und Gestaltung);
- Lernblöcke: zeitlicher Umfang;
- Lernblöcke: Gestaltung (Verteilung lehrergesteuerter und schülergesteuerter Lernphasen);
- Lernblöcke: Abfolge und Länge;
- Integration von Entspannungs-, Bewegungsphasen in den Tag;
- Raumausstattung;

- Form der Lernangebote/erweiterte Lernangebote/Angebote von Kooperationspartnern;
- innere Kooperationsstruktur (Jahrgangteams mit Teilautonomie: dezentrale Organisation, Fachgruppenstruktur: zentrale Organisation);
- Arbeitszeiterwartungen, Zeitwahrnehmung der Lehrpersonen;
- Vorstellungen der Lehrpersonen bezogen auf die Unterrichtsplanung und -auswertung, Beratung, Kommunikation und Rückzug;
- Vorstellungen der Schüler bezogen auf die Wahrnehmung von Lernen und Freizeit in der Schule;
- Vorstellungen der außerschulischen Partner im Umfeld der Schule;
- Vorstellungen der Eltern.

Auf der Basis des Konzepts wird eine adäquate Zeitstruktur entwickelt.

5. Entscheidung
Das Konzept wird den zuständigen Gremien der Schule zur Entscheidung vorgelegt. Die Entscheidung wird in der Schulöffentlichkeit kommuniziert, um eine wünschenswerte Akzeptanz zu schaffen.

6. Erprobung und Evaluation
Während der Erprobung wird es Phasen unterschiedlicher Bewertung von Beteiligten geben. Die Bewertungen werden diskutiert und in die spätere, zeitlich festgelegte Evaluation einfließen.

Um den Blick auf das Wesentliche nicht zu verlieren, werden in jeder Phase (1 bis 6) folgende Schritte eingehalten:
1. Wo stehen wir?
2. Was ist unser Ziel in dieser Arbeitsphase?
3. Aufgabenbearbeitung
4. Präsentation und Diskussion des Ergebnisses
5. Reflexion im Blick auf Konsensfindung

Literatur

Bönsch, Manfred (2012): Gemeinsam verschieden lernen. Berlin

Esslinger-Hinz, Ilona/Unseld, Georg/Reinhard-Hauck, Petra/Röbe, Edeltraut/Fischer, Hans-Joachim/Kust, Tillmann/Däschler-Seiler, Siegfried (2007): Guter Unterricht als Planungsaufgabe. Bad Heilbrunn

Holtappels, Heinz Günter (2003): Analyse beispielhafter Schulkonzepte von Schulen in Ganztagsform. Institut für Schulentwicklungsforschung (IFS), Dortmund

Verbundprojekt „Lernen für den GanzTag" (2008): Berlin und Brandenburg Modul 03 – Rhythmisierung an Ganztagsschulen

Checkliste Schritt 8 ▶

Checkliste Schritt 8

Wie kläre ich meine eigene Sichtweise zur gegenwärtigen Zeitstruktur?

Beschreiben Sie die Zeitstruktur Ihrer Schule in Stichworten. Welche Überlegungen haben zu der gegenwärtig praktizierten Zeitstruktur geführt?	
Wie gehen Ihre Schüler generell mit der gegenwärtigen Zeitstruktur um?	
Welche Schüler haben Schwierigkeiten mit der Zeitstruktur? Warum?	
Welcher Teil der gegenwärtigen Zeitstruktur wird von Ihren Schülern als Freizeit und welcher als Unterricht wahrgenommen?	
Wie nutzen Ihre Kollegen und Sie den größeren Anteil der unverplanten Zeit in der Schule? (z.B. Austausch, Eltern-Schüler-Gespräche, Unterrichtsplanung/-auswertung, Schulprojekte)	
Für wie befriedigend und effektiv halten Sie die zusätzlich in der Schule verbrachte Zeit?	
Gibt es aus Ihrer Sicht eine bessere Zeitstruktur? Wenn ja: Wie sieht sie aus? Welche förderlichen und hemmenden Bedingungen für eine Weiterentwicklung der Zeitstruktur können Sie benennen?	Förderliche Bedingungen: Hemmende Bedingungen:
Wer könnte Sie bei einer Weiterentwicklung der Zeitstruktur unterstützen?	

(In Anlehnung an: Verbundprojekt „Lernen für den GanzTag" Berlin und Brandenburg. Modul 03: Rhythmisierung an Ganztagsschulen)

Schritt 9: Ich gestalte eine lernförderliche räumliche Umgebung.

Gundula Dechow

9

Ziel: Sie lernen Möglichkeiten für eine anregend gestaltete Lernumgebung kennen, mit der Sie individuelles Lernen unterstützen können.

Eine Lernumgebung umfasst spezifische Lehr-Lernangebote – auch Lernarrangements genannt –, in der Methoden, Techniken, Materialien und Medien es ermöglichen, in unterschiedlichen Interaktionsformen und mit unterschiedlicher Ausstattung zu lernen (Reinmann-Rothmeier/Mandl, 2001). Eine *vorbereitete, anregende Lernumgebung* zählt zu den zehn Merkmalen guten Unterrichts und wird in der Literatur auch als der „dritte Pädagoge" bezeichnet. Auf diesem Gebiet können Sie von den Grundschulen lernen, denn diese haben schon lange erkannt, was eine gut durchdachte Lernumgebung bei heterogenen Lerngruppen leisten kann.

„Insbesondere die Montessori-Pädagogik zeigt in vorbildlicher Weise, wie der Grundsatz ‚Hilf mir, es selbst zu tun' durch die Gestaltung der Lernumgebung unterstützt werden kann und muss."

(von der Groeben 2008, 180)

Nutzen Sie Ideen und Literatur aus dem Grundschulbereich und ändern diese für Ihre Klassenstufe ab (z.B. Waldschule Flensburg).

Greifen Sie auf Modelle und Erfahrungen anderer Schulen zurück, modifizieren und ergänzen sie diese. Schauen Sie sich deren Lösungen vor Ort, am besten im Schulbetrieb, an. Eine gut durchdachte, vorbereitete Umgebung stellt die Basis jeden guten Unterrichts dar. Dazu zählen eine funktionale, der Klassenstufe angepasste Einrichtung mit einer sinnvollen Ordnung sowie angemessene Lernmaterialien, die Schüler ermuntern, möglichst selbstständig alleine und im Team zu arbeiten.

Inklusiver Unterricht soll **unterschiedliche Lernzugänge** und individualisiertes Lernen ermöglichen. Der Klassenraum ist ein Arbeitsraum oder Lernraum, der vielfältige Aktivitäten ermöglicht, z.B. ruhiges Arbeiten, den Austausch in einer Kleingruppe, aber auch ein Kreisgespräch. Dieser Lernbereich muss sich nicht auf einen einzigen Raum beschränken, sondern kann auf verschiedene Orte im Schulgebäude ausgeweitet werden. Arbeitsmaterialien sollen griffbereit und strukturiert den Schülern zugänglich sein. Da sich die Schüler in diesem Unterricht häufig bewegen werden (vom Arbeitsplatz zum Regal gehen, um Material zu holen; Wechsel zwischen Einzelarbeit zur Partnerarbeit) darf der Platz zwischen den Tischen und anderen Möbeln nicht zu gering bemessen sein. Dies gilt natürlich besonders, wenn in Ihrer Klasse Rollstuhlfahrer sind.

Im Folgenden werde ich die schrittweise Gestaltung einer *vorbereiteten Lernumgebung* konkret erläutern.

1. Wie ist die Raumsituation an Ihrer Schule?

Die Zusammensetzung Ihrer zukünftigen Klasse bestimmt die Raumauswahl hinsichtlich der Lage. Ist das Erdgeschoss günstiger (Rollstuhlfahrer) oder kann er auch im ersten Stock liegen? Wie groß ist Ihr Klassenraum? Sollten Sie sehgeschädigte Schüler oder Schüler im Rollstuhl in Ihrer Klasse haben, wird ein größerer Klassenraum gebraucht, da sperrige Hilfsmittel (z.B. PC-Arbeitsplatz, Lesegerät) sowie ausreichend Bewegungsfläche als Wendemöglichkeit (mindestens 1,50 m x 1,50 m) für Rollstuhlfahrer Raum benötigen.

Steht Ihnen ein eigener Gruppenraum zur Verfügung? Falls das bislang nicht der Fall war, überlegen Sie gemeinsam mit Kollegen, ob vorhandene Räume anders genutzt werden könnten, ob ein kleinerer Raum eventuell als Gruppenraum – auch für zwei oder drei Klassen – umfunktioniert werden kann. Nutzen Sie Teile des Flures oder andere Ecken für Tische und Stühle und stellen eventuell einen Paravent oder ein Regal als Abtrennung auf.

Auf diese Weise gewinnen Sie zusätzliche Arbeitsplätze in einem ruhigeren Umfeld. Besonders hörgeschädigte Schüler benötigen derartige Rückzugsräume zum Arbeiten.

Dabei sollten jedoch die Brandschutzbedingungen hinsichtlich der Flurnutzung abgeklärt werden.

Kann die Schülerbücherei eventuell als Arbeitsplatz in den Stunden genutzt werden? Gibt es Räume, die halbleer stehen oder kaum genutzt werden, so dass durch Zusammenlegung Platz gewonnen werden kann? Gehen Sie mit Kollegen durch Ihr Schulgebäude mit Blick auf eine alternative Raumnutzung und schauen Sie sich an, wie andere Schulen ihre Raumprobleme gelöst haben.

2. Wie kann der Klassenraum gestaltet werden?

Inklusiver Unterricht braucht eine Umgebung mit verschiedenen Lernorten, individuellen Arbeitsplätzen, Ruhezonen und Stationen der Gemeinsamkeit (Wocken 2012, 126).

Zuerst ist ein „Check-up" der räumlichen Gegebenheiten gefragt. Wie ist die Akustik im Klassenraum? Hörgeschädigte Schüler sind wesentlich mehr als Normalhörende – insbesondere bei der Sprachaufnahme – auf eine angemessene Raumakustik angewiesen. Entspricht sie den erforderlichen Messwerten oder sind bauliche Veränderungen nötig? Sollten zusätzlich schalldämmende Maßnahmen wie z.B. Vorhänge oder Rückwandpaneele zur Minderung des Störschalls erfolgen?

Verfügt der Klassenraum über eine gleichmäßig helle und blendfreie Beleuchtung? Gibt es ausreichend Steckdosen, um eventuelle Hilfsmittel anschließen zu können, ohne dass ein Kabel quer durch den Raum verlegt werden muss?

Buddensiek (2009) benennt folgende **Hauptfunktionen eines Lernraums:**

- Platz für einen Stuhlkreis, der sich in hinreichender Größe möglichst ohne Umräumen der Tische herstellen lässt;
- Platz für eine konzentrierte Kleingruppenarbeit, bei der die Kommunikationsdistanz innerhalb der einzelnen Arbeitsgruppen klein und zwischen den Gruppen groß ist;
- Platz für eine hinreichende Zahl von (rollbaren) Regalen, in denen alle benötigten Lernmaterialien unterzubringen sind;
- Platz für eine möglichst ungestörte Einzel- und Partnerarbeit (mit oder ohne PC):
- Platz für Phasen einer frontalen Präsentation mittels unterschiedlicher Medien (Tafel, Tageslichtprojektor, Beamer, Landkarte);
- Bewegungsfläche für einen reibungslosen und spontanen Wechsel der genannten Raumfunktionen;
- eine angemessene Arbeitszone für die Lehrkraft.

Platz für eine ungestörte Einzel-, Partner- und Kleingruppenarbeit muss nicht allein im Klassenraum für alle gegeben sein (siehe 1.). Es müssen nicht alle Schüler beständig von ihrem Platz aus an die Tafel schauen können. Wenn sie alleine oder mit anderen arbeiten, ist das nicht nötig. Das bedeutet, dass Tische auch an der Seite stehen können. Für gemeinsame Gespräche und Erarbeitungen ist es wiederum wichtig, dass sich alle zu einem Kreis oder Halbkreis zusammenfinden können.

In Unterrichtsphasen mit der gesamten Lerngruppe ist die Sitzordnung im Kreis am günstigsten, da sich alle anschauen können. Das ist besonders für hörgeschädigte Schüler wichtig, denn so können sie nicht nur den Lehrer, sondern auch ihre Mitschüler besser sehen und verstehen (auf Grund des Mundbildes). Ein fest installierter „Kreis" wäre von Vorteil. Sollte der Raum diesen Platz nicht hergeben, können stapelbare Hocker oder einfache Bänke (die bei Nichtgebrauch an der Seite stehen) genutzt werden; sie können schnell zum Kreis oder Viereck zusammengestellt werden.

Geeignetes **Klassenmobiliar** entspannt kritische Unterrichtsphasen. Der Wechsel zwischen Einzel-, Partner-, Kleingruppenarbeit und Kreisgesprächen stellt eine derartige „kritische“ Unterrichtsphase dar; er soll möglichst zügig und geräuscharm stattfinden. Das klappt mit kleineren Tischen (Einzeltische) besser, denn mit ihnen sind die Schüler mobiler und flexibler. Außerdem nehmen sie nicht so viel Raum ein, so dass genug Durchfahrbreite (mindestens 90 cm) für Rollstuhlfahrer zwischen den Einrichtungsgegenständen bleibt.

Die für den Frontalunterricht konzipierten herkömmlichen Schulmöbel haben sich im Rahmen differenzierter Analysen als pädagogisch dysfunktional erwiesen. Dies gilt insbesondere für die in der Schulpraxis üblichen 6er-Gruppenformationen (Buddensiek 2009, 4).

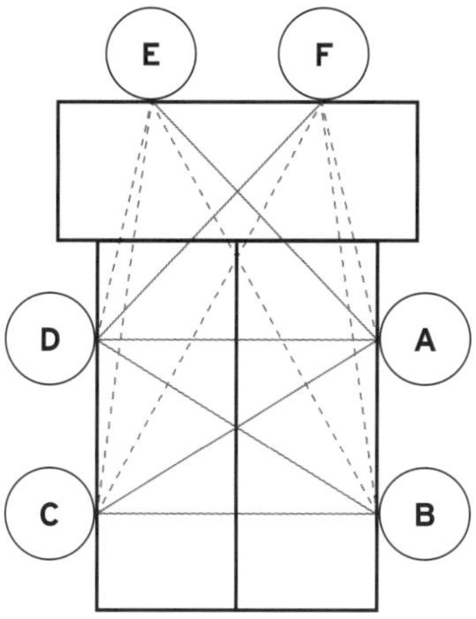

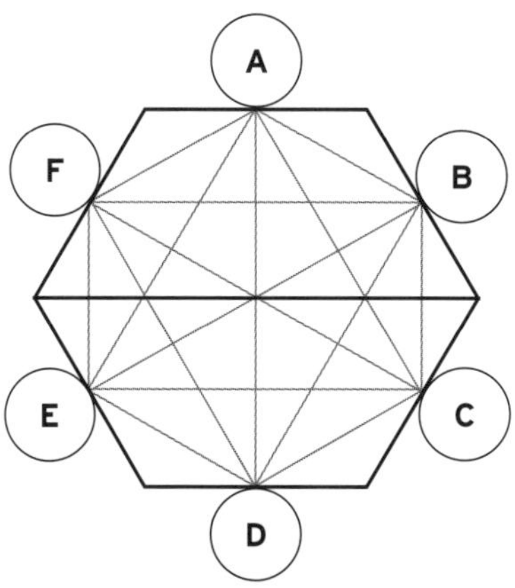

Vergleich: Trapeztisch – 6er-Gruppentisch

Verabschieden Sie sich von dieser Tischformation. In einem vom Lehrer wenig gelenkten Unterricht, wie es im individualisierten Unterricht der Fall ist, erhalten Gruppenarbeitsplätze eine andere Bedeutung. Tischgröße und Tischform bestimmen die Entfernung der Schüler voneinander und die Sicht aufeinander; sie unterstützen oder erschweren die Kommunikation und damit auch die Zusammenarbeit zwischen den Schülern (die Abbildung verdeutlicht das).

Bevorzugen Sie Tischformen und -anordnungen, die Kommunikation und Kooperation fördern. Es gibt bewegliche, gut kombinierbare Möbel, z.B. praktische Dreieckstisch, rollbare Trapeztische oder höhenverstellbare und mit einem Rollstuhl unterfahrbare Tische, die schnell zu einem Gruppentisch zusammengeschoben werden können. Informieren Sie sich im Lehrmittelhandel über das vielfältige Angebot und helfen Sie, das Bewusstsein im Kollegium für die Bedeutung sinnvoller Schulmöbel zu schärfen.

Schul- und Sporttaschen in den Gängen zwischen den Tischen stellen gefährliche Stolperfallen dar, besonders für sehgeschädigte Schüler. Sie sollten daher einen festen Platz (z.B. in einem Regal) im Klassenraum oder auf dem Flur erhalten.

Gibt es in einem Klassenraum verschiedene Lern- oder Arbeitsbereiche, wie eine PC-Ecke, Gruppentische, Materialbereiche, einen Kreis und Einzelarbeitsplätze, ist bereits jedem Besucher beim Betreten klar, dass hier in sehr verschiedenen Interaktionsformen gearbeitet wird. Raumgestaltung unterstützt oder verhindert bestimmte Verhaltensweisen, so dass eine passend gestaltete Lernumgebung erwünschte Verhaltensmuster unterstützen und auch verändern kann.

3. Wo hat das Material seinen Platz?

In einem Unterricht, der individuelle Lernprozesse anlegt, werden vielfältige Materialien benötigt. Diese brauchen neben einem festen

Platz, auf die die Schüler Zugriff haben, auch leicht verständliche Ordnungsstrukturen.

Schauen Sie, welche Möbel (Regale und Schränke) bereits vorhanden sind, dafür genutzt und eventuell zweckentfremdet werden könnten. Eventuell kann der Hausmeister oder ein handwerklich geschickter Elternteil das eine oder andere Möbelstück bauen. Eine Anordnung nach Fächern und Lernbereichen in verschiedenen Regalen hat sich bewährt, ebenso weitere Aufgliederungen mit Farben und Symbolen.

Sollten Sie Platzprobleme in Ihrem Klassenraum haben, können Sie mit Angebotstischen oder temporär eingerichteten Lernstationen arbeiten. Mobile Materialsammlungen auf Materialwagen sind eine weitere Alternative (Bönsch 2012, 116). Eine Litfasssäule zur Veröffentlichung von Texten oder zur Visualisierung wichtiger Lerninhalte kann zusätzliche Präsentationsflächen bieten. Davon werden im inklusiven Unterricht mehr benötigt, denn die Devise bei der Unterrichtsgestaltung „Wer nicht gut hören kann, muss mehr sehen" unterstützt nicht nur das Lernen hörgeschädigter Schüler.

Jeder Schüler sollte neben einem eigenen Arbeitsplatz über ein Eigentumsfach oder eine Ablagemöglichkeit für die persönlichen Materialien verfügen. Das kann eine Schublade in speziell dafür vorgesehenen Schränken oder eine einfache Holz-/Kunststoffkiste sein, die in Regalen untergebracht wird.

4. Wie gelingt das Einhalten der Raumordnung?

Klare Strukturen mit **vereinbarten Regeln** gewinnen besonders im individualisierten Unterricht an Bedeutung, denn je offener der Unterricht ist, desto klarer muss die Struktur sein (Meyer 2004, 37). Mit ihr erhalten die Schüler die notwendige Orientierung. Das trifft auch auf den Umgang mit Materialien und Möbel zu.

Der Unterricht bietet Ihren Schülern einen wichtigen Lebens- und Erfahrungsraum. Lernen und Arbeiten in einer Gemeinschaft funktioniert nicht von selbst, sondern braucht Regeln und Rituale. Sie strukturieren und gestalten Unterrichtsabläufe sowie das Miteinander und bieten damit allen Beteiligten Sicherheit und Orientierung.

Schüler mit auditiven Verarbeitungs- und Wahrnehmungsstörungen und hörgeschädigte Schüler brauchen diese Sicherheit besonders.

Diese Fragen können Ihre Schüler für sich selbst oder mit dem Nachbarn klären, wenn der Klassenraum mit seinen unterschiedlichen Bereichen gut strukturiert ist und Regeln sowie Rituale für spezielle Situationen und Abläufe in der Lerngruppe implementiert sind:

- Wo finde ich was?
- Wozu gehört das?
- Wo soll ich das abheften?
- Was genau tue ich als Nächstes?

Gehen Sie schrittweise vor und führen Sie nach und nach neue räumliche Lernbereiche, neue Materialien und die damit verbundenen Regeln ein.

Die sinnvolle Organisation des Klassenzimmers ist Teil des **Classroom Managements** und spart Ihnen und den Schülern Nerven, Zeit und Anstrengung.

Schüler und Lehrer verbringen viel Lebenszeit in ihrem Klassenraum, daher sollen sie sich dort wohl fühlen und ihn sich zu eigen machen. Das geschieht, indem sie ihn äußerlich und inhaltlich aktiv mitgestalten. Arbeitsprozesse und -ergebnisse werden deutlich präsentiert. Es hilft, um „ownership" auszubilden. Auf diese Weise erleben Ihre Schüler den Klassenraum als ihren Raum, können sich mit ihm identifizieren und erfahren dadurch selbst die Wertschätzung, die sie wiederum ihrem Raum entgegenbringen.

Darüber hinaus helfen Visualisierungen von Lernergebnissen, Gelerntes zu festigen.

Die Gestaltung des Klassenraumes bzw. der Lernumgebung ist eine Daueraufgabe für Lehrer, Eltern und Schüler. Veränderungen in der Lerngruppe und in der pädagogischen Situation bedingen immer wieder entsprechende Anpassungen.

Hier ist zum einen Kreativität gefragt, zum anderen die fachliche Beratung durch die regionalen Kreisfachberater und die zuständigen Förderzentren.

Literatur

Buddensiek, Wilfried (2009): Der Raum als dritter Pädagoge. Pädagogische Potentiale der fraktalen Schularchitektur.

www www.fraktale-schule.de/Der_Raum_als_dritter_P%E4dagoge.pdf

Eichhorn, Christoph (2008): Classroom-Management. Wie Lehrer, Eltern und Schüler guten Unterricht gestalten. Stuttgart

Groeben, Annemarie von der (2008): Verschiedenheit nutzen. Besser lernen in heterogenen Gruppen. Berlin

Grunefeld, Maike/Schmolke, Silke (2011): Individuelles Lernen mit System. Mühlheim

Meyer, Hilbert (2004): Was ist guter Unterricht? Berlin

Reinmann-Rothmeier, Gabi/Mandl, Heinz (2001): Unterrichten und Lernumgebung gestalten. In: Krapp, Andreas/Weidemann, Bernd: Pädagogische Psychologie. Weinheim, 601-646

Wocken, Hans (2012): Das Haus der inklusiven Schule. Baustellen – Baupläne – Bausteine. Hamburg

Checkliste Schritt 9 ▶

Checkliste Schritt 9

Wie gestalte ich eine lernförderliche räumliche Umgebung?
Prüfen Sie, welche Maßnahmen für Ihre Klasse nötig sind. Notieren Sie, was zu tun ist.

Barriere reduzierend für:
B = Bewegen → Förderschwerpunkt „körperliche und motorische Entwicklung"
H = Förderschwerpunkt „Hören"
S = Förderschwerpunkt „Sehen"
V = Verstehen → Förderschwerpunkt „geistige Entwicklung"

Fragen der Raumsituation	
größerer Arbeitsraum (B, S)	
Räume mehrfunktional nutzen	
Bücherei als Rückzugsort/Arbeitsplatz (H, S)	
Gruppenraum als Rückzugsort (H, S)	

Ausstattung des Klassenraums	
Akustikdecke (H)	
schallschluckende Materialien im Raum (H)	
Teppichboden (H)	
blendfreie Beleuchtung (H, S)	
Verdunklungsmöglichkeit (S)	
großflächige Markierungen an Glasflächen in Sichthöhe (Punkte, Streifen) (S)	
Tafel frei von Sprüngen und blendfrei (S)	
Bedienelemente (Lichtschalter, Türgriffe) farblich hervorgehoben (S)	
Stufen und Absätze farblich markiert (S)	
Zugang stufen- bzw. treppenfrei (B)	
höhenverstellbare Tische (B)	
mehr Einzeltische/wenige Zweiertische	
hohe Regale	
niedrige Regale als Raumteiler	
Schränke	
Hocker	

Tische für Präsentationen (V)	
Overheadprojektor (H, B)	
Präsentationsflächen (Pinnwände, Leisten etc.) (H)	
Seitentafel/Whiteboard für wichtige Informationen und Hausaufgaben (H)	
Funktion einzelner Ecken/Flächen sind eindeutig gekennzeichnet (H, S, V)	
ein festes Ordnungssystem: Alles hat seinen Platz (H, V)	

Möglichkeiten der Materialaufbewahrung	
Schränke	
farblich gekennzeichnete Regale	
Hängekarteien	
Themenkisten, Thementische	
Ablagekörbe, Dosen, Schachteln	
mobile Materialwagen	

Ordnung im Klassenzimmer	
klare Regeln für den Umgang mit den Materialien	
Klassenämter	
Delegation von Aufgaben (Expertensystem)	
Rituale (H)	
Symbolkarten, Piktogramme (V)	
Beschriftungen groß und kontrastreich (S)	

10 Schritt 10: Ich entwickle erforderliche Konzepte und Curricula mit.

Konstanze Reents

Ziel: Sie erfahren, wie Sie vorhandene Konzepte und Curricula überprüfen und im Hinblick auf Inklusion entsprechend anpassen können.

Viele Kollegen stöhnen auf, sobald Begriffe fallen wie Konzept, schuleigener Arbeitsplan[7] oder Curriculum, da mit ihnen eine große Arbeitsbelastung und wenig Nutzen verbunden werden. Die Vorstellung, für die Ablage zu schreiben, ist weit verbreitet, da die Bedeutsamkeit der Konzepte für den konkreten Unterricht nicht immer klar ist.

Daher stelle ich hier zunächst kurz den bildungspolitischen Begründungszusammenhangs dar. Um die Eigenschaften und die Eignung der Konzepte für eine inklusive Schule reflektieren zu können, verwende ich für die Darstellung Fragen. Die Antworten bezogen auf Ihre individuelle Schulsituation bieten einen ersten Schritt zur Anpassung.

Mit dem Paradigmenwechsel in der Bildungspolitik Deutschlands von der Input- hin zur **Outputorientierung** muss sich die Schul- und Unterrichtsentwicklung am „Output" messen lassen, d.h. an den Lernergebnissen der Schüler. Diese Outputorientierung umfasst im Wesentlichen den Aufbau von Kompetenzen[8], Wissensstrukturen, Einstellungen, Überzeugungen und Werthaltungen (Klieme et al. 2009). Die länder- und schulformspezifischen Kerncurricula der Fächer konkretisieren die bundeseinheitlichen **Bildungsstandards.** Die Orientierung am Output verpflichtet die Schule, auf verbindliche Erwartungen hin zielgerichtet zu arbeiten und diese im schuleigenen Curriculum festzuschreiben.

Diese Verbindlichkeit stößt in Kollegien nicht immer auf Zuspruch, sie bedeutet für viele eine Einschränkung der individuellen Freiheit.

Verantwortlich für die Konkretisierung von Kerncurricula bis hin zur Ausarbeitung von Unterrichtseinheiten innerhalb der schuleigenen Arbeitspläne sind ausschließlich die Schulen. Die Umsetzung der verbindlichen Vorgaben ist als einzelne Lehrperson nicht zu bewältigen, so richten sich z.B. die Kerncurricula nicht an einzelne Lehrer, sondern an Fachkonferenzen.

Die Arbeit im Team (z.B. Fachgruppe, Jahrgangsteam) ist zwingend erforderlich. Hier sind verbindliche Absprachen zu treffen, die die allgemeinen outputorientierten Vorgaben auf die Bedingungen der Schule, ihrer Schülerschaft, der Umgebung etc. hin konkretisieren.

Die einzelne Schule entscheidet also, wie welche Kompetenzen mit welcher Stundenverteilung in den einzelnen Jahrgängen, mit welchen Formen der Unterrichtsorganisation im Einzelnen erreicht werden sollen und können. Insbesondere entwickelt jede Schule eigene, auf ihre Schülerschaft abgestimmte Maßnahmen zur gezielten, individuellen Förderung.

Entscheidungen der Fachkonferenz dienen allen Kollegen als Orientierung und müssen nicht jedes Mal wieder selbst von einzelnen Lehrkräften entschieden, ausgehandelt und ausgearbeitet werden.

In diesem Rahmen wird es möglich, den individuellen Lernweg jedes Schülers zu planen, Stolpersteine zu erkennen und eine bestmögliche Förderung abzusprechen. Durch die verbindlichen Absprachen kann leicht Transparenz für Eltern und Schüler hergestellt werden.

---

7 In den einzelnen Bundesländern werden unterschiedliche Begriffe teilweise synonym verwendet, z.B. Kerncurriculum (NI), Lehrplan (SH) und Kernlehrplan (NRW), sowie Schuleigener Arbeitsplan (NI), Schulinternes Fachcurriculum (SH) und Bildungsplan (BW). Ich verwende die niedersächsischen Begrifflichkeiten, eine Übersicht der einzelnen Lehrpläne der Länder finden Sie unter: http://www.kmk.org/dokumentation/lehrplaene/uebersicht-lehrplaene.html

8 Zur Definition von Kompetenzen → Schritt 17

Vor diesem Hintergrund wird verständlich, warum Sie in diesem Schritt keine vorgegebene Lösung finden: Kein Konzept der einen Schule ist ohne Weiteres auf eine andere Schule übertragbar und anwendbar.

Fragen in der folgenden Checkliste bilden unterschiedliche Bereiche ab und sind entsprechend der Konzepte und Curricula eingeteilt. Die Bereiche gliedern sich von eher allgemeiner Schulentwicklung hin zur Unterrichtsentwicklung. Für den Umgang mit der Auflistung ist es gleichgültig, an welcher Stelle und mit welchem Konzept Sie beginnen. Durch die Vernetzung hat die Veränderung eines Bereiches auch Auswirkungen auf andere. Die Fragen orientieren sich an der Niedersächsischen Schulinspektion und dem Orientierungsrahmen Schulqualität Niedersachsens. Andere Bundesländer bieten entsprechende Orientierungshilfen. Als „nicht zutreffend" bewertete Punkte bieten Ansatzstellen, um entsprechende Änderungen im Sinne der Inklusion einzuarbeiten.

Bei der (Weiter-)Entwicklung oder Anpassung von Konzepten gibt es unterschiedliche **Unterstützungssysteme.** In Niedersachsen beraten und unterstützen z.B. Fachberater für Unterrichtsqualität, Fachberater für sonderpädagogische Förderung und Integration und Schulentwicklungsberater die Schulen.

www http://www.landesschulbehoerde-niedersachsen.de/bu/schulen

Literatur

Klieme, Eckhard et al. (2009): Zur Entwicklung nationaler Bildungsstandards. Expertise. Unveränderter Nachdruck, herausgegeben vom Bundesministerium für Bildung und Forschung. Berlin

Niedersächsisches Kultusministerium (2006) (Hrsg.): Orientierungsrahmen Schulqualität in Niedersachsen. Hannover

www auch unter: http://www.mk.niedersachsen.de/portal/live.php?navigation_id=1911&article_id=6339&_psmand=8, (zuletzt abgerufen am 05.03.2013)

Niedersächsisches Landesinstitut für schulische Qualitätsentwicklung (o.J.) (Hrsg.): Hauptschule

www http://www.nibis.de/nibis3/uploads/1nschi/files/materialien/qp-hs.pdf, (zuletzt abgerufen am 05.03.2013)

Kultusministerkonferenz der Bundesrepublik Deutschland (Hrsg.) (2010): Konzeption der Kultusministerkonferenz zur Nutzung der Bildungsstandards für die Unterrichtsentwicklung, Köln

Checkliste Schritt 10 ▶

Checkliste Schritt 10

Wie geeignet und wie passend sind die in Ihrer Schule vorhandenen Konzepte und Curricula?
Die Kreuze in der rechten Spalte bieten einen ersten Ansatzpunkt, diese Konzepte und Curricula im Hinblick auf Inklusion anzupassen.

Fragen zu Schulprogramm und Leitbild	trifft zu	trifft nicht zu
Beinhaltet das Leitbild den schulformbezogenen Bildungsauftrag und die Stellung der Schule in ihrem sozialen Umfeld?		
Haben sich alle Beteiligten auf der Grundlage eines abgestimmten Leitbildes auf pädagogische Grundsätze, gemeinsame Ziele und Werte verständigt?		
Wird im Schulprogramm der gesetzliche Bildungsauftrag der Schule unter Berücksichtigung des sozialen Umfeldes, der persönlichen Stärken und der Verbesserungsbereiche konkretisiert?		
Orientieren sich die Entwicklungsziele und -schwerpunkte an den pädagogischen Grundsätzen?		
Sind geeignete Maßnahmen und Aktivitäten zur Umsetzung vereinbart?		
Ist im Maßnahmenkatalog eine Priorisierung vorgenommen?		
Sind Ziele für die Verbesserung der Unterrichtsqualität formuliert und entsprechende Maßnahmen ergriffen worden?		

Fragen zum schuleigenen Curriculum	trifft zu	trifft nicht zu
Verfügt die Schule über ein differenziertes schuleigenes Curriculum mit abgestimmten Zielen und Inhalten?		
Ist es offen für erforderliche Anpassungen?		
Sind weitere Konzepte eingebunden (z.B. zur Berufsorientierung, Umweltbildung, nachhaltigen Entwicklung, Gesundheitsförderung)?		
Sind fachübergreifendes, jahrgangsübergreifendes und eigenverantwortliches Lernen und Handeln, Methodenkompetenz, Projektunterricht, Teamarbeit und Sprachfördermaßnahmen Bestandteile des Curriculums?		
Werden Kompetenzen im Umgang mit Medien und IuK-Technologien berücksichtigt?		

Fragen zu schuleigenen Arbeitsplänen (SAPs)	trifft zu	trifft nicht zu
Haben die SAPs einen Bezug zum Schulprogramm?		
Liegen für jedes Fach SAPs vor?		
Sind diese im Unterricht umsetzbar?		
Bieten sie allen Kollegen eine Orientierung?		
Tragen alle Kollegen diese Verbindlichkeiten?		
Werden die SAPs regelmäßig überarbeitet?		

Beinhalten die SAPs ausgearbeitete Unterrichtseinheiten?		
Beachten die gewählten Themen bzw. Unterrichtseinheiten ggf. vorhandene regionale Bezüge?		
Verteilen sich inhalts- und prozessbezogene Kompetenzen auf die Schuljahre?		
Wird ein kumulativer Kompetenzaufbau ermöglicht?		
Werden die SAPs im Unterricht umgesetzt?		
Greifen Kollegen verlässlich auf bereits erworbene Kompetenzen zurück?		
Können an unterschiedlichen Themen und Inhalten gleiche Kompetenzen erworben werden?		
Können an gleichen Themen und Inhalten unterschiedliche Kompetenzen erworben werden?		
Sind Projekte, Exkursionen und Tages- und Klassenfahrten in die SAPs eingebunden?		
Beinhalten die SAPs Möglichkeiten der Individualisierung und Differenzierung?		
Wird deutlich, wie die individuelle Lernentwicklung der Schüler ermittelt und dokumentiert wird?		
Gibt es Bezüge zu individuellen Förderplänen und zum schuleigenen Förderkonzept?		

Fragen zum Förderkonzept	**trifft zu**	**trifft nicht zu**
Beziehen sich Maßnahmen des Förderkonzeptes (Differenzierung nach oben und nach unten) auf die SAPs?		
Gibt es Möglichkeiten, Schüler beim Schulwechsel zu unterstützen?		
Gibt es Maßnahmen zur Förderung und Unterstützung von Konzentrations- und Lernfähigkeit?		
Finden entsprechende Erlasse Berücksichtigung (z.B. Erlass zur Förderung von Schülerinnen und Schülern mit Schwierigkeiten im Lesen, Schreiben und Rechnen)?		
Sind die Fördermaßnahmen klar definiert, ausgewiesen und aufeinander abgestimmt?		
Ermöglicht das Konzept die Entscheidung über Fördermaßnahmen?		
Ist die Dokumentation der Förderung verankert?		
Ist die Zuweisung von Fördermaßnahmen zu Schülern nachvollziehbar und sinnvoll?		
Wird die Entscheidung für Fördermaßnahmen durch eine Diagnostik abgesichert und begründet?		
Wird das Konzept zur individuellen Förderung fortgeschrieben und umgesetzt?		
Beinhaltet es Maßnahmen zur sonderpädagogischen Förderung?		

Fragen zum Methodenkonzept/Methodencurriculum	trifft zu	trifft nicht zu
Orientiert sich das Methodenkonzept an den SAPs?		
Bauen Methodenkompetenzen sinnvoll aufeinander auf?		
Finden fachspezifische Verfahren und Methoden des selbstgesteuerten Lernens Berücksichtigung?		

Fragen zur Leistungsbewertung	trifft zu	trifft nicht zu
Werden die Kriterien der Leistungsbewertung schulintern abgestimmt, offen gelegt und angewendet?		
Sind die Bewertungskriterien für Schüler mit Förderbedarf definiert?		
Finden Erlasse zum Nachteilsausgleich Berücksichtigung (z.B. Erlass zur Förderung von Schülerinnen und Schülern mit Schwierigkeiten im Lesen, Schreiben und Rechnen)?		
Finden regelmäßige Lernstandsgespräche mit Schülern und Eltern statt?		
Wird regelmäßig über die Ziele des Unterrichts und die erwarteten Leistungen informiert?		
Sind Vereinbarungen zum Umgang mit Hausaufgaben festgehalten?		
Sind die Zeugnisformulare angepasst?		

Weitere Fragen	trifft zu	trifft nicht zu
Fördert die Schule die Professionalität der Lehrpersonen durch Fortbildungen nach einem abgestimmten Konzept?		
Findet die Elternarbeit Berücksichtigung?		
Sind Eltern an der Schulentwicklung beteiligt?		
Wird Unterstützung bei Erziehungsprozessen gewährt?		
Sind Eltern, Lehrpersonen, Schulsozialarbeiter, Fachleute der Jugendhilfe, der schulpsychologischen Beratung, der Mobilen Dienste, der Kinder- und Jugendgesundheitsdienste und Erziehungsberatungsstellen eingebunden?		

Schritt 11: Ich nutze außerschulische Unterstützungssysteme und Netzwerke.

Katja Tews-Vogler

11

Ziel: Sie lernen Entlastungsmöglichkeiten durch Netzwerke und Kooperationen kennen.

Angesichts der Fülle von neuen Aufgaben und Anforderungen könnten Sie den Eindruck bekommen, dies sei nicht zu schaffen. Zu Recht! Gelingende inklusive Arbeit ist weder durch den Einsatz einer Einzelperson noch einer einzelnen Schule zu leisten.

Ein afrikanisches Sprichwort lautet: Wer ein Kind erziehen will, braucht ein ganzes Dorf.

In Zeiten leerer Kassen ausreichende personelle und finanzielle Unterstützung zu erhalten, ist allerdings oft schwer zu realisieren. Umso wichtiger ist es, Ressourcen zu kennen und zu nutzen sowie eine effektive regionale Vernetzung anzustreben.

Individueller Unterstützungsbedarf **aller** Schüler kann durch außerschulische Unterstützung und multiprofessionelle Teams erreicht und verbessert werden. Hier sind Förderschullehrer, Therapeuten, Sozialpädagogen, Eingliederungshelfer, Schulbegleiter, Schulsozialarbeiter, Absolventen des Bundesfreiwilligenjahres und andere Helfer gefragt.

Ressourcen offensiv einfordern!

Für zahlreiche Schulprojekte können Sie Gelder aus öffentlichen oder privaten Förderprogrammen (Stiftungen) beantragen und so auch personelle Verstärkung finanzieren.

Beispiel: TEACH FIRST vermittelt Lehrkräfte auf Zeit, sogenannte „Fellows". Diese werden besonders in Schulen mit einem schwierigen Umfeld (hoher Anteil an Migranten, soziale Brennpunkte ...) eingesetzt. „Fellows" sind Hochschulabsolventen aller Fachrichtungen. Sie arbeiten zwei Jahre lang eng mit den Kolleginnen und Kollegen einer Schule zusammen. Dabei steht die Kompetenzentwicklung der Kinder oder Jugendlichen im Vordergrund. Speziell benachteiligte Schülerinnen und Schüler sollen mit ihrer Hilfe eine gute Schulbildung erreichen.

„Englisch für die unruhige 8a in Doppelsteckung. Eine Basketball-AG für die Unterstufe. Oder ein Laborprojekt mit DNA-Analyse, das so manche interessante Frage aufwirft. An guten Ideen zur Bereicherung des Schulalltags mangelt es selten. Aber häufig an Kräften, die Verantwortung für zusätzliche Aktivitäten im und nach dem Unterricht übernehmen und so das Ganztagsprogramm verstärken. Teach First Deutschland vermittelt für genau solche Aufgaben außergewöhnliche Lehrkräfte auf Zeit: Fellows."
http://www.teachfirst.de/schulen
(zuletzt aufgerufen 03.03.2013)

In Nordrhein-Westfalen bietet die **„Montag Stiftung Jugend und Gesellschaft"** im Rahmen ihrer Projekte Unterstützung für Schulentwicklungsprozesse an, die sich an den inhaltlichen Grundlagen des Index für Inklusion orientieren. Bildungseinrichtungen wie Schulen, Kindertagesstätten oder Einrichtungen der Jugendhilfe können zwei Jahre lang professionell durch Moderatoren begleitet werden.

Regionale Kooperationen anstreben!

Auch wenn die Ressourcen in der Regel begrenzt sind, können Sie durch Kooperationen mit anderen Schulen, Bildungsträgern, Institutionen, Hochschulen oder sonstigen außerschulischen Partnern weitere Möglichkeiten ausschöpfen.

Überlegen Sie, welche Ressourcen Sie durch regionale Vernetzung nutzen können:

Mögliche Kooperationspartner
Projekte/Kompetenzen anderer Schulen in der Region:
- Förderzentren
- Regelschulen

Ämter und Institutionen:
- Schulträger
- Jugendamt
- Gesundheitsamt
- Amt für soziale Dienste
- Krankenhäuser
- Seniorenheime
- Jugendwerkstätten
- Kindertagesstätten
- Behindertenhilfe
- Berufsorientierungsprojekte
- Private Träger
- Freie Träger der Jugendhilfe
- Sportvereine/-zentren/-studios
- Musikschule
- Volkshochschule
- Universität/Hochschule
- Museen/Theater
- Kulturhäuser
- Stadtteilinitiativen
- Kulturhäuser
- Vertreter der Gemeinde (Kreis, Stadt)
- Vertreter von ethnischen Minderheiten
- Stadtteilinitiativen
- Politiker
- Lokales Gewerbe/Gastronomie
- Polizei/Feuerwehr
- Pro Familia
- Gewaltprävention
- ...

Eine gut durchdachte Vernetzung schafft Flexibilität und Spielräume. Allerdings führt nicht jede Form der Kooperation automatisch zu Entlastung und einer Qualitätssteigerung. Vielmehr gibt es Voraussetzungen für effektive Kooperation.

Für eine effektive Kooperation sollten Kooperationsvereinbarungen zwischen der Einzelschule und einem außerschulischen Partner geschlossen werden. Folgende Eckpunkte müssen zwischen den Kooperationspartnern genau und verbindlich geklärt werden:

1. Welche Vorstellungen über die Kooperation haben beide Partner?
Was wollen/was bieten wir? Wofür wünschen wir uns Zusammenarbeit? Was erwarten wir als Gewinn? Welche Ziele passen in das Vorhaben, welche nicht? Welche Werte, Motive und Interessen verbinden wir mit dem Vorhaben? Welche Ergebnisse streben wir an?

2. Welchen Bedarf sehen wir als vordringlich an?

3. Bis wann gehen wir welchen Schritt des Kooperationsvorhabens an?
Was benötigen wir dafür? Wer ist dafür verantwortlich?

4. Konzepterstellung und schriftliche Vereinbarung bzw. Dokumentation

Hilfreiche Verfahrensvorschläge finden Sie im Internet. Der Projektverbund Kooperation in Brandenburg bietet z.B. im **„7-Schritte-Modell“**[9] detaillierte und hilfreiche Unterstützung zur Anbahnung effektiver Kooperation.

Zusammenarbeit mit den Förderzentren ausbauen

Binden Sie sonderpädagogische Fachkompetenz zur Unterstützung und Entlastung ein. Allerdings können die Förderzentren selbst wegen sehr knapper personeller Ressourcen oft nur wenige Stunden anbieten.

Deswegen ist es gut zu überlegen, ob wenige zur Verfügung stehende Stunden auf mehrere Klassen verteilt werden sollen oder ob sie sich eventuell zu einem Konzept für die ganze Schule bündeln lassen.

Als Beispiel für den sinnvollen Einsatz von Sonderschullehrkräften soll die Idee des „Methods & Ressource Teacher“ aus Kanada vorge-

[9] **Das 7-Schritte-Modell.** Entwicklung kooperativer Ganztagsangebote Sek I. (Leitfaden für außerschulische Partner) http://www.kobranet.de/kobranet/freitext/823/Leitfadenpartner.pdf (zuletzt aufgerufen am 09.03.2013)

stellt werden. Obwohl die kanadische Schulrealität kaum mit deutschen Verhältnissen zu vergleichen ist, zeigt eine bereits abgeänderte Variante mögliche Ansatzpunkte.

Methods & Ressource Teacher
Bei diesem Konzept handelt es sich um den Versuch, sonderpädagogisches Knowhow einzubinden und die Kooperation aller Personen innerhalb der Schule zu verbessern. Speziell ausgebildete Lehrkräfte (M&R-Teacher) bieten sowohl methodische Hilfestellungen für Kollegen als auch Unterstützung bei bestimmten Schülern an. Günstig ist es, wenn ein Sonderschulkollege zusammen mit einem Regelschulkollegen als Team zur Verfügung steht. Dabei geht es nicht primär darum, Schüler mit sonderpädagogischem Förderbedarf so zu fördern, dass sie dem Leistungsniveau einer Klasse entsprechen. Ziel ist es, Lehrer darin zu unterstützen, **allen** Schülern einer Klasse gerecht werden zu können - also auch spezielle Angebote für Hochbegabte zur Verfügung zu stellen. Die M&R-Teacher stehen als erste Ansprechpartner für Fragen und Probleme von Lehrkräften zur Verfügung. Sie koordinieren die Zusammenarbeit aller Beteiligten und können für deutlich verbesserte und transparente Kommunikationswege sorgen. Zusammenarbeit wird im Sinne von „professionellen Lerngemeinschaften" optimiert.
(Nähere Informationen finden Sie im Internet unter dem Stichwort „Inclusive Education Canada".)

Betont werden soll noch einmal, dass diese Kollegen nicht nur für spezielle Schülerinnen oder Schüler, die einen Förderschwerpunkt haben, zur Verfügung stehen, sondern für **alle** Schüler.

Auch wenn kein Gesamtkonzept für eine Schule angestrebt wird, sollten Sie gut überlegen, wie die zur Verfügung stehenden Stunden genutzt werden. Eine Stunde in einer Klasse für Teamteaching zu verwenden, während der Fachkollege die restlichen Stunden in der Woche allein unterrichtet, wird keine effektive Entlastung zur Folge haben. Sonderpädagogische Expertise kann besser genutzt werden[10].

bei hoher gemeinsamer Stundenzahl	bei geringer gemeinsamer Stundenzahl
Gemeinsame Planung und Durchführung von Stunden, Unterrichtseinheiten, Lehrgängen **Schwerpunkt:** Bündelung der Kräfte für individuelle Förderung	Hinweise zur Gestaltung von Stunden, Vorbereitung einzelner Stunden **Schwerpunkt:** Beratung
Lernprozessbegleitende Diagnostik, gemeinsamer Blick auf alle Kinder	Punktuelle Lernstanderhebung, Unterstützung hinsichtlich spezifischer diagnostischer Fragen
Regelmäßige Unterstützung aller gefährdeten Kinder	Punktuelle, zeitlich gebündelte Unterstützung unterschiedlicher Kinder
Teilnahme an der Beratung der Eltern	Indirekte Beteiligung an der Elternarbeit durch Beratung der Grundschullehrkräfte

Wie die gemeinsame Arbeit effektiv gestaltet werden kann, sollte am besten in einem schriftlichen Kooperationsvertrag verbindlich festgehalten werden. Beispiele für Kooperationsverträge finden Sie auf der Homepage vieler Schulen.

Unterstützung durch außerschulische Institutionen einholen

Oft ist das Knowhow von Medizin und Reha-Technik, von Integrations-, Jugend-, Gesundheits- und Sozialämtern notwendig. Deren Kenntnisse und Möglichkeiten zur Mittel- und Personalbeschaffung sind wertvoll. Beispiel: Sie nehmen mitten im Schuljahr ein Rollstuhlkind (nach Unfall und Reha) auf. Spontan müssen Sie Ihre Planung (personell, zusätzlicher Unterstützungsbedarf, therapeutischer Bedarf, bauliche Notwendigkeiten ...) darauf einstellen.

Aus Bundes- und Landesmitteln können Sie Gelder für personelle und sächliche Ressour-

[10] Die Tabelle wurde übernommen aus: Institut für Qualitätsentwicklung an Schulen Schleswig-Holstein (IQSH) (Hrsg.) (2007): Eingangsphase an Grundschulen. Grundschulen und Förderzentren arbeiten zusammen. Kronshagen

cen einwerben. In vielen Bundesländern sind auf Gemeindeebene Koordinatoren für die verschiedenen Bildungsstufen zuständig, die sich um das Bildungsangebot für Schülerinnen und Schüler mit Hochbegabung, mit sonderpädagogischem Förderbedarf oder mit Migrationshintergrund kümmern. Unter Umständen gibt es Fachkräfte (Psychologen, Sozialarbeiter ...), die sich spezialisiert haben. Viele Gemeinden verfügen außerdem über Beratungs- und Koordinierungspersonal, das mit Schulen, Lehrkräften und Familien mit Migrationshintergrund arbeitet.

Außerdem sind die Kommunen oder Kreise als Schulträger in der Pflicht, bauliche Maßnahmen und Materialien, z.B. für eine barrierefreie Schule, bereitzustellen.

Wenden Sie sich auch an die Behindertenbeauftragten. Dort können Sie erfahren, ob und welche finanziellen Mittel für Unterstützungsmaßnahmen zu erhalten sind.

Einsatz von Eingliederungshilfen, Schulbegleitern, Sozialpädagogen, Erziehern und anderen Einzelbetreuern

Zusätzliche Personen sind erforderlich für notwendige Einzelfallhilfen. Dabei handelt es sich oft um Leistungen, die in Bundes- und Landesgesetzen, Rechtsverordnungen und verbindlichen Auflagen geregelt sind.

Schüler mit Behinderung haben laut Sozialgesetzbuch Anspruch auf einen Schulbegleiter oder eine Eingliederungshilfe[11]. Die Teilnahme von Menschen mit Behinderungen am Leben der Gesellschaft sowie deren Befähigung zu einem möglichst selbst bestimmten Leben soll so gefördert werden. Ein Schulbegleiter wird für einen einzelnen Schüler gewährt, um diesem die Teilhabe am System Schule zu ermöglichen. Pflegerische Aufgaben, die Überwindung motorischer Probleme, das Ausgleichen sozialer, emotionaler und kommunikativer Hemmnisse gehören zu seinen Aufgaben.

Wie die Tätigkeiten von außerschulischen Hilfen konkret ausgeübt werden sollen, muss im Team verbindlich festgelegt werden. Besonders zu Beginn der gemeinsamen Arbeit sind klare und sehr konkrete Absprachen zwischen Regelschul-Sonderschullehrkraft und Eingliederungshilfe notwendig.

Beispiel: Kai geht in die 8. Klasse einer Gesamtschule. Er hat den Förderschwerpunkt „emotionale und soziale Entwicklung". Seit dem Übergang in die Gemeinschaftsschule fällt er immer öfter durch aggressives Verhalten auf. Er fehlt oft unentschuldigt. Die Klassenlehrerin führt Gespräche mit den Eltern und mit ihm. Auch ein Sozialpädagoge und ein Therapeut werden mit einbezogen. Die Sonderpädagogin koordiniert die Hilfen der beteiligten Personen. Gemeinsam wird ein Förderplan entwickelt. Kai kann an einem Anti-Gewalt-Training teilnehmen und wird in ein Projekt zur Prävention von Schulabsentismus eingebunden. Regelmäßig wird der Stand der Unterstützungsmaßnahmen ausgewertet, weitere Schritte werden besprochen.

Netzwerke aufbauen und nutzen

Schulische Netzwerke ermöglichen den direkten Austausch von Praxiswissen. Indem Lehrkräfte andere Schulen besuchen und sich mit Vorgehensweisen und Haltungen von Kollegen auseinandersetzen, reflektieren sie ihr eigenes schulisches Umfeld und Handeln.

Die Vernetzung mehrerer Schulen bietet Ihnen die Möglichkeit, den vielfältigen und teils widersprüchlichen Anforderungen an die Schule gemeinsam zu begegnen und dringende Reformanforderungen gemeinsam zu bewältigen. Gleichzeitig können Sie so wichtige Impulse für Ihre Professionalisierung und Weiterentwicklung erhalten.

Zu den aktuellen Netzwerkinitiativen zählt z.B. das Programm **„Reformzeit-Schulentwicklung in Partnerarbeit"**, das von der **Robert Bosch Stiftung** und der **Deutschen Kinder- und Jugendstiftung** seit einigen Jahren gefördert

[11] Sowohl die Bezeichnungen als auch die finanziellen Ausgestaltungen unterscheiden sich von Bundesland zu Bundesland erheblich.

wird. Jeweils eine Beraterschule, die zu einem Themenschwerpunkt bereits Lösungen für die individuelle Förderung ihrer Schüler entwickelt hat, arbeitet mit drei interessierten Projektschulen zusammen. Die Zusammenarbeit wird durch einen externen Berater begleitet. Fortbildungsangebote sind speziell auf das Projekt zugeschnitten; die Schulen können hier Bedarf anmelden. Ein Budget steht dafür zur Verfügung. Der thematische Fokus liegt zunächst auf der Entwicklung von Unterricht. Je nach Ausgangslage der angeschlossenen Schulen werden unterschiedliche Arbeitsschwerpunkte bearbeitet, z.B.:

- Praxislernen,
- Arbeit mit Kompetenzrastern,
- Maßnahmen zur Stärkung der Zusammenarbeit zwischen Eltern, Lehrkräften und Schülern,
- schülergerechte Rhythmisierung des Schulalltags,
- Gewährung zusätzlicher Lernzeit,
- Einsatz differenzierter Arbeitsmaterialien und Lernhilfen,
- Angebote für selbstständiges und kooperatives Arbeiten,
- Förderung auf der Basis von Lernstanddiagnosen.

„Nach dem Prinzip ‚Schulen lernen am besten von Schulen' entwickelten insgesamt 33 Schulen von 2006 bis Anfang 2011 Methoden und Instrumente für die individuelle Förderung von Schülerinnen und Schülern. Jeweils vier bis fünf Schulen aus Berlin, Brandenburg, Nordrhein-Westfalen und Niedersachsen schlossen sich dazu in sieben Bündnissen zusammen. ‚Eigentlich habe ich jetzt gar keine Ausrede mehr, wenn ich nicht klar komme', erzählte ein Schüler. Auch Lehrkräfte sind entlastet und zufriedener mit der Arbeit: Ein Lehrer bemerkte, dass er nach 25-jähriger Lehrtätigkeit durch ‚Reformzeit' den besten Unterricht seines Lebens macht."

(Informationen unter www.reformzeit.de zuletzt aufgerufen am 09.03.2013)

Ein Netzwerk wächst allerdings nicht allein durch Erfahrungsaustausch. Vereinbarte Ziele und wechselseitige Erwartungen, gemeinsame Regeln für den Austausch, verbindliche Selbstverpflichtung, ein Arbeitsprogramm und die Formen der Zusammenarbeit müssen abgestimmt werden, wenn die Kooperation als Gewinn angesehen werden soll. Ebenso wichtig sind Professionalisierungs- und andere Unterstützungsangebote.

Aufgaben festlegen und Entlastung gewähren

Programme und Ressourcen finden, Gelder beantragen, Kooperationsmöglichkeiten finden, pflegen und so nutzen, dass sie einen Gewinn für die inklusive Arbeit, gleichzeitig aber auch eine Entlastung der Kollegen darstellen. All dies ist keine Arbeit, die sich von selbst erledigt.

Notwendig sind Personen für die Organisation, die Kontaktpflege und das Aufspüren von Ressourcen und Projekten. Kenntnisse über Möglichkeiten des Fundraisings müssen fortlaufend aktualisiert werden.

Zusätzlich können zu dieser Tätigkeit gehören: die Pflege und Verwaltung von gesetzlichen Rahmenbedingungen, die Erarbeitung geeigneter Unterstützungsmaterialien, die Koordination der Maßnahmen, der zusätzlichen Therapeuten oder Pflegekräfte etc.

Liegt die Verantwortung für diese Tätigkeit in einer Hand, kann es die Arbeit der übrigen Kolleginnen erleichtern.

Diese Verantwortlichen müssen dafür eine angemessene Entlastung und ausreichend Zeit erhalten, um dafür sorgen zu können, dass die Informationen immer auf dem aktuellen Stand und allen zugängig sind.

Literatur

Deutsche Kinder- und Jugendstiftung (2006): Reformzeit – Schulentwicklung in Partnerschaft. Berlin

Hinz, Andreas (2006): Kanada – ein Nordstern in Sachen Inklusion. In: Platte, A. et al. (Hrsg.): Inklusive Bildungsprozesse. Bad Heilbrunn

www

www.reformzeit.de

www

www.netzwerke-iwb.phbern.ch
(Auf der Onlineplattform der PH Bern finden Sie Informationen und Grundlagen zum Projekt „Schulische Netzwerke".)

www

www.bildungsserver.berlin-brandenburg.de

Schritt 12: Ich fordere geeignete Bedingungen für Kooperation ein.

Konstanze Reents

12

Ziel: Sie erfahren, wie Sie Einfluss auf die Gestaltung notwendiger Bedingungen für Kooperation nehmen können.

Um darzustellen, wie Bedingungen für Kooperation[12] mitzugestalten sind, führe ich in diesem Schritt zunächst auf, welche institutionellen und organisatorischen Bedingungen dafür in der Schule erforderlich sind.

Eine gut funktionierende Zusammenarbeit ist wesentliche Bedingung für das Gelingen von Inklusion und damit für eine effektive Förderung von Schülern in inklusiven Settings (vgl. Wocken 2012, 108). Aber nicht an jeder Schule gibt es geeignete Bedingungen bzw. werden die zwar vorhandenen Bedingungen nicht von allen Beteiligten genutzt oder erkannt.

Ich verstehe Kooperation als bewusste Zusammenarbeit von zwei oder mehr Personen für ein gemeinsames Ziel, das sie allein nicht erreichen können. In einer gleichberechtigten Zusammenarbeit auf Beziehungsebene hat jeder Beteiligte Rechte, aber auch Verpflichtungen, wie die gemeinsame Verantwortung für Planung, Durchführung, Evaluation und – in unserem Fall – für die Schüler. Durch den zeitlich unterschiedlichen Einsatz in der Klasse ist auf der Inhaltsebene nicht immer eine Gleichberechtigung möglich.

Kooperation erfolgt in der Schule zwischen unterschiedlichen Personengruppen. Ich beziehe mich in diesem Kapitel auf die **Kooperation von Lehrern** (ein oder mehrere Regelschullehrer und Förderschullehrer). Teamarbeit geht über den gemeinsam durchgeführten Unterricht hinaus, ist also mehr als das sogenannte „Teamteaching" (→ Schritt 13). Sie findet auch dann statt, wenn nicht immer zwei Lehrer in einer Klasse in jeder Unterrichtsstunde anwesend sind.

Wocken (1988) betrachtet kooperative Arbeit unter dem Aspekt von Problemlagen auf vier unterschiedlichen Ebenen: Sache, Persönlichkeit, Beziehung und Organisation. Ich übernehme diese Einteilung, beschränke mich an dieser Stelle allerdings auf die **Ebene der Organisation.** Die anderen drei Ebenen werden in Schritt 13 ausgeführt.

Organisatorische Grundlagen für Kooperation

Ausstattung:

a. Personal

- Förderschullehrer mit unterschiedlichen Fachrichtungen einbinden;
- Transparenz bei Entscheidungen ermöglichen (Welcher Förderschullehrer wird wohin abgeordnet?);
- Kontinuität in der Abordnung sichern;
- Mitbestimmung bei der Teamzusammenstellung ermöglichen;
- Kontinuität im Team sicherstellen, bei Schwierigkeiten ggf. flexibel handhaben;
- Professionalisierung durch Fort- und Weiterbildung sicherstellen (gemeinsame Fortbildung aller Kooperationsbeteiligten);
- Ressourcen nach Bedarf verteilen, Transparenz sicherstellen;
- Zusammenarbeit mit Förderzentren unterschiedlicher Schwerpunkte und anderen Institutionen anbahnen, Kompetenzen einbinden und konzeptionell verankern;
- Schulsozialarbeiter, pädagogische Mitarbeiter einbinden.

b. Raum

- flexible Raumgestaltung (→ Schritt 9) für Tischgruppen, Ateliers, Funktionsecken, Lerninseln, Lernlandschaften, Ruhezonen, Nischen, Büros, Marktplätze etc. schaffen;

[12] Ich verwende die Begriffe Zusammenarbeit, Kooperation und Teamarbeit synonym, ebenso die Begriffe Team und Kooperationspartner, auch wenn mir bewusst ist, dass es in der Fachliteratur unterschiedliche Wortbedeutungen gibt.

- angemessene Sitzmöbel und Arbeitsplätze bereitstellen;
- Raum für vorübergehende Kleingruppenarbeit verfügbar machen (z.B. Diagnostik, Fördergruppe);
- Raumeinrichtung gemeinsam planen;
- Platz für Teambesprechung und Elterngespräche bereithalten;
- Raumnutzung im Raumbelegungsplan verankern (stundenweise leere Klassenräume mit nutzen).

c. Material
- differenzierendes, individualisierendes Arbeitsmaterial anschaffen;
- Ablage für Material zur Verfügung stellen;
- Zuständigkeiten für Anschaffungen klären.

d. Zeit
- Stundenpläne in Absprache zwischen Förderschule und Regelschule rechtzeitig vor Schulbeginn effektiv gestalten (z.B. Anwesenheit des Förderschullehrers je nach Notwendigkeit der Förderung);
- Unterrichts- und Pausenzeiten koordinieren (lange Fahrtwege zwischen den Schulen in den Pausen vermeiden);
- Zuweisung der zeitlichen Ressourcen offen legen;
- gemeinsame Besprechungszeiten („Teamzeit") vorhalten und einplanen;
- größeren Zeitaufwand durch Absprachen berücksichtigen (z.B. in Verringerung der Pausenaufsichten).

Kommunikation:
- Kommunikationsstrukturen verdeutlichen (z.B. Weitergabe von Informationen);
- Möglichkeiten zum Austausch schaffen; (z.B. Fachkonferenz Inklusion, Teambesprechung);
- Kommunikation effektiv gestalten (Arbeitsplan, Vorlagen, Protokolle);
- Supervision, Beratung, Evaluation, Kommunikationstraining nutzen (ggf. einfordern);
- Teilnahme für Förderschullehrer an Konferenzen und Dienstbesprechungen der Regelschule ermöglichen;
- Zuweisung der personellen und zeitlichen Ressourcen offenlegen;
- Zusammensetzung der Klasse transparent machen;
- an Grundschulen hospitieren.

Konzept:
- Konzept (Zielvereinbarung, Qualitätskriterien, ...) zur Zusammenarbeit zwischen Regel- und Förderschullehrern gemeinsam erarbeiten und dokumentieren;
- Beteiligung aller Kollegen ermöglichen bzw. einfordern;
- sich auf ein gemeinsames Verständnis von Inklusion einigen;
- Prozesscharakter der Kooperation bedenken;
- Rollenerwartungen und Aufgaben an die jeweilige Berufsgruppe klären und dokumentieren (→ Schritt 13);
- Verantwortlichkeiten klären (→ Schritt 13);
- individuelle Ausgestaltung des Konzepts durch das Team ermöglichen (z.B. Modifizierungen, Absprachen);
- Teilnahme an Konferenzen und Vorstellung bei Eltern verankern;
- Fort- und Weiterbildung im Bereich Kooperation/Teamarbeit konzeptionell verankern;
- Unterstützungsmöglichkeiten anbieten.

Personaleinsatz:
- Personalplanung frühzeitig abschließen und transparent machen (Wer übernimmt welche Klasse/Jahrgang?);
- Kooperationspartner frühzeitig zuweisen bzw. wählen lassen;
- längerfristige Jahrgangs- und Klassenteams bilden (bei auftretenden Schwierigkeiten flexibel handhaben);
- Stundenzuweisungen rechtzeitig einplanen (Doppelbesetzungen haben Vorrang und werden nicht aufgelöst);
- Einsatz des Förderschullehrers an zu vielen Schulen und in zu vielen Teams vermeiden;

- Einsatz des Förderschullehrers im Stundenplan verankern.

Die Liste zeigt, dass die Ausgestaltung der Bedingungen innerhalb dieser Ebene zu einem großen Teil in der **Verantwortung der Schulleitung** liegt. Das Kollegium arbeitet bei der konkreten Klärung und Umsetzung mit.

Einmal getroffene Entscheidungen und Ergebnisse sind konzeptionell zu verankern, so dass nicht jeder (neue) Kollege innerhalb eines Teams in jedem Jahr notwendige Bedingungen neu aushandeln muss.

Die Qualität der Zusammenarbeit hängt stark von den beteiligten Personen ab. Ein schulinternes „Inklusionskonzept" als Teil des Schulprogramms erfordert genügend Spielraum für eine teaminterne, anpassungsfähige Ausgestaltung und für Flexibilität.

Als einzelne Lehrkraft haben Sie folgende Möglichkeiten, um auf eine Kooperation förderlich Einfluss zu nehmen. Nutzen Sie bereits bestehende Strukturen und Gremien, um eigene Ideen einzubringen. Erst wenn bestehende Strukturen nicht mehr weiterhelfen, ist es sinnvoll, neue zu schaffen.

Möglichkeiten der Einflussnahme für eine einzelne Lehrperson:

- Mitwirkung in Gremien, z.B. Schulvorstand, Gesamtkonferenz, Jahrgangskonferenzen, ... (→ Schritt 6), um Einfluss zu nehmen auf Teamzusammenstellung, Verteilung der Ressourcen, Bildung von Jahrgangs- und Klassenteams, Gestaltung effektiver Kommunikation etc.;
- Teilnahme an Steuergruppenarbeit, um z.B. Arbeitszusammenhänge mitzuplanen und Schwerpunkte zu setzen;
- Mitarbeit bei der Konzeptentwicklung (Inklusions-, Fortbildungs-, Förder-, Methodenkonzept, → Schritte 6, 10);
- Hospitationen in Grundschulen bzw. weiterführenden Schulen mit Erfahrungen im gemeinsamen Unterricht („best practice"), um Einfluss zu nehmen z.B. auf Personalplanung;
- Erfahrungsaustausch innerhalb des Kollegiums bzw. mit anderen Schulen, mit Schulsozialarbeitern, pädagogischen Mitarbeitern, Integrationshelfern, Förderzentren, Grundschulen;
- Einrichtung einer Fachkonferenz oder Konzeptgruppe „Inklusion", z.B. zur Konzeptentwicklung, Möglichkeiten zum Austausch schaffen;
- Bildung von professionellen Lerngemeinschaften, z.B. Entwicklung der Raumgestaltung, Materialanschaffungen diskutieren, effizienten Einsatz des Förderschullehrers planen;
- Arbeit mit dem Index für Inklusion (→ Schritt 7), insbesondere die Indikatoren A 1.3, A 1.6, A 2.2, A 2.4, B 2.2, C 1.8, C 2.5 widmen sich der Zusammenarbeit;
- Anregung von Schulentwicklungstagungen;
- Vertrag zwischen Kooperationspartnern schließen, z.B. mit abordnendem Förderzentrum, dem Jugendamt;
- Netzwerke nutzen und ggf. neues Netzwerk etablieren, z.B. innerhalb des Einzugsbereichs eines Förderzentrums.

Acht gute **Reflexionsinstrumente** für den Kooperationsprozess finden Sie bei Lütje-Klose/ Willenbring (1999) für kooperativ arbeitende Teams, die sich auf unterschiedliche Aspekte der Kooperation beziehen. Die Verfahren schaffen Gesprächsanlässe und tragen dadurch zur Erarbeitung von Problemlösungsstrategien bei. Durch die Bandbreite der Verfahren kann das Team dasjenige auswählen, welches es für den angemessenen Zugang hält.

Folgende zwei Instrumente eignen sich für die Reflexion innerhalb der Organisationsebene:

- Fragebogen zur Organisationsentwicklung,
- Vorschläge zur Kontraktgestaltung.

▶

Literatur

Lütje-Klose, Birgit/Willenbring, Monika (1999): Kooperation fällt nicht vom Himmel. Möglichkeiten der Unterstützung kooperativer Prozesse in Teams von Regelschullehrerin und Sonderpädagogin aus systemischer Sicht. In: Behindertenpädagogik 1/1999, 2-31

Reents, Konstanze (2006): Professionalisierung der Zusammenarbeit von Grund- und Förderschullehrkräften bei der Förderung von Kindern an Grundschulen. In: PädForum: Unterrichten/Erziehen 2/2006, 117-120

Schöler, Jutta (1997): Leitfaden zur Kooperation von Lehrerinnen und Lehrern – nicht nur in Integrationsklassen. Heinsberg

Schöler, Jutta (2009): Alle sind verschieden. Auf dem Weg zur Inklusion in der Schule. Weinheim/Basel

Wocken, Hans (1988): Kooperation von Pädagogen in integrativen Grundschulen

www bidok.uibk.ac.at/library/wocken-kooperation.html,
zuletzt abgerufen am 06.03.2013

Wocken, Hans (2012): Das Haus der inklusiven Schule. Baustellen – Baupläne – Bausteine. Hamburg

Checkliste Schritt 12 ▶

Checkliste Schritt 12

Wie kann ich auf die institutionellen Bedingungen für gelingende Kooperation Einfluss nehmen?

Möglichkeiten der Einflussnahme	Das ist nichts für mich	Das nehme ich mir vor	Das mache ich bereits
Ich sehe mich als „Keimzelle" der Schulentwicklung.			
Ich wirke aktiv in Gremien mit.			
Ich rege die Entwicklung notwendiger Konzepte an.			
Ich arbeite bei der Konzeptentwicklung mit.			
Ich bin Mitglied einer Steuergruppe.			
Ich hospitiere an anderen Schulen und bringe gewonnene Erkenntnisse ein.			
Ich tausche Erfahrungen mit Kollegen aus, die bereits in der Kooperation mit Kollegen erfahren sind.			
Ich trete für die Einrichtung einer Fachkonferenz/Konzeptgruppe „Inklusion" ein.			
Ich arbeite mit dem Index für Inklusion.			
Ich schließe mit meinen Kooperationspartnern einen Vertrag.			
Ich nutze bestehende Netzwerke und bringe mich aktiv ein.			
Ich initiiere die Bildung einer professionellen Lerngemeinschaft für interessierte Kollegen.			
Ich rege die Durchführung möglicher Schulentwicklungstagungen an.			

13 Schritt 13: Ich trage zur gelingenden Teamarbeit bei.

Konstanze Reents

Ziel: Sie lernen Wege zu einer effizienten und konstruktiven Kooperation[13] kennen.

Nachdem in Schritt 12 dargestellt wurde, welche Bedingungen auf der Ebene der Organisation für eine gelingende Kooperation notwendig sind, gehe ich an dieser Stelle auf die Ebenen der **Beziehung**, der **Sache** und der **Persönlichkeit** ein.

Doch zunächst kommen ein Regelschullehrer und ein Förderschullehrer zu Wort. Sie schildern unabhängig voneinander ihre Erfahrungen über die Zusammenarbeit im inklusiven Unterricht. Beide Darstellungen sind deutlich überspitzt, werden aber in einzelnen Punkten sicher jedem Kollegen bekannt vorkommen.

Kooperation aus Sicht eines Regelschullehrers:
Jetzt haben wir ja Inklusion. Für mich bedeutet das erst mal eine große Umstellung! Auf einmal soll ich diesen Kollegen von der Förderschule mit in meinen Unterricht nehmen. Das erinnert mich stark an meine zweite Ausbildungsphase. Wenn jemand dabei ist, dann bedeutet das immer Druck und Bewertung. Dadurch weiß ich aber immer noch nicht, was ich mit diesem Schüler Tim anfangen soll. Der kann ja gar nicht mit den anderen mitarbeiten. Heute ist doch Montag, warum ist der Kollege noch nicht da? Uh, kommt wieder zu spät und platzt in den laufenden Unterricht hinein. Dabei bin doch gerade in einer wichtigen Phase des Unterrichtsgesprächs! Jetzt passen die Schüler natürlich nicht mehr auf. Neulich tauchte der Kollege gar nicht auf. Hinterher habe ich erfahren, dass er in seiner Stammschule Vertretung machen musste und im Sekretariat angerufen hatte. Super, nun ist der Kollege nur einen Tag in meiner Klasse und dann fällt er an dem Tag auch noch aus! Soviel zur Kontinuität, Verlässlichkeit und Zusammenarbeit! Sonst sitzt er mir dauernd auf der Pelle. Entweder schleicht er durch die Klasse und spricht die Schüler an oder er sitzt in der Ecke und macht sich fortwährend Notizen. Was schreibt der denn wieder über mich? Neulich sprach er davon, dass ich für Tim doch Mathematerial aus der dritten Klasse zur Verfügung stellen soll. Haben wir aber nicht! Was sollen denn die anderen sagen? Tim ist dann doch voll im Fokus. Wie erkläre ich den Eltern, warum einige Schüler so und andere so arbeiten? Als ich den Kollegen ansprach, was ich mit Mustafa ohne Deutschkenntnisse machen soll, wusste der auch keine Antwort. Der ist doch Förderschullehrer, warum weiß er das denn nicht? Er wollte mal ein bisschen mit Mustafa arbeiten. Hat er auch, aber besser Deutsch versteht dieser immer noch nicht. Das geht alles zu langsam! Warum gibt er mir denn nicht ein paar Tipps?
Dann frage ich ihn, was ich mit Michelle machen kann. Sie ist ja wirklich auffällig, dauernd ruft sie rein, hat ihre Sachen nicht dabei, ärgert andere Schüler ... Da kann er mir dann auch erst keine Antwort drauf geben. Will mit den Eltern sprechen und dem Jugendamt. Haben wir doch alles schon gemacht! Bringt doch nichts. Warum meint er denn, dass sich auf einmal was tut? In der Parallelklasse ist eine Kollegin von der Förderschule an jedem Tag da, nicht viele Stunden, aber sie scheint immer präsent. In meiner Klasse läuft das leider gar nicht so. Ich habe gar keine Lust, mich intensiver auf den Kollegen einzulassen. Letztes Jahr war eine andere Kollegin von der Förderschule für meine Klasse da. Im Jahr davor war wieder ein anderer Kollege abgeordnet. Wie soll sich denn da ein kollegiales Arbeitsverhältnis bilden, wenn immer jemand anderes auftaucht!
Und was genau ist deren Aufgabe? Mich zu unterstützen? Habe ich bisher nicht so aufgefasst. Die Kinder zu fördern? Zu unregelmäßig. Mich beraten? Mit den Eltern arbeiten? Kontakt zum Jugendamt herstellen? Na, das ist ihm jedenfalls bei Tobias gelungen, uns bisher nicht. Aber bezogen auf die anderen Schüler gab es doch schon zahlreiche Gespräche. Es gibt überhaupt keine Gelegenheit, sich mit dem Kollegen auszutauschen!

[13] Ich verwende – wie in Schritt 12 – Zusammenarbeit, Kooperation und Teamarbeit synonym, ebenso die Begriffe Team und Kooperationspartner, auch wenn mir bewusst ist, dass es in der Fachliteratur unterschiedliche Wortbedeutungen gibt.

Er kommt in der Pause (oder zu Beginn der Stunde) und fährt nach Schulschluss sofort wieder los, weil er zur Dienstbesprechung muss. Na ja, nachmittags wird es mit Besprechungen für mich ja auch schwierig, da muss ich meine Tochter aus dem Kindergarten abholen. Man muss den Kollegen doch effizienter einsetzen können! So bringt das den Schülern doch nichts!

Kooperation aus Sicht eines Förderschullehrers:
Jetzt bin ich bereits drei Monate an die Hauptschule abgeordnet und noch immer fragen mich einige Kollegen nach meinem Namen. Ist schon schwierig, sich im Lehrerzimmer aufzuhalten, wenn man keinen Sitzplatz angeboten bekommt. Na ja, ich kann mich ja auch nicht richtig mit allen bekannt machen, da ich ja in den Pausen zwischen Stammschule und Hauptschule pendeln muss. Das ist zwar nur an zwei Tagen in der Woche so, aber richtig Zeit verbringen kann ich mit den Kollegen so nicht. Zumindest haben sich die drei Kollegen, deren Klasse ich zugeordnet bin, damit abgefunden, dass ich mit zu ihnen in den Unterricht komme. Jedes Jahr muss ich mich auf neue Kollegen und neue Schulen einstellen und so was wie Beziehung, Anerkennung und Vertrauen aufbauen. Das ist so schwierig, wenn man sich auf jeden Kollegen einzeln einstellen muss.
Allerdings weiß ich auch nicht so richtig, was ich hier tun soll. Vorschläge zur gemeinsamen Unterrichtsvorbereitung werden abgelehnt mit einer rücksichtsvollen Begründung: „Du hast doch schon so viel zu tun!" Also treffen wir uns eben nicht am Nachmittag. Im Unterricht sitze ich meistens auch nur herum wie ein Student, beobachte, mache Notizen. Ich weiß gar nicht, wie ich meine Beobachtungen und Schlussfolgerungen mitteilen soll. Wenn ich versuche, Hinweise und Vorschläge zu machen, hört sich die Kollegin zwar alles bereitwillig an, aber verändern tut sich nichts. Andererseits: Ein weiterer Kollege nimmt meine Unterstützung immer gern in Anspruch. Diese stellt er sich allerdings so vor, dass ich schwierige Schüler aus seinem Unterricht herausnehme und alles „wegfördere", was der Gleichschrittigkeit im Unterricht entgegensteht. Wie soll ich als Einzelner denn meinen Standpunkt vertreten, dass das Herausnehmen einzelner Schüler so gar nichts mit Inklusion zu tun hat? Immerhin brauche ich mir den Extraraum nicht mehr mit der Schulsekretärin zu teilen. Ganz optimistisch war ich in der letzten Woche gestimmt, als wir verabredet hatten, dass ich eine Unterrichtssequenz übernehme, damit die Kollegin selbst einmal die Beobachterrolle einnehmen kann. Im Klassenraum musste ich allerdings feststellen, dass die Klasse auf einem Theaterbesuch war. Na, dann hatte ich eben ein bisschen Zeit. In die Bredouille bin ich ganz zu Anfang des Schuljahres geraten, als mich der Kollege bat, ihn bei der Förderung von Max, mit Beeinträchtigungen im Bereich der körperlich-motorischen Entwicklung, zu unterstützen. Keine Ahnung! Ich habe doch ganz andere Schwerpunkte studiert! Als Förderschullehrer bin ich doch kein Experte für alle Schwerpunkte!
Die Bereitschaft, Arbeit im Rahmen der Inklusion anders als bisher leisten zu müssen, z.B. durch ein verändertes Unterrichtsangebot, ist noch nicht bei allen Kollegen vorhanden. Ich werde als Person doch noch häufig als Verfechter der Inklusion betrachtet und stehe synonym für Mehrarbeit. Als Unterstützung und Erleichterung bin ich noch nicht angesehen worden. Sprachlos war ich nach der Rückmeldung einer Kollegin, die meinen Hinweis auf unterstützendes Material in Mathematik abtat mit der Begründung, dass es unfair den anderen Schülern gegenüber sei. Die Schwierigkeiten in Mathematik sind so gravierend, dass Tim nicht annähernd die Kompetenzen der Klasse erreichen kann. Eigentlich bräuchte er ein gänzlich anderes Angebot, aber wie vermittele ich das? Was erwarten die Regelschullehrer von mir? Bin ich eine Art genereller Heilsbringer für alle auftretenden Schwierigkeiten? Wie kann ich mich in die Unterrichtsvorbereitung einbringen? Man könnte doch so viel mehr für die Schüler erreichen, wenn man meine Arbeitskraft effizienter einsetzte.

Beim Lesen beider Sichtweisen wird deutlich: Kooperation ist anspruchsvoll und „fällt nicht vom Himmel" (Lütje-Klose/Willenbring 1999, 2). Regelschullehrer und Förderschullehrer beschreiben die gleichen Schwierigkeiten – jedoch aus unterschiedlicher Sicht. Versuchen Sie doch einmal, gleiche Problemfelder der unterschiedlichen Sichtweisen mit derselben Farbe zu markieren.

Gemeinsame Problemfelder sind z.B. (→ Schritt 12):

- unklare Rollen- und Aufgabenverteilung,
- Unsicherheit bzgl. der Kompetenzen,
- Zurückhaltung aufgrund von Ängsten und Befürchtungen,
- Barrieren in der Kommunikation und im Informationsfluss,
- fehlende Wertschätzung und Verlässlichkeit,
- Probleme bzgl. zeitlicher Ressourcen.

Nicht nur die Regelschullehrer trifft die Zusammenarbeit im gemeinsamen, „vielfältigen" Unterricht unvorbereitet, auch die Förderschullehrer haben sich in ihrem Studium oft zu wenig mit Kooperation und Beratung auseinandergesetzt. Durch die bisherige Ausbildung und Arbeit in der Schule sind Lehrer eher Einzelkämpfer und müssen sich in die kooperative Arbeit erst hineinfinden. In Bielefeld und Bremen gibt es die ersten interdisziplinären Studiengänge (Kombi-Lehramt inklusive Pädagogik) mit dem Kompetenzbereich Teamarbeit, Kooperation und Beratung.

An der Universität Bremen ist seit dem Wintersemester 2011/2012 die Basisqualifizierung im **Studienschwerpunkt „Heterogenität"** verpflichtend für alle Lehramtsstudierenden. Auch in anderen Bundesländern haben unterschiedliche Formen der Zusammenarbeit zwischen Förderschullehrer und Regelschullehrer seit einiger Zeit Eingang in die Ausbildung gefunden. Denn die Qualität der Zusammenarbeit zwischen beteiligten Personen hat eine herausragende Bedeutung in der inklusiven Schule.

Die bisher aufgeführten Überlegungen zur Kooperation bezogen sich zum größten Teil auf die Zusammenarbeit außerhalb des Unterrichts. Das gemeinsame Agieren im Unterricht selber ist die komplexeste Aufgabe. Diese Zusammenarbeit im Klassenraum wird anhand von sieben Kooperationsformen wie folgt beschrieben (zitiert nach Lütje-Klose/Willenbring 1999, 16):

Kooperationsformen:

1. **Lehrer und Beobachter** („one teach, one observe"): Ein Pädagoge übernimmt die primäre Unterrichtsverantwortung, während der andere beobachtet.
2. **Lehrer und Helfer** („one teach, one drift"): Eine der beiden Lehrpersonen übernimmt die primäre Unterrichtsverantwortung, die andere unterstützt Schüler bei ihrer Arbeit, bei der Regulation ihres Verhaltens, bei der Verwirklichung ihrer kommunikativen Absichten etc.
3. **Stationsunterricht** („station teaching"): Der Unterrichtsinhalt wird in zwei Bereiche aufgeteilt. Es werden Gruppen gebildet, die von einer Person zur nächsten wechseln, so dass alle Schüler nacheinander von beiden Lehrpersonen unterrichtet werden.
4. **Parallelunterricht** („parallel teaching"): Jeder Lehrer unterrichtet eine Klassenhälfte, beide beziehen sich auf dieselben Inhalte.
5. **Niveaudifferenzierter Unterricht/ alternativer Unterricht** („remedial teaching/alternative teaching"): Ein Lehrer unterrichtet die Gruppe von Schülern, die den Unterrichtsstoff bewältigen können, die andere arbeitet mit denjenigen, die auf anderem Niveau operieren.
6. **Zusatzunterricht** („supplemental teaching"): Ein Lehrer führt die Unterrichtsstunde durch, der andere bietet zusätzliches Material und differenzierte Hilfen für diejenigen Schüler an, die den Stoff nicht bewältigen können.
7. **Teamteaching** („teaming"): Regelschullehrer und Förderschullehrer führen den Unterricht mit allen Schülern gemeinsam durch, indem sie gemeinsam oder abwechselnd die Führung übernehmen.

Eine gut funktionierende Kooperation wird von Kollegen als große Bereicherung wahrgenommen, da die Mehrarbeit im Unterricht (Absprachen treffen, zusätzliche Termine vereinbaren etc.) durch die Kollegen erfahrungsgemäß leichter und befriedigender wird.

Allerdings treten gerade zu Beginn des Prozesses oft erhebliche Schwierigkeiten auf: Es bestehen mehr Ängste vor der Anwesenheit eines zweiten Erwachsenen als vor den Ansprüchen durch die Vielfalt der Schüler in der Klasse. Die Zusammenarbeit bedeutet zunächst eine höhere Arbeitsbelastung durch notwendige Absprachen in der Vorbereitung und Planung und damit einen erhöhten Zeitaufwand. Beide Kooperationspartner müssen nicht zwangsläufig die besten Freunde sein, auch wenn Sympathie und ein freundschaftlicher Kontakt förderlich sind. Es genügt, wenn beide die Bereitschaft haben, sich ernsthaft miteinander und mit dem gemeinsamen Interesse auseinanderzusetzen.

In der folgenden Auflistung stelle ich Bedingungen bezogen auf die Ebenen der Persönlichkeit, der Sache und der Beziehung dar, die in engem Zusammenhang zu den institutionellen, organisatorischen Bedingungen aus Schritt 12 zu sehen sind.

Die Anregungen aus der Literatur (vgl. Schöler 1997, Lütje-Klose/Willenbring 1999) ordne ich ein und ergänze weitere Bedingungen aus eigenen Erfahrungen. Dabei ist eine eindeutige Zuordnung zu den einzelnen Ebenen und den Bedingungen nicht immer möglich. Häufig hängt diese von der Perspektive und der Zielsetzung ab. Bei Lütje-Klose/Willenbring (1999) finden Sie außerdem acht Reflexionsinstrumente für kooperativ arbeitende Teams, die sich auf die unterschiedlichen Ebenen der Kooperation beziehen. Die Verfahren stellen eine Möglichkeit dar, Gesprächsanlässe zu schaffen, und tragen so zur Erarbeitung von Problemlösestrategien bei. Jedes Team kann das Verfahren auswählen, das einen passenden Zugang beinhaltet.

Sachebene:

a. Kooperationsformen

- Vorstellungen, Ziele, Auffassung von Unterrichtsqualität, Inhalte, Mittel und Wege diskutieren und Einigkeit darüber herstellen;
- Kooperationsformen gemeinsam ausgestalten und nutzen: Unterrichtsstile absprechen, gemeinsame Planung, Absprachen und Abstimmungen bzgl. des Unterrichts treffen, Flexibilität in der Arbeit anpassen (sich auf wechselnde Unterrichtssituationen schnell einstellen);
- „sich über die Schulter schauen lassen" als Chance auffassen.

b. Verteilung der Aufgaben nach Kompetenzen

- persönliche Ressourcen und Kompetenzen offen legen bzw. anerkennen (zeitliche Ressourcen, Fach- und Methodenkompetenz, sonderpädagogische Kompetenz, Spezialist vs. Generalist, Diagnostik ...): Konkurrenz ausschließen, Aufgabenverteilung klären (Dokumentation der individuellen Lernentwicklung, Gestaltung und Bereitstellung von Arbeitsmaterial, Einbindung in die Zusammenarbeit mit Eltern), Verantwortlichkeiten klären, Vereinbarungen einhalten.

c. Kompetenztransfer

- sich selbst und eigene Kompetenzen ernsthaft einbringen, die andere Person an eigenen Kompetenzen teilhaben lassen und die Kompetenzen des anderen nutzen: für Kompetenztransfer sorgen, Unabhängigkeit der Schüler von der Anwesenheit des Förderschullehrers sicherstellen;
- Weitergabe neuer Erkenntnisse klären: z.B. nach Fortbildungen, Teamerausbildungen, durch regelmäßigen Austausch mit Kollegen des Förderzentrums zum Erhalt der sonderpädagogischen Kompetenz sorgen.

d. Handlungsfelder

- Einsatzmöglichkeiten absprechen: im Unterricht, Beratung von Eltern, Kollegen, Schülern, ...;
- Möglichkeiten der kollegialen Beratung nutzen: Verständnis von Beratung festlegen (symmetrisch oder hierarchisch?), Beobachtungskriterien zur (kollegialen) Hospitation verabreden.

e. Reflexionsinstrumente

- Erhebungsbogen der Kooperationsformen,
- Vorschläge zur Kontraktgestaltung.

Persönlichkeitsebene:

a. Persönliche Orientierung und Einstellung zur Kooperation

- persönliche Einstellungen, Werte und Haltungen reflektieren: für Kooperation offen sein und kooperieren können, auf ein gemeinsames Verständnis von Kooperation einigen, zur Öffnung des Unterrichts bereit sein, positive Einstellung gegenüber Vielfalt, gemeinsamen schulischen Lernens und Anerkennung aller Schüler entwickeln, veränderten Arbeitsaufwand akzeptieren, sich und die eigene Arbeit reflektieren;
- Angst vor Neuheit, Überforderung, Kontrolle, Mehrarbeit und Autonomieverlust berücksichtigen; sich über Ängste, Befürchtungen und Sorgen austauschen.

b. Rollenzuschreibungen

- Rollenerwartungen an die jeweilige Berufsgruppe klären und dokumentieren, entsprechendes Aufgaben-, Selbst- und Rollenverständnis entwickeln;
- Angst vor Kontrolle und der Enthüllung der eigenen Rolle thematisieren.

c. Reflexionsinstrumente

- Kooperationsprofil,
- Vorschläge zur Kontraktgestaltung.

Eine kooperative Beziehung in der Arbeit entwickelt sich erst mit der Zeit durch den Aufbau von gegenseitigem Vertrauen und gegenseitiger Wertschätzung. Marvin (1990; zit. nach Lütje-Klose/Willenbring 1999, 11-13) beschreibt vier Niveaustufen der Zusammenarbeit zwischen Lehrern:

Wertschätzung und Vertrauen

niedrig ←→ hoch

co-activity cooperation coordination collaboration

co-activity: Beide Lehrpersonen führen ihre ähnlichen Arbeitsbereiche getrennt voneinander durch, ein Austausch findet nur selten statt.

cooperation: Absprachen zwischen den Lehrern beziehen sich z.B. auf Stundenpläne und allgemeine Zielsetzungen, aber nicht automatisch auf die Förderung einzelner Schüler. Eigene Meinungen und Anschauungen werden nicht offen dargelegt.

coordination: Das Vertrauen zwischen den Beteiligten wird größer. Gemeinsame Aktivitäten und klare Absprachen zu Verantwortlichkeiten jedes Kollegen bzgl. der Förderung sind ein Merkmal dieses Niveaus. Gemeinsame Aktivitäten werden durchgeführt, dennoch sind die Verantwortungsbereiche noch klar voneinander getrennt, ein Rollentausch findet nicht statt.

collaboration: Beide Lehrer stimmen in Werten und Zielen grundlegend überein. Gegenseitige Wertschätzung und Vertrauen kennzeichnen diese Stufe. Beide bringen ihre Kompetenzen flexibel und situationsunabhängig ein und wechseln sich in der Führung ab. Die Rollen sind nicht mehr klar voneinander abgegrenzt, sondern vermischen sich auf dem Weg zum Erreichen des gemeinsamen Zieles. Danach erfordert die „collaboration" das höchste Maß an Wertschätzung und Vertrauen. Obwohl sie die effektivste Form der Förderung ermöglicht, ist sie am schwierigsten zu erreichen.

Beziehungsebene:

a. Wertschätzung und Akzeptanz

- Förderschulkollegen als Teil des Kollegiums anerkennen und wertschätzen: z.B. einen Sitzplatz bereitstellen, bei gemeinsamen Unternehmungen der Schule und Klasse berücksichtigen;
- über Vorstellungen, Haltungen etc. austauschen: Erwartungen und unterschiedliche Ziele ansprechen – entweder gegenseitig ergänzen oder wechselseitig akzeptieren;
- persönliche Lebenssituationen berücksichtigen: z.B. unterschiedliche zeitliche Ressourcen zum Austausch, Belastungen im familiären Bereich.

b. Vertrauen und Solidarität

- Team möglichst in beiderseitigem Einverständnis zusammensetzen: rechtzeitigen Austausch (z.B. vor den Sommerferien) ermöglichen, gegenseitige Sympathie ist eine gute Voraussetzung für ein funktionierendes Team;
- Kommunikationsstrukturen und Informationsweitergabe klären: Reflexion des Kooperationsprozesses vereinbaren, Setting der Absprachen verbindlich organisieren (bezogen auf Zeit, Raum, Umfang, Dokumentation), offen und ehrlich Probleme und Schwierigkeiten ansprechen, ggf. Moderation hinzuziehen;
- Veränderung ermöglichen und sich darauf einlassen: Mut haben, etwas Neues auszuprobieren, Prozess der Teamentwicklung unterstützen;
- Eigenständigkeit, Souveränität und die Befriedigung über Erfolgserlebnisse (Stolz über Erreichtes, Anerkennung von Eltern, Zuwendung der Schüler) teilen;
- zur gegenseitigen Unterstützung bereit sein.

c. Umgang mit Konflikten

- Konfliktfähigkeit zeigen: Konflikten offen begegnen und sie sachlich klären, zur gemeinsamen Diskussion und zum Austragen von Konflikten bereit sein, Kompromiss- und Verhandlungsbereitschaft zeigen;
- ggf. Hilfe von außen hinzuziehen (Kollegen, Schulleiter, Mediatoren, Supervision).

d. Reflexionsinstrumente

- Schema zur Einschätzung des Niveaus der Kooperation,
- Fragebogen zur Reflektion eines Kooperationskonfliktes,
- Fragebogen zum Kommunikationsprozess im Team,
- Vorschläge zur Kontraktgestaltung.

Die Gründe für das Gelingen bzw. für Schwierigkeiten kooperativer Prozesse können auf allen vier Ebenen – Persönlichkeitsebene, Beziehungsebene, Sachebene und Organisationsebene – liegen. Auf der Persönlichkeits- und Beziehungsebene treten Probleme häufig auf. Daher ist der Austausch über auftretende Widerstände wichtig. Nutzen Sie die Auseinandersetzung mit Problemen als wichtigen Anstoß für Veränderungsprozesse, aus denen eine erfolgreiche kollegiale Zusammenarbeit hervorgeht.

Mögliche Schritte auf dem Weg zu einer effizienten und konstruktiven Kooperation:

1. Sie bearbeiten einen „Fragebogen zur Abstimmung und Kooperation", mit dessen Hilfe sich der Beginn einer möglichen Kooperation gestalten lässt (Schöler 1997). Der Fragebogen besteht aus drei Teilen: „Mögen und Nichtmögen", „Sympathie-Thermometer" und „Eigene Voraussetzungen für die Zusammenarbeit" und kann vor bzw. zu Beginn der Zusammenarbeit eingesetzt werden.
2. Sie planen gemeinsam ganz konkrete Schritte der Kooperation, dies ist besonders sinnvoll vor Beginn des Schuljahres (z.B. Klassenraumgestaltung, Sitzordnung, Materialien, Unterrichtsformen).
3. Sie nehmen gemeinsam an einer Fortbildung teil, um sich näher kennen zu lernen (Thema muss nicht nur „Inklusion" sein).
4. Sie tauschen sich über Veröffentlichungen zum Thema „Inklusion" aus. Sie nehmen gemeinsam an Gesprächskreisen teil: Die Arbeitsstelle Schulreform der Universität Oldenburg bietet z.B. einen Gesprächskreis „Inklusion" zum Austausch über Erfahrungen in regionalen Integrationskonzepten an. Modelle und Erfahrungen („best practice") werden vorgestellt. Gemeinsam entwickeln die beteiligten Lehrpersonen Ideen und Lösungsansätze für die Arbeit in der inklusiven Schule. Die gemeinsame Teilnahme an Gesprächskreisen bietet sich für Vertreter aller Schulen an, die im Einzugsbereich eines Förderzentrums liegen.

5. Sie steigen in die Kooperation ein mit einem Abgleich der Erwartungen, Einstellungen und Ressourcen. Als Strukturierungshilfe eignen sich die oben stehenden Auflistungen.
6. Sie richten eine professionelle Lerngemeinschaft ein oder beteiligen sich daran.
7. Gemeinsam nutzen Sie die Reflexionsinstrumente (s. Listen), mit anschließender Ergebnisdiskussion. Diskutieren Sie über Möglichkeiten, Vor- und Nachteile der Kooperationsformen nach vorher vereinbarten Kriterien, einigen Sie sich auf den Arbeitsbeginn in einer Form.
8. Erarbeiten Sie ein Konzept zur Kooperation (auf Schulebene) (→ Schritt 12).
9. Beginnen Sie mit einer der ersten Kooperationsformen (z.B. „Lehrer und Beobachter" oder „Lehrer und Helfer").
10. Planen Sie ein Projekt und führen Sie es gemeinsam durch.

Literatur

Lütje-Klose, Birgit (2009): Kooperation von Regelschullehrkräften und Sonderpädagoginnen. Eine zentrale Bedingung für die inklusive Unterrichtung von Kindern mit und ohne sonderpädagogischen Förderbedarf. Vortrag bei der GEW-Fortbildungstagung in Jeddingen am 1.12.2009

www www.uni-bielefeld.de/erziehungswissenschaft//ag3/pdf/luetje_vortrag_2009_12.pdf; zuletzt abgerufen am 06.03.2013

Lütje-Klose, Birgit/Willenbring, Monika (1999): Kooperation fällt nicht vom Himmel. Möglichkeiten der Unterstützung kooperativer Prozesse in Teams von Regelschullehrerin und Sonderpädagogin aus systemischer Sicht. In Behindertenpädagogik 1/1999, 2-31

Marvin, Christine Ann (1990): Problems in School-based Speech-Language Consultation and Collaboration Services: Defining the Terms and Improving the Process. In: Secord/Wilg (Eds.): Collaborative Programs in the Schools. San Antonio, 37-47

Reents, Konstanze (2006): Professionalisierung der Zusammenarbeit von Grund- und Förderschullehrkräften bei der Förderung von Kindern an Grundschulen. In: PädForum: Unterrichten/Erziehen 2/2006, 117-120

Schöler, Jutta (1997): Leitfaden zur Kooperation von Lehrerinnen und Lehrern – nicht nur in Integrationsklassen. Heinsberg

Checkliste Schritt 13 ▶

Checkliste Schritt 13

Wie gut funktioniert die Kooperation zwischen zwei Lehrpersonen?

Jede beantwortet die Fragen für sich; in einem gemeinsamen Gespräch werden die Überlegungen ausgetauscht; eventuell auf einige Aspekte beschränken.

Fragen	Überlegungen
Was verstehe ich unter Kooperation?	
Welche Bedeutung hat Kooperation für mich?	
Welches Ziel verfolge ich mit Kooperation?	
Welche Vorstellung habe ich von der Zusammenarbeit?	
Wie rede ich mit meinen Kollegen?	
Worüber reden wir?	
Wie zufrieden bin ich mit den Gesprächen über Schüler, Unterricht, ...?	
Was spreche ich nicht an? Warum?	
Welche Regeln der Zusammenarbeit haben wir gemeinsam vereinbart?	
Welche Rolle übernehme ich?	
Was sind meine Aufgaben in der Kooperation?	
Wie ist mein Einsatz im Unterricht?	
Wie ist der Rahmen unseres Austausches?	
Wie werden Ängste, Unsicherheiten etc. angesprochen?	
Wie ist der Umgang miteinander?	
Wie gehen wir mit unausgesprochenen Erwartungen um?	
Wo, wann, wie findet ein gemeinsamer Austausch statt? Wie bewerte ich das?	
Wie bewerte ich die Einbindung meiner Person/meines Kollegen in das Kollegium der Regelschule?	
Wie und in welcher Form kooperieren wir im Unterricht?	
Welche Kooperationsform wollen wir nutzen?	

(In Anlehnung an Lütje-Klose/Willenbring 1999)

14 Schritt 14: Ich nutze geeignete Methoden und Instrumente.

Gundula Dechow

Ziel: Durch Wissen über Unterrichtsmethoden können Sie Lehr-Lern-Prozesse gezielter und inklusiver gestalten.

Inklusiver Unterricht soll Lernprozesse gestalten, die der Individualität jedes Schülers Rechnung tragen und gleichzeitig die vielfältigen Kompetenzen der Schüler für die Lerngruppe nutzbar machen. Er erfordert die Berücksichtigung der **besonderen Lernvoraussetzungen** sämtlicher Schüler und damit ein besonderes Setting (→ Schritt 15). In einer vielfältig zusammengesetzten Lerngruppe müssen sehr unterschiedliche Bedürfnisse „unter einen Hut" gebracht werden, die auch gegenläufig sein können. Ein Beispiel: Ein sehbehinderter Schüler benötigt in der Regel zusätzliche verbale Erklärungen, ein Schüler mit Migrationshintergrund oder mit einer Hörschädigung braucht ebenfalls zusätzliche Erläuterungen – jedoch nicht verbal, denn die würde er eventuell gar nicht verstehen. Diese gegensätzlichen Anforderungen können sich für Sie als sehr aufreibend entwickeln.

Da Sie es kaum leisten können, für jeden einzelnen Schüler spezifische ergänzende „Einzelsettings" zu schaffen, die in der Summe noch kompatibel sein müssen, sollten Sie das Thema „Unterrichtsmethoden" für sich neu überdenken.

Dafür ist es hilfreich, die eigene Lerntheorie zu überprüfen und das gegenwärtige **Wissen über gelingendes Lernen** aufzufrischen. Lernen wird von uns als ein aktiver Aneignungsprozess verstanden. Er geschieht in Form aktiver Auseinandersetzung mit der Umwelt, unter Anknüpfung an Vorwissen und Vorerfahrungen und mit Hilfe unterschiedlicher Lernstrategien. Jeder Schüler besitzt dabei sein eigenes Profil.

> „Kinder beginnen in der Schule auf ungleichen Niveaus und entwickeln sich nur in groben Zügen in gleicher Weise. Keine Schule und keine Richtlinie kann das ändern." *(Tschekan 2011, 125).*

Wenn die Voraussetzungen der Schüler, das Vorwissen und die Vorerfahrungen jedoch sehr unterschiedlich sind, muss auch der Unterricht individualisieren, um gelingende individuelle Lernprozesse zu ermöglichen.

Begriffsklärung:
Häufig werden die Begriffe „Individualisierung" und „individuelle Förderung" parallel gebraucht. Sie implizieren jedoch völlig unterschiedliche Ansätze.
Individuelle Förderung geht vom Lehrer aus. „Man kann jemanden fördern (ein Talent, einen Hilfsbedürftigen) oder man kann eine Sache fördern (eine karitative Einrichtung, eine Idee), aber man kann nicht sich selbst fördern." (Kunze/Solzbacher 2008, 19)
Individualisierung nimmt den Schüler, den Lernenden zum Ausgangspunkt der Planung. Er alleine kann den Prozess des Lernens für sich vollziehen (Arnold 2012) und er übernimmt dafür die Verantwortung. Der Lehrer wirkt unterstützend.

Dieser Unterricht erfordert ein **Wissen** hinsichtlich **vielfältiger Lehr- und Lernmethoden.** Einerseits geht es um die Individualisierung der Lernprozesse, auf der anderen Seite darf es jedoch nicht zur Vereinzelung der Schüler kommen. Daher gilt es, gemeinsame Lernsituationen zu gestalten, um dem miteinander und voneinander Lernen ausreichend Raum zu geben. Die „Kunst" der Lehrperson besteht in dem Herstellen dieser Balance. Das geschieht nicht mit *einer* Ideal- und Universalmethode eines inklusiven Unterrichts. Die gibt es nicht! **Methodenvielfalt** ist das Erkennungsmerkmal inklusiven Unterrichts (Wocken 2012). Methodenvielfalt meint an dieser Stelle nicht nur das Wissen über verschiedene Methoden, sondern umfasst auch ihren funktionalen Einsatz sowie das Beherrschen vielfältiger Inszenierungstechniken (Meyer 2004).

Unterrichtsmethoden – aber welche?

Wir stellen Ihnen an dieser Stelle eine Auswahl von Methoden vor, die schnell umsetzbar sind, ohne dass Sie alles Bisherige umkrempeln müssen.

In der Vielzahl der Unterrichtsmethoden nehmen die kooperativen Methoden (Green/Green 2005) eine Sonderstellung ein. Sie geben den organisatorischen Rahmen für Lernprozesse, in denen sich Schüler gegenseitig unterstützen und gemeinsam zu Ergebnissen gelangen. Schlüsselbegriffe des kooperativen Lernens sind **Kommunikation, Kooperation und Sozialverhalten** – und das sind zugleich Indikatoren für inklusive Praktiken.

Unterrichts- und Lernprozesse vollziehen sich auf der Grundlage von Einzelarbeit, in Lerngesprächen, in gut organisierter Teamarbeit und in demokratisch orientierten Sozialbeziehungen. Dabei liegt die Aktivität ganz deutlich auf der Seite der Lernenden. (Green/Green 2005).

Wenn Sie kooperative Methoden umsetzen wollen, müssen Sie nicht Ihren gesamten Unterricht umstellen. Schon morgen können Sie damit beginnen und werden dabei schnell Entlastung im Unterricht erfahren, denn die Phasen, in denen die Schüler selbstständig lernen, werden schrittweise länger.

Kooperatives Lernen

Lernen ist eine individuelle Konstruktionsleistung. Die angebotenen Informationen müssen individuell verarbeitet und aktiv in Wissensstrukturen integriert werden. Dies gelingt, wenn

- die Themen und das eigene Tun für sich als sinnvoll erkannt werden,
- das neue Wissen mit Vorwissen vernetzt werden kann,
- im Austausch mit anderen Wissen und Erkenntnisse dargestellt und diskutiert werden,
- die Lernumgebung Sicherheit vermittelt und
- das Lernen reflektiert wird.

Erkenntnisse der Motivationsforschung besagen, dass Interesse erst entsteht, wenn drei Erfahrungen ermöglicht werden:

- Erfahrung der sozialen Eingebundenheit,
- Kompetenzerfahrung,
- Autonomieempfinden.

Diese Ansprüche werden bei dem Einsatz kooperativer Methoden umgesetzt und für Schüler erfahrbar gemacht.

Kooperatives Lernen beinhaltet individuelles Arbeiten, Partnerarbeit und Gruppenarbeit. Methoden des kooperativen Lernens schließen traditionelle Methoden wie einen Lehrervortrag oder das Experimentieren ein, werden jedoch mit neuen ergänzt. Das oberste Ziel ist es, alle Schüler zu aktivieren.

Kooperative Unterrichtsmethoden bieten eine Struktur, die im Wechsel individuelle und kooperative Phasen umsetzt.

Schüler werden dadurch unterstützt, sich selbst erreichbare Ziele zu setzen, effektive Lernstrategien zu benutzen und im Team problemlösend zu agieren.

Geeignete Einzelmethoden sind folgende (drei werden weiter unten genauer vorgestellt):

- Gruppenpuzzle
- Kontrolle im Tandem
- Nummerierte Köpfe
- Think-Pair-Share
- Placemate
- Museumsgang
- Kugellager
- Innerer-äußerer-Kreis
- Gruppenrallye
- Drei-Schritte-Interview

(nach Brüning/Saum 2009)

Lehrerrolle

Der Lehrer sollte

- effektive Lernstrategien vermitteln, üben und anwenden;
- kooperative Arbeitsformen einüben und initiieren;
- Methoden der Selbst- und Partnerbeobachtung und des Feedbacks erarbeiten und in den Unterricht einbinden;
- zu Beginn einer Unterrichtseinheit Inhalt und Ziele deutlich machen;
- vorliegende Lernerfahrungen der Schüler einbinden;
- zum Feedback auffordern und dazu anleiten.

Methode: Think-Pair-Share

Denken-Austauschen-Vorstellen bezeichnet eine Grundstruktur kooperativen Lernens. Damit ist folgendes Vorgehen gemeint:

Think: „Arbeite zuerst für dich alleine. Lies den Text, studiere die Aufgabenstellung, mache Notizen, schlage nach, suche in deinen Unterlagen und im Gedächtnis."

Pair: „Teile und vertiefe die Ergebnisse deiner Überlegung in Partner- oder Kleingruppenarbeit. Das ist wichtig, denn jeder muss damit rechnen, sich später äußern zu müssen."

Share: „Präsentiert eure Arbeitsergebnisse im Plenum, vergleicht und vertieft sie gegebenenfalls."

Dieses Vorgehen eignet sich als grundlegende Abfolge von Einzelarbeit, Partner- bzw. Gruppenarbeit, aber auch zum Austausch im Plenum.

Diese Methode beeinflusst den Lernprozess, denn

- sie führt zu innerer Aktivierung und Beteiligung der Schüler,
- sie gibt Sicherheit und führt zur Angstreduzierung,
- sie steigert die Qualität der Beiträge.

Die Methode ist einsetzbar zum **Rekapitulieren** von Lernergebnissen: „Was hast du in der letzten Stunde gelernt? Überlege zwei Minuten alleine. Anschließend tauschst du dich mit deinem Nachbarn darüber aus und ergänzt eventuell deine Gedanken/Notizen. Im Anschluss werde ich jemanden bitten, sein Lernergebnis vorzutragen."

Sie eignet sich auch zum **Üben:** „Jeder liest die Vokabeln zum Abschnitt 4.2 und prägt sie sich fünf Minuten lang ein. Anschließend fragt ihr euch mit dem Partner immer zwei Minuten gegenseitig ab. Ich sage die Wechsel an. Danach werde ich einzelne Schüler aufrufen."

Sie funktioniert zudem beim **Arbeiten mit Texten:** „Jeder liest den Text im Buch Seite 58. Anschließend habt ihr zwei Minuten Zeit, mit dem Partner Fragen zum Textverständnis zu klären. Danach beantwortet jeder für sich die Frage. Dann habt ihr zehn Minuten Zeit, um euch gegenseitig eure Antwort vorzustellen. Diese kann dabei auch ergänzt werden. Abschließend werde ich jemanden aufrufen, der seine Antwort der Klasse vorstellt."

Je vielfältiger die Gruppe, umso mehr Struktur ist erforderlich! Mit Vorgaben von Ihnen erhöhen Sie die Verbindlichkeit bei der Arbeit mit dieser Methode: Sie können z.B. Zeiten oder Reihenfolgen vorgeben.

Methode: Drei-Schritte-Interview

Diese Methode gehört zu den einfacheren Strukturen des Informationsaustausches. In der Einzelarbeitsphase bearbeiten Schüler eine Aufgabenstellung. Anschließend interviewen sich zwei Schüler gegenseitig. Schüler A befragt Schüler B zu den Ergebnissen der Einzelarbeitsphase und umgekehrt. Mögliche Interviewfragen können vorher gemeinsam gesammelt werden.

Schließlich stellen alle Gruppenmitglieder nacheinander vor, was sie im Interview erfahren haben.

Die Methode ist einsetzbar zum **Aktivieren von Vorwissen:**

„Was gehört deiner Meinung nach in ein Bewerbungsschreiben?"
„Welche Schwierigkeiten hattest du beim Addieren von Brüchen?"

Sie eignet sich zum **Zusammenfassen** von Ergebnissen:
„Fasse die Ursachen für den Ausbruch des ersten Weltkriegs zusammen."
„Beschreibe die wesentlichen Merkmale des tropischen Klimas."

Mit ihr kann man auch an **Hausaufgaben** anknüpfen: „Welche Schwierigkeiten hattest du bei der Bearbeitung der Aufgabe ...?"

Methode: Kontrolle im Tandem
Mit dieser Methode können Sie Aufgaben mit geschlossenen Ergebnissen prüfen und besprechen lassen, und das mit einem geringem Zeitaufwand. Im Austausch können die Schüler Lösungsschritte nachvollziehen und Fehler finden ohne Beteiligung des Lehrers, so dass sie auch die Möglichkeit für weiteres Lernen eröffnet.

In der Einzelarbeit löst jeder Schüler die Aufgabe individuell (z.B. auch als Hausaufgabe).

Bei der Kontrolle im Tandem vergleichen zwei Schüler ihre Antworten und versuchen, sich auf eine zu einigen (z.B. mit Hilfe von Nachschlagewerken).

Anschließend werden die Antworten mit denen eines zweiten Tandems verglichen. In der Klasse werden dann die Antworten besprochen, bei denen keine eindeutige Lösung gefunden werden konnte.

Die Methode ist geeignet zum **Üben:** „Zu welchen Wortarten gehören die Wörter x und y?" „Nenne die Nachbarstaaten von ...!" „Übertrage diese Sätze ins Simple Past."

Methodentabelle
Neben den kooperativen Methoden haben auch weiterhin die „traditionellen" ihren Platz. Beachten Sie bei der Planung, welche Funktion eine Methode bezogen auf die Lernaktivität der Schüler besitzen soll. Wissen hinsichtlich der Funktionalität der Methoden lässt Sie flexibel und souverän auf unterschiedliche Lernsituationen reagieren. Um diese Flexibilität zu erlangen, empfiehlt es sich eine Methodentabelle (→ Checkliste Teil A) zu erstellen, die Ihnen bei der Unterrichtsplanung hilfreich sein kann, denn nicht immer sind passende Methoden präsent.

Basis dieser Tabelle sind die Lernaktivitäten der Schüler. Von ihnen ausgehend ordnen Sie ihnen funktionale Methoden zu. Methoden, die Sie bereits gut kennen, können schnell umgesetzt werden. Nehmen Sie aber auch solche auf, die Sie bisher nicht oder selten eingesetzt haben, und rücken Sie diese bei einer der nächsten Planungen in den Fokus (Tschekan 2011). So unterstützt diese Tabelle Sie dabei, Ihr persönliches Methodenrepertoire zu ordnen und beständig zu erweitern.

Was wirkt zusätzlich unterstützend im inklusiven Unterricht?

Besonders vielfältige Lerngruppen, in denen frei und unterschiedlich gearbeitet wird, brauchen **klare Strukturen** und **Transparenz.** Für jeden Schüler muss „der rote Faden" des Unterrichts organisatorisch und inhaltlich deutlich erkennbar sein.

Die *inhaltliche Klarheit* bezieht sich auf das Unterrichtsziel. Sie beinhaltet eine klare Zielbeschreibung, eine verständliche Aufgabenstellung sowie Eindeutigkeit und Verbindlichkeit der Ergebnissicherung. Zum anderen gehört eine Darlegung und Erläuterung bezüglich des Unterrichtsprozesses (Lernschritte, Monitoring) dazu.

Dies erreichen Sie mit
- einem informierenden Unterrichtseinstieg (Visualisierung des Stundenablaufs),
- Absprachen von Regeln/Freiräumen,
- mit einer deutlichen Sprache und eindeutigem Agieren („Jan, wiederhole noch einmal den Arbeitsauftrag! Gibt es noch Fragen zu der Aufgabe? Jetzt fangt mit .... an.").

Das Wissen bezüglich funktionaler Methoden hilft, Lehr- und Lernprozesse inklusiv zu gestalten. Als zusätzlich unterstützend erweisen sich verhaltenswirksame **Regeln, Rituale** und **Routinen.** Die „drei Rs" verhelfen dazu, eine lernförderliche Arbeitsatmosphäre und ein befriedigendes Sozialklima zu schaffen (Wocken 2012, 159)

Spezifische Absprachen und Verfahrensweisen müssen im jeweiligen Kontext geklärt werden. Andere Verfahrensweisen müssen Sie nicht immer wieder neu thematisieren. Sie wollen z.B. nicht immer wieder verbal um Ruhe bitten müssen. Sie möchten nicht zum wiederholten Male beim Aufräumen oder Wechsel der Arbeitsform Verfahrensweisen erläutern.

Je offener der Unterricht gestaltet wird, desto wichtiger werden Struktur, Regeln und Rituale! (Meyer 2004, 37)

Regelungen über Rituale werden mit der Gruppe verabredet, sie werden begründet und trainiert. In der Einführungszeit eines Rituals ist es wichtig, auf der klaren Einhaltung des Ablaufs zu bestehen, damit die notwendige Souveränität entstehen kann. Es lohnt sich jedoch, zu Beginn den langen Atem zu haben.

Beispiele für Rituale in Arbeitsphasen:
- Stundenprogramm (formuliert und/oder mit Piktogrammen): Was erwartet die Schüler in dieser Arbeitsphase?
- Schlussakkord
- Rückmeldung: Was habe ich gelernt? Was war besonders wichtig?
- Wechsel der Arbeitsform: Symbol oder Musik als Zeichen

Beispiele für Rituale der Zusammenarbeit:
- Gesprächskreisrituale (z.B. Blitzlichtrunde)
- Ablaufstruktur des Klassenrates
- Ablaufstruktur des Morgenkreises
- Verfahren beim Präsentationsfeedback
- Ruhesignal

Portfolio, Lerntagebuch und Logbuch unterstützen individuelle Lernprozesse

Die Umsetzung individualisierten Lernens in der Unterrichtspraxis lässt sich konkret durch die Arbeit mit Wochenplänen, Themenplänen oder Werkstattunterricht realisieren (Klippert 2010). Portfolios, Lerntagebücher oder Logbücher sind ähnliche Instrumente, die alle den individuellen Lernprozess zum Gegenstand haben. Sie dienen der Dokumentation oder Förderung, teilweise auch der Beurteilung selbstständigen Lernens. Sie begleiten das Lernen der Schüler und unterstützen die Zusammenarbeit von Schülern, Lehrern und Eltern. Zur Förderung des eigenverantwortlichen Lernens ist der Einsatz des Lerntagebuchs eine große Hilfe. Es soll die Schüler dazu befähigen, Verantwortung für ihr Lernen zu übernehmen und das eigenständige Lernen zu organisieren. Das Portfolio wird häufiger zur Ergebnisdokumentation genutzt, während ein Lerntagebuch sich stärker auf die Lernprozesse selbst bezieht. Die Funktion und Handhabung sind jedoch sehr verschieden.

Das **Portfolio** ist ein persönlicher Ordner, den jeder Schüler für sich anlegt. Mit einem Portfolio kann der Arbeits- und Lernprozess dokumentiert, analysiert und reflektiert werden. Die Arbeit mit einem Portfolio unterstützt den Schüler dabei, Wege, Zwischenergebnisse und Lösungen vorzustellen.
Nicht nur die Ergebnisse sind von Bedeutung, sondern der gesamte Entstehungsprozess. So können Arbeitsschritte beschrieben oder verglichen werden.
Ein Prozessportfolio bietet für den Lehrer eine gute Grundlage, dem Schüler die individuellen Schritte seines Lernens zu verdeutlichen. Daher kann ein Prozessportfolio in Beratungs- und Feedbacksituationen wichtige Informationen dazu liefern, wie die nächsten Lernschritte gestaltet werden müssen.
Bei der Portfolioarbeit übernimmt der Lehrer die Rolle des Begleiters, des Beraters, während die Verantwortung für den Lernprozess und das Ergebnis vom Schüler übernommen wird.

Auf einem Schiff wird täglich ein **Logbuch** über alle Tätigkeiten und Ereignisse geführt. Auch die Schüler dokumentieren täglich in ihrem Logbuch, an welchen Themen und Bausteinen sie gearbeitet haben. Sie setzen sich Ziele und überprüfen diese regelmäßig in Planungsgesprächen mit ihren Lehrern.
Das Logbuch soll auch ein Kommunikationsinstrument zwischen Eltern und Lehrer sein. Eltern sollten regelmäßig (wöchentlich) anhand des Logbuches die „Reise" des Kindes mit ihm besprechen und unterschreiben. Der Klassenlehrer zeichnet dann gegen. So ist der Lernstand des Kindes jederzeit nachvollziehbar.
Sinn der Überprüfbarkeit des Lernverlaufs bzw. des Lernstandes ist es, die Schüler auf ihrem Lernweg durch adäquate Unterstützung zu begleiten. Ein wichtiges Lernziel ist auch, dass die Schüler ihre Arbeitsergebnisse der Klasse oder der Schulöffentlichkeit präsentieren. Hierbei können sie das Thema nochmals vertiefen und für sich überprüfen, ob sie den gelernten Stoff auch anwenden können.
(Nach Ausführungen der Stadtteilschule Winterhude, Hamburg)

Literatur

Arnold, Rolf (2012): Wie man lehrt, ohne zu belehren. 29 Regeln für eine kluge Lehre. Heidelberg

Brüning, Ludger/Saum, Tobias (2009): Erfolgreich unterrichten durch kooperatives Lernen. Essen, 5. Auflage

dies. (2009): Erfolgreich unterrichten durch Visualisieren. Essen, 2. Auflage

Green, Norm/Green, Kathy (2005): Kooperatives Lernen im Klassenraum und im Kollegium. Seelze

Klippert, Heinz (2010): Heterogenität im Klassenzimmer. Wie Lehrkräfte effektiv und zeitsparend damit umgehen können. Weinheim und Basel

Kunze, Ingrid/Solzbacher, Claudia (Hrsg.) (2009): Individuelle Förderung in der Sekundarstufe I und II. Hohengehren, 4. Auflage

Meyer, Hilbert (2004): Was ist guter Unterricht? Berlin

Petersen, Susanne (2001): Rituale für Kooperatives Lernen in der Sekundarstufe I. Berlin

Tschekan, Kerstin (2011): Kompetenzorientiert unterrichten. Eine Didaktik. Berlin

Weidner, Margit (2003): Kooperatives Lernen im Unterricht. Seelze

www | www.kooperatives-lernen.de

Wocken, Hans (2012): Das Haus der inklusiven Schule. Baustellen – Baupläne – Bausteine. Hamburg

Checkliste Schritt 14 ▶

Checkliste 1 Schritt 14

Wie kann ich meine Methodenpraxis beleben?

Lassen Sie sich von diesen Empfehlungen inspirieren; in der rechten Spalte können Sie Ihre Überlegungen notieren.

Was?	Wie?	Notizen
Loslassen	Lösen Sie sich von Ihrem bisherigen Verständnis, Methoden seien lediglich Wege zum Ziel. Achten Sie auf eventuelle Festlegung („auf einen Weg") und Eingrenzung („bestimmte Erfahrungen"), die mit einer Methode verbunden sind.	
Erweitern	Analysieren Sie Ihre Methodenpraxis. Erweitern Sie schrittweise Ihr Methodenrepertoire, indem Sie jede Woche eine Methode des Lehrens oder Lernens ausprobieren, die neu oder ungewohnt ist.	
Beraten	Tauschen Sie sich mit Kollegen aus, indem Sie von Ihren Methodenerfahrungen berichten und sich von ihnen anregen lassen; gründen Sie ein Methodenteam.	
Erfinden	Erfinden Sie eigene Methoden, indem Sie abwandeln, ergänzen, umbauen und erproben. Es gibt viele kreative Möglichkeiten, den Schülern neue, ungewohnte Wege zur Aneignung, Kooperation oder Übung vorzuschlagen! Sie sind der Regisseur!	
Nachhalten	Beobachten Sie sich selbst! Erlahmt Ihre methodische Fantasie und werden Sie „rückfällig", widersetzen Sie sich! Dabei hilft Ihnen kollegialer Austausch.	
Dosieren	Achten Sie besonders darauf, dass Sie Ihre „Inputs" nur spärlich einsetzen und bremsen Sie sich, wenn Sie bemerken, dass Sie „Umwege" der Schüler abkürzen oder Dinge „schnell" klären wollen.	
Interagieren	Pflegen Sie den Methodendialog mit den Schülern! Bieten Sie ihnen Unterstützung dabei, ihr eigenes Repertoire an Lernmethoden zu entwickeln.	
Gestalten	Üben Sie sich in einem Blick auf das Lehr-Lern-Geschehen als einen Prozess, in welchem nicht nur Inhalte vermittelt, sondern auch Lernerfahrungen gestiftet und reflektiert werden und in dem sich Selbstlernkompetenzen entwickeln können.	

(nach Arnold 2012: Acht Schritte zur lebendigen Methodenpraxis)

Checkliste 2 Schritt 14

Wie kann ich meine Methoden dokumentieren?

Pflegen Sie regelmäßig folgende Methodentabelle.

Was wollen Sie erreichen?	**Mit welcher Methode? Tragen Sie den Namen in die richtige Zeile ein.**				
Orientierung zum Thema					
Vorwissen aktivieren					
Informationen aus Quellen erarbeiten					
Informationen verarbeiten					
Üben					
Aus Ergebnissen lernen					
Probleme lösen					
Reflektieren					
?					

15 Schritt 15: Ich gestalte Lernsettings für eigenverantwortliches Arbeiten.

Katja Tews-Vogler

Ziel: Sie skizzieren die Eckpunkte für selbst gesteuerte und eigenverantwortliche Lernprozesse der Schüler.

Den Unterricht in einer heterogenen Lerngruppe zu gestalten, stellt hohe Anforderungen an Sie. Individualisierung heißt aber nicht, dass Sie sich intensiv in jeder Stunde jedem einzelnen Schüler zuwenden. Trauen – und muten (!) – Sie den Kindern und Jugendlichen zu, selbstständig zu lernen und Verantwortung für ihren eigenen Lernprozess zu übernehmen.

Individualisierung ist ein komplexer Prozess. Zum **strukturierenden Rahmen** gehören Öffnung von Unterricht und Differenzierung, Strukturierungshilfen, aber auch Ziel- und Fördergespräche, Lernverträge und eine differenzierte konstruktive Feedback- und Präsentationskultur. Auch aktuelle Forschungsergebnisse besagen: Der strukturierende Rahmen ist entscheidend. Er besteht u.a. aus folgenden Elementen:

- eine konsequente **Selbstreflexion** der Schüler über bereits erreichte Ziele;
- **Kompetenzorientierung**, die von den eigenen Stärken ausgeht – aber auch die noch anstehenden Aufgaben in den Blick nimmt;
- **regelmäßiges Feedback.**

Wenn Schüler konsequent angeleitet und ermuntert werden, in einem klar strukturierten Rahmen zu arbeiten, können sie nachhaltig Wissen aufbauen.

Den Kern inklusiven Unterrichts bildet die Arbeit an einem gemeinsamen übergreifenden **Kernthema,** das über die Vielfalt unterschiedlicher Zugangsweisen und Lernwege individuell erschlossen wird. Dabei geht es um Lernarrangements, die es Schülern ermöglichen, innerhalb des gleichen thematischen Rahmens auf unterschiedlichen Niveaustufen ihre Kompetenzen zu entwickeln und zu erproben sowie sich Wissen anzueignen und zu überprüfen[14].

Ein mögliches Phasenmodell:

Gemeinsamer Beginn
Gespräch mit der gesamten Gruppe:
Welche Arbeiten/Themen liegen in dieser Stunde/ für diesen Tag an?

↓

Gespräche in themenbezogenen Kleingruppen
- aktueller Stand der Arbeit
- Planung der Weiterarbeit

↓ ↓

Lehrperson erarbeitet mit einer Teilgruppe neuen Lehrstoff oder unterstützt Kinder bei der Arbeit. ↓	Die anderen Kinder arbeiten weiter an ihren Aufgaben, tauschen sich aus, unterstützen sich. ↓

Gemeinsame Ergebnispräsentation
- kriteriengeleitetes Feedback

↓

Gemeinsames Abschlussgespräch
- Reflexion des eigenen Arbeitsprozesses
- Planung der weiteren Arbeit

Die zentrale Frage lautet: **Was kann ein Schüler lernen?** (anstelle von: Was soll er lernen?) Individualisiertes Lernen gelingt auf der Ebene der Lernenden umso besser,

- je wichtiger ihnen die Sache ist, die es zu bearbeiten gilt.
- je intensiver sie in die Planung einbezogen werden.
- je mehr sie und ihre besonderen Fähigkeiten gefragt sind.
- je selbstständiger sie bereits über verschiedene Methoden der Erarbeitung, Gestaltung und Darstellung der Sache verfügen.

---

[14] Hilfreiche Tipps zur Umsetzung finden Sie auf der Internetseite des Instituts Beatenberg unter der Leitung von A. Müller: www.institut-beatenberg.ch.

- je verantwortlicher sie in die Beurteilung der eigenen Leistung und der Gemeinschaftsergebnisse einbezogen werden.

Leitung – ein absolutes Muss!

Einbindung der Schüler in das Unterrichtsgeschehen könnte dahingehend (miss)verstanden werden, dass Führung ein verstaubter Anachronismus aus patriarchalischen Vorzeiten ist. Das ist ein Irrtum (→ Schritt 20)! Eigenverantwortliches Arbeiten von Schülern, kooperatives Arbeiten, kriteriengeleitetes Feedback, ein *hoher Anteil echter Lernzeit,* Methodenvielfalt und die Wechsel zwischen Einzelarbeit und kooperativen Arbeitsformen erfordern ein hohes Maß an

- Strukturierung,
- klaren Regeln und Ritualen,
- transparenten Zielen, Aufgaben- und Leistungserwartungen
- und damit auch an Führung.

„Lehrer haben die Aufgabe, ihre ... Schüler mit Liebe, Gewalt und Fachverstand zur Selbstständigkeit zu führen." *(Meyer 2012, 88)*

Ein geeigneter organisatorischer Rahmen sowie passende Methoden und Materialien können individuelle Förderung bei gleichzeitiger Entlastung für Sie ermöglichen. Innerhalb der selbstständigen Arbeitsphase Ihrer Schüler können Sie sich intensiver (und in Ruhe) mit einem oder mehreren Kindern beschäftigen. Um dies zu verdeutlichen, soll das auf der vorhergehenden Seite dargestellte Phasenmodell in seinen drei Hauptschritten näher ausgeführt werden.

1. Thema, Ziele und Anforderungen als gemeinsamen Rahmen festlegen

Neben der Arbeit an den unterschiedlichen individuellen Bedürfnissen gibt es gemeinsame Phasen. Der gemeinsame Einstieg in das Thema zu Beginn einer Einheit oder einer Stunde gehört dazu. Es eignen sich besonders dafür fächerübergreifende Themen, die für die Schüler persönlich bedeutsam sind.

Sicherlich hören Sie Ihren Schülern oft zu. Greifen Sie ihre Impulse einfach auf! Damit wecken Sie Motivation für das Thema (→ Schritte 4 und 5) – unabhängig davon, ob Sie frei oder aus einigen vorgegebenen Themen wählen lassen.

Sie brauchen nicht alles selbst auszuarbeiten. Material finden Sie oft im Kollegium (→ Schritt 4), manchmal auch in Lehrbüchern und im Internet. Greifen Sie darauf zurück, modifizieren und ergänzen Sie! Der Unterschied liegt darin, dass das Thema ausgewählt wird, weil es das aktuelle Interesse von Jugendlichen aufnimmt – und nicht, weil es „dran" ist und als Nächstes im Lehrbuch steht.

Zielorientierung: Das Abarbeiten von beziehungslosen Materialien, reines „Erledigungshandeln" setzt keinen Lernprozess in Gang. Die Schüler sollen einen Sinn in ihrem Tun sehen, für den sich Anstrengungen lohnen und der eine Zielorientierung erkennen lässt.

Beispiele sind:

- Die Schüler erarbeiten zu dem Thema eine Ausstellung.
- Eine andere Klasse wird informiert.
- Es entsteht eine Klassenzeitung zu dem Thema.
- Die Schüler konzipieren ein Spiel, für das sie Quizkarten erstellen und das am Ende auch gespielt wird.

Leitfragen erarbeiten: Lassen Sie im nächsten Schritt die Schüler frei zu dem Thema assoziieren und entwickeln Sie gemeinsam leitende Fragestellungen, die die Interessen der Schüler, aber auch Ihre Schwerpunkte widerspiegeln. Schlagworte oder mögliche Unterthemen werden gesammelt. Als Methode hierfür eignet sich zum Beispiel eine **Mindmap.** In dieser Phase erfahren Sie, welche Vorkenntnisse die Schüler mitbringen. Überlegen Sie gemeinsam:

- Welche Fragen sollen im Lauf der Einheit beantwortet werden? Was wollen wir wissen?
- Wie können wir uns die notwendigen Informationen beschaffen?

Anforderungen festlegen: Legen Sie gemeinsam die Mindestanforderungen und die weitergehenden Anforderungen fest. Überlegen Sie, in welcher Form die gewonnenen Informationen vermittelt oder präsentiert werden, z.B.:
- Referat/Vortrag
- Plakat
- Steckbrief
- Zeitungsartikel
- Werbeanzeigen

Sie können bei der Form gut unterschiedliche Leistungsniveaus berücksichtigen.

Beispiel: Vortrag zum Thema „Nutzen und Risiken des Internets" halten
Leitfaden inhaltliche Kriterien
- Wie soll der Vortrag aufgebaut werden?
- Welche inhaltlichen Eckpunkte müssen genannt werden?
- Soll es eine Visualisierung z.B. durch ein Plakat geben?
- Wie soll das Plakat aufgebaut sein?

Leitfaden formale Kriterien für den Vortrag:
- klar und deutlich sprechen
- Mitschüler anschauen
- streckenweise oder ganz frei sprechen

Auch fachliche Schwerpunkte werden gemeinsam ausdifferenziert. Themenzentrierte Inhalte können so mit fachlichen ausbalanciert werden. Erarbeiten Sie die inhaltlichen und formalen **Kriterien** für die anstehenden Arbeiten so **konkret** und **transparent** wie möglich.

Die Definition von Standards und Anforderungsprofilen ist wichtig, wenn Ihre Schüler wirklich selbstständig arbeiten sollen. Schüler müssen die Möglichkeit haben, sich einen Überblick über die Anforderungen und Aufgabenstellungen zu verschaffen.

Wenn Sie als Lehrender individuelles Lernen ermöglichen wollen, ohne jedem Schüler permanent zur Verfügung zu stehen, muss der Schüler selbst wissen, welchen Regeln die Phasen eigenverantwortlichen Arbeitens unterliegen, welches seine nächsten Lernziele sind und welche Anforderungen er für eine erfolgreiche Bearbeitung erfüllen muss. Eine solche Zieltransparenz können Lernzielübersichten oder Kompetenzraster bieten.

2. Individualisierte Arbeitsphasen planen und begleiten

Die Erarbeitung der einzelnen Themenschwerpunkte erfolgt in individualisierten Phasen, in denen unterschiedliche Bedürfnisse, Lernwege und -niveaus berücksichtigt werden können.

Individualisiertes Lernen bedeutet in hohem Maße selbst organisiertes Lernen. Lernzieltransparenz und Selbstständigkeit der Schüler sind zentral für das Gelingen. Allerdings erfolgt selbst organisiertes Lernen der Schüler nicht von heute auf morgen. Schüler müssen innerhalb des gegebenen Rahmens sowohl selbstständig als auch kooperativ arbeiten können. Dafür brauchen sie **Regeln, Rituale,** strukturierte **Verfahrensabläufe, Arbeitstechniken** und **-methoden** (→ Schritt 20).

Diese Kompetenzen müssen als Teilkompetenzen ebenso systematisch erarbeitet werden wie die geeigneten **Kommunikations-** und **Kooperationsformen.**

Individuelles Lernen folgt eigenen Gesetzmäßigkeiten. Dafür sind Lernräume und -materialien notwendig, die ein sorgsam durchdachtes Organisationssystem (→ Schritt 9) erfordern. Sie selbst benötigen dafür eine gut durchdachte **Planung** und **Vorbereitung.** Im Mittelpunkt stehen folgende Fragen:
- Wie kann ich Schüler bei dem anstehenden Thema zu eigenverantwortlichem Arbeiten, zum Kooperieren, Produzieren, Recherchieren, Erkunden etc. veranlassen?
- Welche Materialien muss ich bereitstellen, welche Lernarrangements und Regiehinweise sind notwendig?

Die Schüler müssen eingearbeitet werden in:
- Tages- und/oder Wochenpläne,
- Lernzielübersichten oder Kompetenzraster,
- Selbstkontrollbögen,
- Umgang mit Checklisten,
- ...

Neben offenen Unterrichtsformen sind immer auch **Phasen des Frontalunterrichts** notwendig und sinnvoll.

Unterstützung durch Differenzierung und Strukturierungshilfen

Ihre Schüler werden unterschiedlich gut mit mehr Freiräumen und größerer Selbstständigkeit umgehen können. Sie benötigen mehr oder weniger strukturierte Hilfen und Differenzierungsangebote. Mit unterschiedlichen Verfahren können spezielle Lernbedürfnisse berücksichtigt und individuelles Lernen ermöglicht werden. Differenzieren können Sie in vorstrukturierten Lehr-Lernsituationen nach Kriterien wie Lerninteresse, Lernbereitschaft, Lerntempo und Lernstil. Häufige Differenzierungsformen sind:
- Lernkarteien,
- Lernprogramme (zunehmend ist auch das E-Learning gut zu nutzen),
- Lernstationen,
- Lernwerkstätten,
- Lerntheken.

Weitere wichtige Eckpfeiler sind Hilfen zur Strukturierung und individuellen Unterstützung. Damit die Schüler die Anforderungen mit ihren eigenen Lernstrategien bewältigen können, benötigen sie
- Unterstützung bei der Arbeits- und Zeitplanung und
- bei Arbeitstechniken,
- qualitativ gestufte Hilfsangebote,
- stärkere individuelle Unterstützung durch die Lehrperson,
- Visualisierung im Klassenraum (bis hin zu Visualisierungen auf dem Tisch der Schüler).

Das Lernen begleiten und beobachten

Der Schritt vom fremd- zum selbst bestimmten Lernen erfordert von Ihnen das „Loslassenkönnen" in offenen Unterrichtsformen. Sie werden aus der Alleinverantwortung des Lehrers für das Lernen der Kinder entlassen. Das heißt aber auch, dass Sie die Lösungsversuche der Schüler aushalten müssen – auch vermeintliche Irrwege. Nicht zu schnell helfen und verbessern! Wichtig wird Offenheit für Denkweisen und Strategien nach der Devise: Schatzsuche anstelle von Fehlerfahndung. **Was läuft schon gut?** Fehler erhalten einen anderen Stellenwert, weil sie wichtige Hinweise über noch nicht vollständig abgeschlossene Lernprozesse geben können. Betrachten Sie Fehler als Chancen für das Lernen, weil sie den Ausgangspunkt für die Frage bilden, was beim nächsten Mal anders gemacht werden und wie es gelingen kann.

Offene Lernarrangements schaffen eine Grundstruktur, in der Sie Zeit für Beratung und Begleitung nach dem Prinzip „Hilfe zur Selbsthilfe" haben.

Unterstützung durch Mitschüler

Lernberatung durch die Lehrkraft im individualisierten Unterricht ist notwendig, aber auch zeitaufwändig. Deshalb sind Sie auf Schüler angewiesen, die gelernt haben, einander beim Lernen zu unterstützen.

Geeignet sind Helfermodelle, in denen Lehr-Lernprozesse mit Helferkindern bewusst geplant, durchgeführt und reflektiert werden. Diese profitieren selbst, indem sie bereits erworbenes Wissen intensiver durchdringen (Beispiele finden Sie in Schritt 17).

Formen kooperativen Lernens[15]

Gelungenes individualisiertes Lernen ist ein ko-konstruktiver Prozess. Wir lernen mit und von anderen. Dabei spielt Kommunikation eine entscheidende Rolle. Das greifen auch die Bildungsstandards sowie jüngere Lehrpläne auf, die Kommunikation über fachbezogene Lernwege und Ergebnisse sowie das Argumentieren

15 Praktische Tipps: www.kooperatives-lernen.de

und Präsentieren als Standards beschreiben. Formen kooperativen Lernens bieten sich dafür an. Sowohl ein hochbegabtes Kind als auch ein Kind mit dem Förderschwerpunkt Lernen können so gemeinsam an einem Thema arbeiten. Zum Beispiel erhält jeder Schüler einen Informationstext, der sich in Komplexität und Anforderungsstruktur erheblich unterscheidet, im Kern aber identische Aussagen enthält. Dafür bieten die Schulbuchverlage in wachsendem Umfang kompetenzbasierte gestufte Hilfen an.

3. Die individuellen Arbeitsprozesse präsentieren und reflektieren

Im Anschluss an die individuelle Bearbeitung werden Ergebnisse im Plenum präsentiert und diskutiert. Die Schüler reflektieren Gelerntes und den Weg dorthin (→ Schritt 16).

Wege entstehen beim Gehen! Tasten Sie sich langsam an geöffnete Unterrichtsformen und individuelle Angebote heran! Öffnen Sie zunächst nur die eine oder andere Phase Ihres Unterrichts und probieren Sie eine Form der Individualisierung aus. Stück für Stück können Sie dann die selbst gesteuerten Phasen ausweiten.

Literatur

Meyer, Hilbert (2012): Leitfaden Unterrichtsvorbereitung. Berlin

www | www.institut-beatenberg.ch

www | www.kooperatives-lernen.de

www | www.hh.schule.de/ekg > Jahrgang 5-10 > Neues Lernkonzept

Checkliste Schritt 15 ▶

Checkliste Schritt 15

Wie kann ich das Angebot für heterogene Lerngruppen gestalten?

Leitfragen	
Wie lautet mein Thema genau? An welchen Stellen knüpft das Thema an die Lebens- und Erfahrungswelt der Schüler an? Welche individuellen Interessen könnten Schüler hier entdecken bzw. weiterentwickeln? Können die Schüler hier auf Vorerfahrungen, auf ihre Herkunft zurückgreifen? Wo?	
Welche Entfaltungsräume, Forschungsaufgaben, Experimentieraufgaben bietet dieses Thema?	
Gibt es Platz für selbst formulierte Ziele der Schüler? Wo genau?	
Habe ich mir überlegt, was jeder einzelne Schüler in diesem Lernfeld erreichen soll? Bei welchem Schüler bin ich noch unsicher? • Was soll der Schüler mit dem Förderschwerpunkt „geistige Entwicklung" entdecken, welche Kompetenzen, welches Wissen soll er erwerben? • Was soll der hochbegabte Schüler entdecken, welche Kompetenzen, welches Wissen soll er erwerben?	
Welchen Einstieg wähle ich (z.B. Schülerfragen, Mindmap)? Brauchen die Schüler noch (Verfahrens-)Kenntnisse für diese Methode? Welche?	
Welche weiteren Methoden setze ich ein? • Welche Materialien benötige ich dafür? • Welche Vorbereitungen muss ich bis wann dafür treffen?	
Habe ich eine geeignete Aufgabenstellung für die gewählte **kooperative Arbeitsform?** Wie lautet sie? • Ist sie komplex, anspruchsvoll? • Folgt sie dem Prinzip „Think-Pair-Share"? • Bietet sie mehrere Lösungsmöglichkeiten und -wege? • Ermöglicht sie jedem Kind die Bearbeitung auf seinem Niveau? Sind die für diese Aufgabe erforderlichen Arbeitstechniken den Schülern bekannt und genügend mit ihnen eingeübt?	
Erfahren die Schüler, wie sie aus ihren Fehlern lernen können? Wie?	
Welche Hilfssysteme setze ich für Fragen der Schüler ein? Können die Schüler mit der Hilfskette umgehen?	

Setze ich Schüler als Lernpartner/Coach oder Experten ein? Wen wofür? Benötigen sie dafür noch Kenntnisse? Welche?	
Welche Sozialformen des Lernens setze ich wann ein? • Gruppenarbeit: • Partnerarbeit: • Einzelarbeit: Welche Kenntnisse muss ich mit den Schülern dafür noch üben? • Zeitwächter • Wer erledigt welche Aufgabe? • Wo befinden sich Hilfen?	
An welchen Stellen haben die Schüler die Gelegenheit, ihr Wissen, ihre Fortschritte und Lernwege zu präsentieren? Wie werden die Ergebnisse präsentiert? Welche Methoden eignen sich dafür?	
Wie können die einzelnen Schüler ihre eigenen Lernfortschritte dokumentieren?	
Welche Form der individuellen Leistungsrückmeldung sehe ich vor?	
Wie organisiere ich die individuelle Förderung?	

Schritt 16: Ich verstehe die Lernprozesse der Kinder als Ausgangspunkt meiner Planungen.

Katja Tews-Vogler

16

Ziel: Sie lernen mögliche Schritte kennen, um den Schülern die Eigenverantwortung für ihren Lernprozess zu übergeben.

Damit Schüler sich als eigenverantwortlich für ihren Lernprozess erleben, sollten Lernangebotsstrukturen von ihnen mitbestimmt werden. Schülerbeteiligung gilt als eine Voraussetzung von selbst reguliertem Lernen.

„Wer beteiligt ist, fühlt sich als Teil der Lösung. Und nicht als Teil des Problems.“ *(Müller 2006)*

Um erfolgreich lernen zu können, muss jeder Lernende an seine vorhandenen Denkstrukturen und Vorstellungen anknüpfen können, um sich mit Erkenntnissen und Handlungsmöglichkeiten auseinandersetzen zu können. In Anlehnung an den konstruktivistischen Lernbegriff umfasst Lernen einen eigenaktiv konstruierenden Vorgang.

Die Unterstützung individueller Lernwege basiert auf folgenden Eckpfeilern:

- **Lernausgangslage** feststellen,
- **Zielvereinbarungen** treffen,
- das Lernen **begleiten, unterstützen** und **beobachten,**
- Lernergebnisse **reflektieren** und **bewerten.**

Die Entwicklung von **Lernstrategien** und **Methodenkompetenz** ist ebenso wichtig wie die Fähigkeit, sich Ziele zu setzen, über das Erreichen der Ziele zu reflektieren und diese Ziele an Standards bzw. an Anforderungsprofilen zu messen.

Bei einer individualisierten Arbeitsweise soll der Schüler selbst über das eigene Lernen reflektieren können. Wichtig sind daneben aber auch Einzelgespräche mit ihm, in denen er immer wieder Rückmeldung zu Gelerntem und dem Lernweg erhält. **Kriteriengeleitetes Feedback** sollte das eigenverantwortliche Lernen der Schüler ebenso begleiten wie **„Feedforward“** (Müller 2009) im Sinne von Zielvereinbarungen. Gemeinsam überlegen Sie die nächsten anstehenden Lernschritte auf der Grundlage vereinbarter Leistungserwartungen.

Kompetenz-, Autonomie-, und Solidaritätserfahrungen für die Schüler stehen im Zentrum. Erfolge sollen als Resultat persönlicher Bemühungen wahrgenommen werden (→ Schritt 5) – im Sinne von „self-efficacy-beliefs“ (Bandura 1997). Daraus entsteht ein Kreislauf des Lernens, wie es die Abbildung auf S. 98 zeigt.

Erhebung und Beobachtung von Lern- und Entwicklungsständen

Voraussetzung für erfolgreiches Fördern und Fordern ist der systematische Aufbau von Beobachtungs- und Interpretationskompetenz im Hinblick auf die (Basis-)Kompetenzen von Schülern. Sie brauchen dafür die Kenntnis geeigneter diagnostischer Verfahren und die Einsicht in die individuellen Lernwege der Kinder und Jugendlichen. Nur dann können Sie diagnostisches und didaktisch-methodisches Handeln sowie die Entwicklung geeigneter Strukturierungshilfen aufeinander beziehen. Je genauer Sie die Entwicklungsstände der Schüler kennen, umso besser verstehen Sie die individuellen Lernprozesse und können optimale Entwicklungsangebote bereitstellen. Richten Sie Ihr Augenmerk nicht nur auf fachliche Kompetenzen, sondern schließen Sie auch kommunikativ-kooperative Kompetenzen sowie erforderliche Lern- und Arbeitsstrategien mit ein.

Prozessorientierte Lernbeobachtungen sollten Aufschluss über folgende Fragen geben:

- Wie lernt die Schülerin/der Schüler?
- Wo liegen ihre/seine Stärken?
- Wie können ihre/seine Lernweisen und Vorerfahrungen aufgegriffen und bestmöglich unterstützt werden?

Zielkreislauf des Lernens

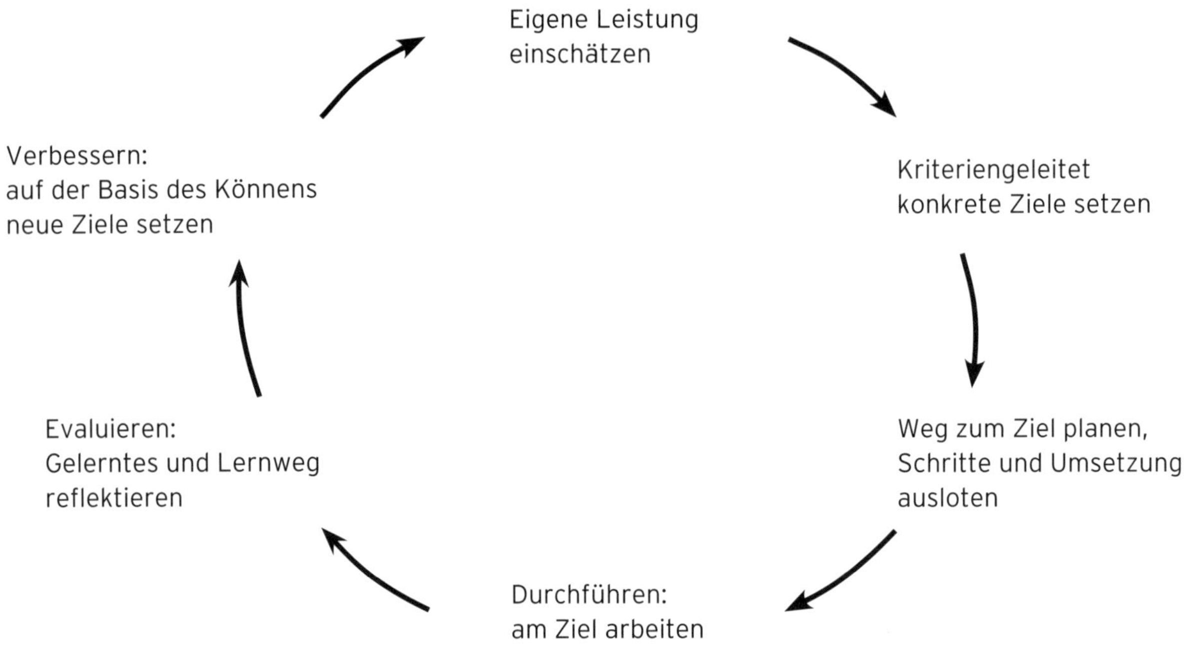

Hilfreich sind Leitfragen, die sich an folgender Grundstruktur orientieren (Dehn/Hüttis-Graf 2006):

- Was kann das Kind?
- Was muss es noch lernen?
- Was kann es als Nächstes lernen? Wie sieht die nächstmögliche Stufe der Entwicklung aus?
  (→ Checkliste)

Sie können für die Ermittlung entwicklungsbezogener Leistungsstände geeignete standardisierte Testverfahren nutzen. Auch sogenannte „informelle" Verfahren (nicht standardisiert) bieten wertvolle Hinweise auf den aktuellen Entwicklungsstand. Als Bezugspunkt können Sie die vier Basiskompetenzen Sach-, Methoden-, Sozial-, Selbstkompetenz (unter Berücksichtigung der Leistungen in den Fächern) heranziehen. Zur weiteren Differenzierung greifen Sie auf Checklisten oder Beobachtungsbögen zurück, die von fachdidaktischen Zeitschriften zu verschiedenen Themenbereichen angeboten werden.

Lernförderlicher Unterricht setzt voraus, dass das Unterrichtsangebot an den jeweils aktuellen Lern- und Entwicklungsstand angepasst wird.

Wie können Sie Entwicklungsstände dokumentieren?

Beispiel:

Tanja				**1.Hj. 2013/14**
Kompetenz	Ist-Stand	Ziel	Vorgesehene Angebote	Zeitraum

Sicherlich fragen Sie sich, wie Sie dies auch noch in Ihren normalen Unterrichtsalltag integrieren sollen, ohne einfach nur Abhaklisten zu entwerfen. Nutzen Sie dafür unbedingt die Kompetenz der zuständigen Förderschulkollegen (→ Schritt 11)! Besprechen Sie die organisatorischen Aspekte im Team! Im normalen Unterrichtsalltag können Sie diese Aufgabe allein nicht bewältigen.

Im Rahmen von **Entwicklungsplänen** legen Sie die nächsten Ziele gemeinsam mit dem Schüler fest. Im Sinne inklusiver Pädagogik sollte nicht mehr zwischen Lern- und/oder Förderplänen unterschieden werden. Da es um die Förderung **aller** Kinder geht, ist es sinnvoll, für dieses Instrument nur eine Bezeichnung zu haben. Deshalb wird hier von Entwicklungsplänen gesprochen.

Entwicklungspläne geben einem Lernenden für eine bestimmte Zeit Ziele an die Hand, die auf ihn zugeschnitten und in diesem Rahmen für ihn realisierbar sind. Entwicklungspläne können Ziele zu mehreren Bereichen enthalten:

- Lernziele,
- Entwicklungsziele,
- Verhaltensziele.

Zwischen dem Förderkonzept des Lehrerteams und dem Lernprozess eines Schülers stellen **Lernverträge** eine Art Gelenk dar. Besprechen Sie diese gemeinsam mit dem Schüler (möglichst auch mit den Eltern). Auch hier werden Ziele festgelegt; allerdings wird noch deutlicher benannt, was der Schüler oder die Lehrkraft dazu beitragen wird, das erstrebte Ziel zu erreichen.

Die Vorstellung, für alle Schülerinnen einer Klasse Entwicklungspläne zu erarbeiten, schreckt sicherlich viele Kollegen ab. Verständlich! Beginnen Sie mit einzelnen Schülern oder Schülergruppen bzw. mit einem begrenzten Themenschwerpunkt.

Ein gut formulierter Entwicklungsplan, genau zugeschnitten auf den Entwicklungsstand des Schülers, kann eine Entlastung für Sie im Unterricht sein. Dafür muss er gemeinsam mit dem Schüler erstellt sein und sehr konkrete, positiv formulierte Ziele enthalten.

Der Plan sollte sichtbar für den Schüler zum Beispiel auf seinem Tisch liegen, so dass er seine Ziele selbstständig erarbeiten kann.

Vereinbaren von Zielen

Die Fragen „Was muss ich im Laufe der Zeit lernen? Was möchte ich – zusätzlich – lernen?" stellen sich für Schüler in unseren Schulen in der Regel nicht. Die Häppchen sind vorgegeben und werden immer stärker zerkleinert in didaktisch „mundgerechte" Wissenshäppchen – in bester Absicht, aber oft über den Kopf des Jugendlichen hinweg. Um selbstständig arbeiten zu können, muss der Schüler wissen, welches seine nächsten Lernziele sind. Er braucht eine Orientierung. Dabei ist es unerheblich, ob Sie zur Zieltransparenz **Indikatorenlisten, Lernzielübersichten oder Kompetenzraster**[16] wählen, die auf Standards und Lehrplänen basieren.

Wichtig sind tabellarisch fixierte Leistungserwartungen, die Zielstandards für den Lernprozess, das Arbeitsprodukt und die Präsentation definieren. Sie geben Auskunft darüber, was man können sollte, wann ein Ziel erreicht ist und woran dies erkennbar ist. Dabei benennen sie transparent

- Zielkriterien und
- unterschiedliche Niveaustufen der Zielerreichung.

Den Schülern dienen solche Übersichten als strukturierte Hilfe dabei, die Verantwortung für den eigenen Lernprozess zu übernehmen. Als Berater

- gleichen Sie die Anforderungen der Lehrpläne mit den individuellen Stärken, Schwächen und Interessen Ihres Schülers ab,
- ermitteln in einem Gespräch mit dem Schüler zusammen die anstehenden Ziele
- und empfehlen Arbeitsmaterialien oder Arbeitsformen.

Die individuellen Arbeitsziele hält der Schüler in einem Monats-, Wochen- oder sonstigem Arbeitsplan fest. Ist das Ziel erreicht, widmet sich der Schüler der nächsten Niveaustufe, die einem neuen, anspruchsvolleren Lernziel entspricht. Es geht allerdings nicht nur um ein mechanisches Klettern von Stufe zu Stufe. Im Vordergrund sollten vielmehr auch eine gezielte Verbesserung der Selbststeuerungsfähigkeit von Lernenden sowie die Reflexion über ihre Lernprozesse stehen.

---

16 Viele Beispiele für Kompetenzraster finden Sie auf der Internetseite: www.institut-beatenberg.ch.

Die **Formulierung der Ziele** ist besonders wichtig. Diese sollten positiv formuliert werden, konkret messbar und erfolgsorientiert sein.

Beispiel 1: ungünstig formuliertes Ziel
„Pascal soll im Fach Deutsch Methoden eigenverantwortlichen Lernens anwenden!"

Kritik: Pascal erhält keinen Hinweis darauf, wie er das Ziel erreichen kann. Er wird sich fragen, was genau er tun soll. Woran soll er erkennen, dass er das Ziel erreicht hat? Bis wann soll er daran arbeiten?

Beispiel 2: günstig formuliertes Ziel
Pascal formuliert sein Ziel:
1. Ich probiere bis Weihnachten unsere Lesestrategien aus.
2. Ich wähle drei Lesestrategien aus, die mir dabei helfen, einen Text zu verstehen.

Zur Dokumentation, Reflexion oder Selbstbewertung der Prozesse und erreichten Ziele können **Lerntagebücher** oder **Portfolios** dienen. Jeder Schüler soll seine positiven Leistungen dokumentieren können, aber auch Arbeiten eines bestimmten Unterrichtsabschnitts zusammenstellen.

www Beispiele finden Sie im Internet:
www.institut-beatenberg.ch

Der individualisierte Arbeitsprozess

Ihre Schüler planen ihre Lernvorhaben. Dabei helfen ihnen **Selbstkontrollbögen**, die sie anhand von Leitfragen beantworten können.

Leitfragen für individualisiertes Lernen:
- Wie lautet meine Fragestellung?
- Was weiß ich schon über das Thema?
- Welche Materialien benötige ich zur Beantwortung der Fragestellung?
- Mit welchen Hilfsmitteln kann ich meine Frage klären?
- Welche Schritte sind zur Bearbeitung der Fragestellung notwendig?
- Wann erledige ich welche Aufgabe?
- Wie präsentiere ich meine Ergebnisse?
- Was muss ich für die Präsentation beachten?
- Was muss ich sonst noch beachten?

Führen Sie Ihre Schüler schrittweise an die Arbeit mit Selbstkontrollbögen heran: Die Schüler notieren ein konkretes Ziel und alle gemeinsam besprochenen Zwischenschritte und Tipps, die ihnen helfen, das Ziel zu erreichen.

Lernergebnisse reflektieren

Hier geht es um den Bereich der Selbstwirksamkeit und um die Reflexion der Frage, wie weit ein Schüler im Lernprozess schon gekommen ist. Als Instrumente bieten sich Zielgespräche, Kompetenzraster, Lerntagebücher o.Ä. an, die auch mediengestützt über ein Computernetzwerk geführt werden können.

Die Schüler können sowohl ihre eigenen Leistungen und Lernwege reflektieren als auch die ihrer Mitschüler. Je konkreter und transparenter die Kriterien im Vorfeld erarbeitet wurden, desto leichter fällt den Schülern eine differenzierte Reflexion zu den eigenen wie den zu gemeinschaftlichen Arbeitsprozessen. Dabei sollte es sich um differenzierte positive Rückmeldungen handeln, die sich deutlich von dem lapidaren „Alles war gut!" unterscheiden. Eine wichtige Leitfrage dabei lautet: **„Woran erkennst du, dass ...?"**

Überlegen Sie anschließend immer gemeinsam, wie ein Ziel beim nächsten Mal noch besser erreicht werden kann, was oder wer dabei helfen kann.

Schüler können ihren Mitschülern durch konstruktives, kriteriengeleitetes Feedback hilfreiche Tipps für zukünftig erfolgreicheres Handeln geben. Dieses Feedback sollte nach folgendem Dreischritt erfolgen:
1. **Mir hat gut gefallen, dass ...**
2. **Ich habe eine Frage ...** (reine Sach- oder Verständnisfragen)
3. **Ich habe einen Tipp für dich ...**

Die Kategorie „Mir hat nicht so gut gefallen" sollte bewusst weggelassen werden, um die konstruktive Rückmeldung zu forcieren. Differenzierte Tipps verdeutlichen automatisch, was nicht optimal war. Gleichzeitig erhält ein Schüler aber einen Hinweis, wie er seine Leistung verbessern kann.

Literatur

Bandura, Albert (1997): Self-efficacy: The exercise of control. New York

Dehn, Mechthild/Hüttis-Graf, Petra (2006): Zeit für die Schrift II. Beobachtung und Diagnose. Berlin

Müller, Andreas (2006): Lerncoaching. Ein zukunftsfähiges und wirkungsvolles Modell schulischen Lernens. In: Grundschule 3/2006, 6-15

Müller, Andreas (2009):
www www.institut-beatenberg.ch (Stichwort: Materialien → spirit of learning)

www www.institut-beatenberg.ch > Was alles läuft > Ergebnisse > Kompetenzportfolios

Checkliste Schritt 16 ▶

Checkliste Schritt 16

Wie setze ich Verfahren der lernprozessbegleitenden Diagnostik ein und beobachte kontinuierlich den Lernprozess?

Diese drei Voraussetzungen muss das gewählte Verfahren erfüllen:

- Kompetenzorientierung,
- zeigt mögliche Förderansätze auf,
- eignet sich gut für kontinuierliche Beobachtung von Lernprozessen.

Orientieren Sie sich bei Ihrer Unterrichtsplanung an den Kompetenzen Ihrer Schüler. Nutzen Sie folgende Leitfragen:

Name: ______________________ **Klasse:** __________ **Datum:** ______________

Was kann der Schüler schon? • Welche Zugriffsweisen wendet er an? • Welche Vorstellungen hat er von dem Lerngegenstand? • Welches Lernverhalten zeigt er (z.B. Zuversicht, Verwendung von Hilfen und Modellen, Ausweichverhalten ...)?	
Wo sind seine Stärken? • Kompetenzen, Strategien, Arbeitstechniken, • Kenntnisse, Erfahrungen, • weitere Ressourcen.	
Was muss der Schüler noch lernen? • Welche Entwicklungsstufe durchläuft der Schüler gerade? • Welche kann er vermutlich erreichen? • Welche fachorientierten Anforderungen kann er erreichen (Grundlage: Lehrplan, schulinternes Fachcurriculum, Bildungsstandards)? • Welche kommunikativ-kooperativen Anforderungen muss er noch lernen?	
Was kann er als Nächstes lernen? • Welche fachorientierten Anforderungen stehen auf der nächsthöheren Lern- oder Entwicklungsstufe? • Welche kommunikativ-kooperativen Anforderungen soll der Schüler in der nächsten Zeit erlernen?	
Was will der Schüler als Nächstes lernen? • Welche fachliche Anforderung hat für den Schüler persönliche Bedeutsamkeit/steht für ihn im Vordergrund? • Welche kommunikativ-kooperative Anforderung sieht er für sich als nächstes Entwicklungsziel?	

Richten Sie Ihren Fokus auf individuelle Lernfortschritte, vermeiden Sie (weitgehend) den Vergleich mit Mitschülern und geben Sie dem Schüler Gelegenheit zur Reflexion.

Sie formulieren mit Ihrem Schüler Ziele: • konkret, • überschaubarer Zeitraum, • messbar, • erfolgsorientiert, • positiv formuliert.	
Sie ermutigen Ihren Schüler zur Selbstreflexion: • Konnte die Aufgabe gelöst werden? • Welche Lösungsversuche gab es? • Was hat geholfen bei der Lösung der Aufgabe? • Was und wie kann das Ziel beim nächsten Mal noch besser erreicht werden? • Wer kann helfen oder unterstützen?	

(In Anlehnung an Dehn/Hüttis-Graf (2006): Zeit für die Schrift II. Beobachtung und Diagnose)

17 Schritt 17: Ich organisiere individualisierten Unterricht.

Katja Tews-Vogler

Ziel: Sie kennen die Möglichkeiten für differenzierende Angebote und lernniveaubezogene Aufgaben.

Sie werden wahrscheinlich schon über die Stückelung von Inhalten in didaktisch „mundgerechte“ Wissenshäppchen diskutiert haben. Sicherlich haben Sie auch die Frage gehört, wie man eine Lerngruppe „fit für Vergleichsarbeiten machen und daneben noch den Förderschülern gerecht werden soll“. Bekannt wird Ihnen die Überlegung sein, wie Individualisierung im Rahmen offenerer Lernformen in Einklang zu bringen ist mit zentralen Leistungsabschlüssen am Ende der Sekundarstufe I bzw. des Zentralabiturs (→ Schritt 18).

Diese Fragen lassen sich nicht auf wenigen Seiten diskutieren. Ein Blick auf eine Veränderung der Lernumgebung und der Aufgabenkultur lohnt sich dennoch.

Lernumgebung

Eine nach den Lernmöglichkeiten differenzierende Unterrichtsgestaltung soll lernschwachen Kindern unterstützende Förderung anbieten und leistungsstarke Schüler durch komplexe, anspruchsvolle Lernsettings zum Lernen herausfordern. (→ Schritte 15 und 16)

Grundsätzlich günstig ist ein anspruchsvolles Lernangebot, das durch einen herausfordernden Arbeitsauftrag initiiert und dann begleitet wird (z.B. über individuelle Unterstützung durch die Lehrperson, Lernpartner, Strukturierungs- oder andere Unterstützungsangebote).

Kinder sind die wichtigsten Pädagogen für ihre Mitschüler

Untersuchungen haben eine Steigerung der Lernwirksamkeit gezeigt, wenn der Lernende aktuell aufgenommene und bearbeitete Informationen einem Partner erklärt.

Schüler können gut von Schülern lernen. Voraussetzung ist ein Helfersystem, in dem geregelt ist, wer wem wann hilft und wer sich an wen mit der Bitte um Hilfe wendet. Lehr-Lernprozesse werden mit Helferkindern bewusst geplant, durchgeführt und reflektiert. Die Helfer vertiefen eigenes Wissen nachhaltig, wenn sie anderen Lernenden noch einmal etwas erklären. Auch Schnelllerner profitieren, indem sie bereits erworbenes Wissen intensiver durchdringen. Als Modelle bieten sich an:

Lernpartnerschaften: Arrangieren Sie diese nach dem Gesichtspunkt der sozialen Differenzierung so, dass die Kinder sich gegenseitig ergänzen und voneinander lernen können.

Expertensystem: Schüler werden im Rahmen des Werkstattunterrichts oder an einer Station zum Experten. Neben der Hauptaufgabe, in der Werkstatt zu arbeiten und mindestens eine Pflichtaufgabe zu erledigen, übernimmt das Kind noch die Betreuung eines weiteren Lernangebotes. Es unterstützt seine Mitschüler bei Unklarheiten.

Lernen durch Lehren: Dabei handelt es sich um kooperative Methoden, bei denen sich die Lernenden gegenseitig etwas erklären. Ein Schüler eignet sich in einer ersten Phase Wissen an, das er in der nächsten seinem Mitschüler weitergibt. In einer dritten Phase wird das übermittelte Wissen anhand des Originaltextes gesichert, um evtl. aufgetretene Wissenslücken zu schließen. Das Partner- oder Gruppenpuzzle bzw. das Lerntempoduett stellen zwei Methoden des „Lernen durch Lehren“ dar (nähere Informationen über die Methoden finden Sie z.B. im Internet auf der Seite der Universität Bielefeld im Methodenpool.)

Lerncoaching: Lerncoaching ist kein Nachhilfeunterricht. Es geht in erster Linie um Hilfe zur Selbsthilfe, um die Vermittlung von Lerntechniken und Strategien der Lernorganisation.

Ziel ist die Förderung des selbstständigen Lernens.

Aufgabenkultur

Das selbstständige Arbeiten erfordert eher komplexe Aufgaben, die an der Lebenswelt orientiert sind, mehrere Lösungswege zulassen und die man auch in Teamarbeit lösen kann. Beispiele gibt es inzwischen für nahezu alle Fächer[17]. Sie erfordern zum Teil allerdings längere Bearbeitungszeiträume, die besser mit einer veränderten zeitlichen Unterrichtsorganisation umzusetzen sind (→ Schritt 8).

Für erfolgreiches Lernen ist entscheidend, dass der Lernende sich mit herausfordernden, variablen Aufgaben auseinandersetzt.

Schon Bruner hat betont, dass es in Lehr-Lernsituationen nicht nur um die Vermittlung des Stoffes, also um das „Beibringen" und Anhäufen von Wissen geht, sondern dass erfolgreiches Lernen in einer Problemsituation immer auch die zunehmende Fähigkeit einschließt, später ähnliche Probleme schneller und strukturierter zu erfassen (Bruner 1981, 6).

Weinert (2001) verfolgt diesen Ansatz bei seinen Ausführungen zu notwendigen „Kompetenzen". Ziel ist der Erwerb sogenannten „intelligenten Wissens". Und auch Helmke (2009) spricht davon, dass auf der Basis „soliden und gut organisierten Wissens" die Fähigkeit erworben werden soll, Wissen und Können in immer neuen Handlungssituationen anwenden zu können.

Im Hinblick auf die Konstruktion von Aufgaben unterscheiden die Bildungsstandards der Kultusminister (KMK) drei Anforderungsbereiche:

1. Bekannte **Informationen wiedergeben**
2. **Zusammenhänge** herstellen; erworbenes Wissen auf vertraute Sachverhalte anwenden können
3. **Eigenständig** reflektieren, bewerten und beurteilen im Kontext neuer Anforderungen und Problemstellungen

Dieser Gedanke findet sich auch in den aufeinander aufbauenden Ebenen des Denkens von Tschekan (2011, 91) wieder. Tschekan bietet passende differenzierende Aufgabenstellungen dazu an:

	Denkebene	Differenzierung der Aufgabenstellung
1	**Informationen sammeln:** nennen, beschreiben, aufzählen, erzählen, sich erinnern, ...	Nenne ... ! Zähle auf ...! Suche ... heraus! Markiere ...! Wer? Was? Wann? Wo? Wie heißt ...?
2	**Informationen verstehen, integrieren, verarbeiten:** begründen, vergleichen, gegenüberstellen, analysieren, unterscheiden, erklären, ordnen	Schau nach ...! Vergleiche ...! Fasse zusammen! Warum? Inwiefern? Stelle gegenüber ...! Welche Gemeinsamkeiten/Unterschiede ...?
3	**Kenntnisse in einer neuen Situation anwenden:** entwickeln, planen, bewerten, untersuchen, Stellung nehmen, spekulieren, vorhersagen, beurteilen, eine Hypothese aufstellen, ein Prinzip anwenden, einschätzen	Wie gehst du vor? Entwirf ...! Konzipiere ...! Mach dir einen Plan! Was brauchst du? Wo schaust du nach? Was würde passieren, wenn ...? Beurteile das Verhalten von ...! Was würdest du vorschlagen? Welche Verbindung gibt es zwischen ...?

Benjamin Bloom hat in den 50er-Jahren des letzten Jahrhunderts eine sechsstufige Taxonomie der Lernziele entwickelt. In Anlehnung daran formulierten Anderson/Krathwohl (2001) sechs kognitive Lernzielkategorien als Planungshilfe für den Lehr- und Lernprozess, deren Schwierigkeitsgrad und Komplexität mit jeder Stufe ansteigt[18]:

[17] Unter dem Stichwort „Kompetenzorientierte Aufgaben" sind über Suchmaschinen sowie über die Internetportale vieler Lehrerbildungsinstitute der Bundesländer zahlreiche Beispiele zu finden.

[18] Informationen und Beispielaufgaben finden Sie in der Mediothek von www.schulportal-thueringen.de unter dem Stichwort „Gehirngerechtes Klassenzimmer".

1. **Erinnern** (Wissen abrufen)
2. **Verstehen** (Bedeutung von Wissen verstehen und erläutern können)
3. **Anwenden** (Gelerntes in neuen Situationen anwenden)
4. **Analysieren** (Material zergliedern oder einer Struktur zuordnen)
5. **Bewerten** (Urteile auf der Basis von Kriterien und Standards fällen)
6. **(Er)schaffen** (Elemente zu einem neuen, kohärenten Ganzen zusammenführen)

Schon Bloom und sein Forscherteam fanden heraus, dass über 95% der Aufgaben für Schüler nur auf den unteren Stufen des Denkens einzuordnen waren. Verschiedene Studien bestätigten, dass insgesamt im Schulalltag der Bereich „Fakten und Informationen abrufen" überrepräsentiert ist. Übungs- und Wiederholungsfragen sind im Lernprozess zwar wichtig, beinhalten in ihrer Struktur jedoch nur eine geringere kognitive Herausforderung.

Erforderlich ist aber eine Bandbreite von Aufgaben, die von der Beherrschung der Mindeststandards bis hin zu Lernsettings reichen, in denen sich Schüler relevanten Bildungsaufgaben stellen können.

„Gute" Aufgaben konzipieren

Wie können Sie eine Aufgabe so stellen, dass alle Schüler sie bewältigen können, gleichzeitig aber jedes Kind, unabhängig von seinem Leistungsvermögen Lernfortschritte und Erfolgserlebnisse verzeichnet?

Am Beginn eines Lernprozesses sollte ein Impuls stehen. Er muss so konzipiert sein, dass jeder Schüler „aufspringen" kann: eine Basis, von der verschiedene Lernwege weiterführen. Eine Aufgabe muss anschließend entsprechend den spezifischen individuellen Zugängen und Deutungsmustern differenziert werden.

Dabei geht es um folgende Fragen:

- Wie kann eine Aufgabe inhaltlich strukturiert und angeleitet werden?
- Wie können Querverbindungen oder Vernetzungen hergestellt werden?

Was macht Aufgaben schwierig? Die Komplexität der Aufgabe entscheidet darüber, ob eine Aufgabe leichter ist oder nicht. Je mehr Teilschritte eine Aufgabe zu ihrer Lösung benötigt, desto schwieriger ist sie zu lösen. Eine komplexe Aufgabe wird einfacher, wenn man sie in Teilschritte zerlegt.

Beispielaufgaben (IQSH 2006)
Hohe Anforderung:
„Erörtere, welche Chancen und Gefahren Kommunikation mit modernen Medien beinhaltet, und erarbeite Regeln für den Umgang damit."
Geringe Anforderung:
„Formuliere je drei Gründe für und gegen das Benutzen eines Handys."

Gute Lernaufgaben zeichnen sich in Anlehnung an die Beschlüsse der Kultusministerkonferenz dadurch aus, dass sie

- schrittweise anleiten (zum Aufbau einer komplexen Kompetenz),
- Hilfestellung geben,
- angemessen schwierig sind (dem individuellen Lernniveau angepasst),
- nicht zwingend die richtige Lösung haben,
- ansprechend und motivierend sind (Thema, Format, ...),
- möglichst frei sind von Bewertungsangst.

Anspruchsniveau schrittweise steigern

Ein Beispiel: Im Unterricht beschäftigt sich eine Lerngruppe der Sekundarstufe I mit dem Thema „Nachkriegszeit". Die Schüler erhalten **zwei Fotos**, auf denen Jugendliche zu sehen sind.

Das Foto 1 (2012 aufgenommen) zeigt Jugendliche mit dem Handy am Ohr in einer Gruppe anderer Jugendlicher; legere Kleidung, lässige Körperhaltung, fröhliches Gelächter, miteinander im Gespräch.

Auf Foto 2 (1950 aufgenommen) stehen Jugendliche steif nebeneinander; sehr formale Kleidung, keine Gespräche miteinander, im Hintergrund steht ein streng aussehender Herr.

Aufgabe: „Schreibe eine vergleichende Interpretation zu den beiden Fotos."

Diese Aufgabe würde viele Schüler überfordern, weil sie nicht wissen, wie sie vorgehen sollen. Die Aufgabe kann aber differenziert werden:

Niveau 1 (beschreiben, reproduzieren): „Beschreibe, was du auf den Fotos siehst (Kleidung, Haltung, Gesichtsausdruck, Stellung der Personen, Hintergrund ...)."

Niveau 2 (verstehen, zuordnen, vergleichen): Die Schüler erhalten aus der jeweiligen Zeit weitere Fotos: „Vergleiche die Fotos mit anderen Bildern aus der Zeit. Welche Gemeinsamkeiten oder Unterschiede erkennst du?"

Niveau 3 (sich in andere Personen versetzen, Perspektivübernahme): „Stelle dir vor, du wärst Person X auf dem Foto. Du schreibst später deiner Freundin von diesem Tag. Wie schilderst du ihr den Tag?"

Niveau 4 (argumentieren, urteilen): „Einer der Jugendlichen von damals ist heute 72. Er trifft auf die Gruppe der Jugendlichen von heute (Foto 1) und diskutiert mit ihnen. Er ist der Meinung, dass den Jugendlichen von heute alles viel zu leicht gemacht wird. Wie begründet er seine Meinung? Können die Jugendlichen ihn verstehen?"

Eine differenziert begründete Aufgabenstellung soll drei Ansprüchen genügen:

1. Es muss ein klarer Zusammenhang zum laufenden Lernprozess bestehen.
2. Sie soll durch vielfältige Lernwege möglichst alle Schüler motivieren.
3. Sie soll individuell gute Leistungen ermöglichen.

Der Prozess der Aufgabenstellung besteht aus mehreren Teilen:

Aufgabenanalyse

- Beschreibung der angestrebten Aufgabenlösung
- Beschreibung von Sachstruktur und Anforderungsniveau
- Bestimmung der erforderlichen Arbeitsschritte

Analyse der Lernausgangslage

- Analyse der für die Aufgabenlösung erforderlichen Vorkenntnisse und Kompetenzen
- Analyse der vorhandenen Methodenkompetenz
- Analyse des vorhandenen Arbeits- und Sozialverhaltens

Wichtig ist die Passung der Aufgabe, das heißt die Balance zwischen Anforderungen und Lernvoraussetzungen. Deshalb müssen bei der Formulierung der Aufgabe erforderliche Materialien, Hilfen und andere Unterstützungsinstrumente, Kontrollen bzw. Selbstkontrollmöglichkeiten mitgeplant und vorbereitet werden. Durch ein methodisches Gerüst (engl. *scaffold* = Gerüst) können Missgeschicke vermieden werden. **Scaffolding** stammt aus der Lernpsychologie und bezeichnet systematische Hilfen, die individuell angeboten werden, damit die nächst mögliche Entwicklungszone erreicht werden kann.

Die folgende Aufgabe birgt z.B. einige Gefahren: **„Recherchiert im Internet ..."** Schüler können sich leicht „verlieren" und in Informationen ertrinken.

Einsatz von Arbeitsblättern überdenken

Individualisierender Unterricht macht Arbeitsblätter zu einem unentbehrlichen Hilfsmittel für viele Kollegen. Für bestimmte Aufgaben- oder Übungsformen sind sie gut einsetzbar. Dennoch ist ihr Einsatz gut zu überlegen; berücksichtigen Sie auch kritische Aspekte. Ein Arbeitsblatt

- ist fast immer vorstrukturiert,
- gibt selten Raum für eigene Aufgaben,
- enthält vorwiegend reproduktive Aufgabenstellungen mit festgelegter Zugangsmöglichkeit zum Stoff,
- gewährt in der Regel nur eine sehr grobe Differenzierung,
- ist eher auf „Erledigungshandeln" ausgerichtet.

Literatur

www www.kmk-format.de

www www.standardsicherung.schulministerium.nrw.de
> Angebote zur Unterrichtsentwicklung

Anderson, Lorin W./Krathwohl David R. (editors) (2001): A Taxonomie for Learning, Teaching and Assessing. A Revision of Bloom's Taxonomy of Educational Objectives. Harlow (GB)

Beschlüsse der Kultusministerkonferenz (2003): Bildungsstandards im Fach Deutsch für den Mittleren Schulabschluss. München

Beschlüsse der Kultusministerkonferenz (2004): Bildungsstandards im Fach Deutsch für den Hauptschulabschluss. München

Bohl, Thorsten (2009): Weiterentwicklung des offenen Unterrichts. Mikroprozesse des Lernens berücksichtigen und Gesamtkonzeption optimieren. In: Pädagogik 4/2009, 6-10

Bruner, Jerome S. (1981): Der Akt der Entdeckung. In: Neber, Heinz (Hrsg.): Entdeckendes Lernen. Weinheim und Basel

Helmke, Andreas (2009): Unterrichtsqualität und Lehrerprofessionalität. Diagnose, Evaluation und Verbesserung des Unterrichts. Seelze

Institut für Qualitätsentwicklung an Schulen Schleswig-Holstein (IQSH) (Hrsg.) (2006): Kompetenzorientierter Deutschunterricht. Anregungen für die Arbeit mit den Bildungsstandards zum Hauptschulabschluss und mittlerem Abschluss (Sekundarstufe I)

Peschel, Falko (2005): Das beste Arbeitsblatt macht sich selbst überflüssig. Von der Arbeitsblattdidaktik zur Eigenproduktion. In: Grundschule 12/2005, 9-13

Tschekan, Kerstin (2011): Kompetenzorientiert unterrichten. Eine Didaktik. Berlin

Weinert, Franz E. (Hrsg.) (2001): Leistungsmessung an Schulen. Weinheim und Basel

Checkliste Schritt 17 ▶

Checkliste zu Schritt 17

Wie steigere ich schrittweise die Selbststeuerungsmöglichkeiten für Schüler?
(modifiziert nach Peschel 2005 und Bohl 2009)

Stufe	Steigerungsmöglichkeit	Beispiel
0	Feste, konkrete Aufgabenstellung, Vorgabe der Methode und Arbeitsform Keine Einbindung der Schüler	Bearbeite die Aufgaben in der vorgegebenen Form/mit deinem Nachbarn ...
1	Lehrkraft konzipiert das Angebot. Wahlmöglichkeit zwischen vorgegebenen methodischen Zugangsweisen Erste Variations- und Handlungsspielräume	Übe die Aufgabe XY nach einem dieser drei Verfahren; du kannst die Reihenfolge wählen: 1. ... 2. ... 3. ... Frage deinen Nachbarn, wenn du Hilfe brauchst. Wer ganz leise ist, kann auch im Gruppenraum arbeiten.
2	Schüler bestimmen in einzelnen Aspekten mit. Eingeschränkte Möglichkeit zur eigenständigen Festlegung • der Bearbeitungszeiträume • Wahl der Sozialform/des Ortes Begrenzte Wahl eigener methodischer Zugangsweisen mit engen Vorgaben	Bearbeite die Aufgaben XY • bis zur nächsten Woche. • Du kannst mit Partner arbeiten. • Du kannst im Nachbarraum arbeiten. Übe die Aufgaben mit dem Verfahren, mit dem du am besten arbeiten kannst.
3	Schüler bestimmen weitgehend mit. Nur stunden- bzw. phasenweises Planen von Arbeitsvorhaben, Mitbestimmung bei der Wahl der Sozialform/des Ortes Eigene methodische Entscheidungen möglich.	Plant und arbeitet euren Beitrag bis zum Vorstellungstermin aus. Räume X und Y sind auch frei. Löse diese Aufgaben mit einem Anschauungsmittel deiner Wahl.
4	Schüler können längerfristig ihre Arbeitsvorhaben planen. Schüler bestimmen selbst Sozialform und Ort. Eigene methodische Zugangsweisen möglich: Aufgaben können auf unterschiedliche Art bzw. auf unterschiedlichen Wegen erledigt werden. ↓ Langfristige eigene Arbeitsvorhaben möglich: freie Zeiteinteilung, Orts-, Methoden- und Partnerwahl	Arbeite/arbeitet auch innerhalb unserer Forscherstunden an deinem/eurem Arbeitsvorhaben. (freies Bestimmen der Arbeitsbedingungen). Probiere, die Aufgabe auf deine Art zu lösen. Wir überlegen später, welcher Weg am günstigsten ist. ↓ Wann arbeitest du mit wem wo? Wie gehst du vor? Wie machst du das?

18 Schritt 18: Ich bewerte im inklusiven Unterricht den individuellen Lernfortschritt.

Gundula Dechow

Ziel: Sie erfahren, warum und in welcher Form individuelle Lernprozesse einen erweiterten Leistungsbegriff erfordern.

Lernen wird aus konstruktivistischer Sicht als aktiver Aneignungsprozess verstanden, der sich in Form aktiver Auseinandersetzung mit der Umwelt vollzieht, unter Anknüpfung an Vorwissen und Vorerfahrungen und mit Hilfe unterschiedlicher Lernstrategien. Der gesamte Prozess des Lernens, nicht nur das Ergebnis, spielt hier eine Rolle.

Derartig umfassend ist auch der Lernbegriff im individualisierten Unterricht. Er beinhaltet das fachliche, methodisch-strategische, sozialkommunikative sowie das persönliche Lernen und orientiert sich an dem individuellen Lernfortschritt des einzelnen Schülers.

Im individualisierten Unterricht finden Schüler den erforderlichen Rahmen, um selbst gesteuert zu lernen und die Verantwortung für ihre Lernprozesse zu übernehmen.[19]

Die Ideen des individualisierten Lernens sind keineswegs neu. Schon die Reformpädagogen stellten die Schülersicht in den Mittelpunkt der didaktisch-methodischen Überlegungen und richteten den Unterricht hierauf aus. Das diesem Lernen zu Grunde liegende Lernverständnis ist mit dem traditionellen Leistungsbegriff unseres Schulsystems jedoch kaum in Einklang zu bringen.

Er ist, verglichen mit anderen OECD-Staaten, eng gefasst: kognitiv orientiert, produktbezogen (ergebnisorientiert) und stark auf Selektionsdiagnostik fixiert. Individuelle Lernfortschritte werden kaum zertifiziert (Bohl 2001). Im inklusiven Unterricht hat eine Leistung den Aufbau verschiedener Kompetenzen im Rahmen individueller Möglichkeiten zum Ziel.

„Sie ist vielfältig und kann sich neben Produkt- und Präsentationsleistungen, in Reproduktions-, Reorganisations-, Transfer- und Problemlösungsleistungen sowie in kreativen, sozialen, kognitiven, produktiven und handlungsorientierten Leistungen zeigen."

(Bohl 2001, 6)

Diese Leistungskomponenten können jedoch am Ergebnis nur selten abgelesen werden.

Ergebnisorientierte Bewertung	Prozessorientierte Bewertung
ZIEL: Erfassen des aktuellen Lernstands Steuerung des Lernprozesses (aus Erkenntnissen über das Ergebnis) Bewerten eines Ergebnisses bzw. eines Produktes	ZIEL: Erfassen der Art und Weise des Lernens Steuerung des Lernprozesses (aus Erkenntnissen über das Lernen) Bewerten einer Prozessführung
FOKUS: Lernergebnis eines Individuums oder einer Lerngruppe	FOKUS: Lernprozess eines Individuums oder einer Lerngruppe
BEWERTUNGS-KRITERIEN: Beispiele: sachliche Richtigkeit, Vollständigkeit, Nachvollziehbarkeit der Gedankenführung	BEWERTUNGS-KRITERIEN: Beispiele: Effektivität des Herangehens, Selbstständigkeit, Zielstrebigkeit, Anstrengungsbereitschaft, Methodenbewusstsein, Konfliktfähigkeit, Kooperationsfähigkeit

Gemeinsamkeiten und Unterschiede von ergebnisorientierter und prozessorientierter Bewertung (Quelle: Sächsisches Staatsinstitut für Bildung und Schulentwicklung – Comenius-Institut)

Die Fixierung auf Zensuren verhindert alternative Bewertungsformen, obwohl es offensichtlich ist, dass die traditionelle Leistungsbeurteilung (Klassenarbeiten, mündliche Noten, Tests)

[19] Die Vermittlung eigenverantwortlichen, selbst gesteuerten Lernens bezeichnet Baumert et al. (2001, 28) als eine der Hauptaufgaben institutionalisierter Bildungsprozesse, da sie die Basis für lebenslanges Lernen darstellt.

zur Bewertung der genannten Bereiche ungeeignet ist. Individualisierter Unterricht braucht ein adäquates System, eine „ganzheitlichere“ Form der Beurteilung.

Leistungsbegleitung und -bewertung

Der „Alleinherrschaft“ von Tests und Zensuren (von der Groeben 2008, 88) kann mit verschiedenen Formen der Leistungsbegleitung und -bewertung verbunden mit einer differenzierten schulische Feedback-Kultur begegnet werden. Feedback gibt Schülern und Lehrern die Möglichkeit, sich über Lernprozesse auszutauschen, so dass sich beide Seiten besser verstehen und ihr Handeln daraufhin effektiver gestalten können.

> „Lehrende und Lernende entwickeln auf diese Weise gemeinsame Bilder und Begriffe, die sie brauchen, wenn sie miteinander über gemeinsame Ziele und mögliche Wege übereinkommen wollen.“
>
> *(Bastian/Combe/Langer 2007, 14)*

Instrumente der Leistungsbegleitung und -bewertung sind u.a.:

- Kompetenzraster
- Lernentwicklungspläne
- Lerntagebuch/Portfolio
- stärkenorientierte Beratung und individuelle Rückmeldungen für schriftliche Arbeiten
- regelmäßige, gemeinsame Beratungsgespräche mit Eltern und Schülern
- Vereinbarungen, Verträge
- Lernstandskontrollen

Effiziente Verfahren der Leistungsbewertung müssen gewissen **Standards** genügen, damit sie als valide gelten:

- Alle Beteiligten akzeptieren die Verfahren.
- Die Verfahren sind fester Bestandteil des Unterrichts.
- Leistungsrückmeldungen basieren auf der Lernausgangslage sowie auf den vorherigen Vereinbarungen und bilden die Basis für die nächsten Schritte.
- Entscheidungen hinsichtlich der nächsten Lernschritte richten sich an den individuellen Zielen aus.

Kompetenzraster

„Ich kann ... Ich möchte ...“ Wenn die Lernenden die Verantwortung für ihre Lernprozesse zunehmend selbst übernehmen sollen, brauchen sie unterstützende Instrumente. Kompetenzraster gehören dazu. Sie können Anforderungen eines Faches oder überfachliche Kompetenzen transparent machen.

Bildungsstandards formulieren Basisqualifikationen hinsichtlich der Kernbereiche eines Faches sowie fächerübergreifend, die Schüler bis zu einer bestimmten Jahrgangsstufe erworben haben sollen. Zielkompetenzen werden konkret formuliert, in Kerncurricula konkretisiert und im Rahmen der Unterrichtsplanung für jede Lerngruppe weiter ausdifferenziert.

Kompetenzraster beschreiben, was ein Schüler im besten Fall kann. Sie fassen ganz konkret Inhalte und Qualitätsmerkmale eines Fachgebietes in Form einer Matrix. In der Vertikalen werden die Kriterien, die das Fachgebiet inhaltlich bestimmen (was?), aufgeführt.

In der Horizontalen werden zu jedem Kriterium vier bis sechs Niveaustufen definiert (wie gut?).

In den einzelnen Feldern stehen „Ich-kann-Formulierungen“. Die Kriterien und ihre abgestuften Qualitätsmerkmale bilden das Raster, zu dem individuelle Leistungen in Beziehung gebracht werden können.

Kompetenzraster schaffen damit einen Orientierungsrahmen und beschreiben konkret den Erwartungshorizont.

Sie weisen nicht nur den aktuellen Leistungsstand aus, sondern machen auch die Entwicklung in den verschiedenen Bereichen deutlich. Kompetenzraster visualisieren die Antwort auf die Fragen

- Wo stehe ich?
- Was habe ich bis jetzt geschafft?
- Was sind die nächsten Schritte?

(vgl. Müller, Institut Beatenberg)

Arbeit mit dem Kompetenzraster vollzieht sich in folgenden Schritten:
1. Lernstandsdiagnose
2. Erstes Markieren im Kompetenzraster
3. Auswahl einer Kompetenz (mit entsprechender Niveaustufe)
4. Begleitende Checkliste mit Kompetenzen und Aufgaben
5. Anlegen eines lernbegleitenden, dokumentierenden Instruments (Logbuch etc.)
6. Bearbeiten der Aufgaben
7. Überprüfen durch Selbsteinschätzung und Test
8. Lernstandsmessung durch Leistungsüberprüfung
9. Lernstandsgespräch mit dem Lehrer
10. Zweites Markieren auf dem Kompetenzraster für erfolgreiche Bearbeitung

(Paradies/Wester/Greving 2010, 44)

Beispiele für Kompetenzraster:
www.toolbox-bildung.de
www.institut-beatenberg.ch

Ein **Lernentwicklungsplan** ist ein umfassendes, sachlich formuliertes Planungs- und Reflexionsinstrument und dient der individuellen Lernbegleitung. Er beschreibt die Lernausgangslage, dokumentiert die zuletzt vereinbarten Maßnahmen verbunden mit den erreichten Zielen. Ausgehend von dem aktuell erreichten Lernstand erarbeiten Sie gemeinsam mit dem Schüler die nächsten Ziele für die verschiedenen Bereiche (Fach, Verhalten, persönliche Ziele), notieren verändernde Bedingungen und didaktisch-methodische Hinweise. Auf diese Weise bekommt der Schüler für einen überschaubaren Zeitraum individuelle und realistische Ziele an die Hand (→ Schritt 16).

Widmen Sie der Formulierung der Ziele besondere Aufmerksamkeit. Nur wenn sie realistisch, also erreichbar, formuliert sind, erfährt der Schüler die Sinnhaftigkeit und den Nutzen von Zielen.

- Ziele ermöglichen selbstverantwortliches Lernen ohne Druck von außen.
- Ziele fokussieren erreichbare Ergebnisse und minimieren Ablenkungen.
- Fortschritte werden sichtbar gemacht.
- Ziele verleihen dem Lernprozess einen Sinn.

(Paradies/Wester/Greving 2010, 147)

Ein **Lerntagebuch/Portfolio** dokumentiert Lernaktivitäten, deren Ergebnisse (→ Schritt 14) sowie Reflexionen dazu. Ihr Umfang kann je nach Absprache variieren. Sie dienen als Grundlage für Beratungsgespräche, um aus ihnen Konsequenzen für das weitere Lernen abzuleiten. Ein Portfolio kann mit zur Bewertung herangezogen werden.

Stärkenorientierte individuelle Beratung und **Rückmeldung** bezogen auf die **individuelle Bezugsnorm**[20] sind darauf angelegt, den Schüler auf dem Weg zu seiner individuellen Bestleistung zu unterstützen. Das kann Ihnen gelingen, wenn Sie ...

- persönliche Lernzugänge des Schülers versuchen zu verstehen,
- individuelle Lernwege zulassen,
- Stärken verstärken, Schwächen mit unterstützenden Maßnahmen beantworten,
- Zwischenstände abfragen,
- individuelle Rückmeldung geben,
- individuelle Übungsmöglichkeiten anbieten,
- inhaltliche Anregungen geben (Recherchetipps, Beispiele),
- methodische Möglichkeiten darstellen.

„Ohne Gespräche mit dem Schüler über den Lernprozess, ohne Beratung kann selbstverantwortliches Lernen nicht funktionieren."

(von der Groeben 2008, 83)

In diesen Beratungsgesprächen müssen Sie nicht sofort Vorschläge aus dem Hut zaubern. Hören Sie Ihrem Schüler erst einmal aufmerksam zu. Versetzen Sie sich in den Schüler hin-

20 Die momentanen Lernleistungen eines Schülers werden mit seinen eigenen zuvor erbrachten Leistungen verglichen.

ein, schenken Sie ihm die ganze Aufmerksamkeit und achten Sie dabei nicht nur auf den Inhalt, sondern auch auf die Zwischentöne. Sie werden dabei viel von ihm und seinem Lernen erfahren. Dieses Wissen wird Ihnen helfen, dem Schüler geeignete Schritte im weiteren Lernprozess aufzeigen zu können.

Was die kleine Momo konnte wie kein anderer, das war: zuhören. Das ist doch nichts Besonderes, wird da nun vielleicht mancher Leser sagen. Zuhören kann doch jeder. Aber das ist ein Irrtum. Wirklich zuhören können nur ganz wenige Menschen.
... sie saß nur da und hörte einfach zu, mit aller Aufmerksamkeit und aller Anteilnahme.
... So konnte Momo zuhören!"

(Michael Ende, Momo 1973, 17)

Regelmäßige, gemeinsame Beratungsgespräche (mindestens einmal pro Halbjahr), in denen Schüler, Lehrer und Eltern zusammensitzen, um den zurückliegenden Zeitraum zu reflektieren und für den nächsten Zeitraum Vereinbarungen zu treffen, tragen dazu bei, die Lernentwicklung des Schülers wertzuschätzen und nächste Schritte gemeinsam zu besprechen. Sie können in Lernverträge münden.

Vereinbarungen/Lernverträge werden zwischen dem Schüler, dem Lehrer (und teilweise den Eltern) geschlossen. Es werden Bereiche, Ziele, Maßnahmen und Regeln über einen verabredeten Zeitraum aufgeführt und konkrete umzusetzende Maßnahmen hinsichtlich der vereinbarten Ziele den einzelnen Beteiligten zugewiesen.

Zentrales Element der Lernverträge ist das Ritual, dass alle Beteiligten sich auf etwas Gemeinsames verpflichten.

Eine **Lernvereinbarung** besteht aus:

1. **Ziel:** Was möchte ich erreichen? Was nehme ich mir vor?
2. **Handlungsschritte:** Was will ich tun?
3. **Unterstützung:** Wer/Was kann mir dabei helfen?
4. **Indikator:** Woran erkenne ich, dass ich mein Ziel erreicht habe?
5. **Terminierung:** Wann will ich dieses Ziel erreicht haben?
6. **Datum, Unterschriften**

Lernstandskontrollen erfassen den aktuellen Lernstand, jedoch vorrangig für den Schüler. Sie sollen ihm helfen zu überprüfen: Was beherrscht er? Was muss noch geübt werden? Es erfolgt keine Bewertung seitens des Lehrers.

Nun werden Sie vielleicht denken: Das können wir hier nicht auch noch leisten! Eine Aussage, die im Kontext des inklusiven Unterrichts ohnehin häufig zu hören ist. Dennoch gilt:

Eine wirklich gute Idee erkennt man daran, dass ihre Verwirklichung von vorneherein ausgeschlossen erscheint. *(Albert Einstein)*

Ein alternatives Beurteilungssystem zu entwickeln und zu implementieren stellt zweifellos eine Herausforderung dar, ist jedoch an jeder Schule möglich, wenn es gewollt wird – Praxisbeispiele zeigen das.

Beginnen Sie mit einer Überprüfung Ihres Verständnisses von Lernen und Leistung.

Über die Antwort dieser Frage sollte dann im Kollegium ein Konsens erzielt werden, denn gemeinsam getragene Zielvorstellungen, die in einheitliche, abgestimmte und alltagswirksame Maßnahmen und Verfahren münden, bestimmen die Qualität des inklusiven Unterrichts (→ Schritt 1).

Beginnen Sie zuerst in einem Bereich, die Leistungsbewertung zu verändern, zu differenzieren. Tasten Sie sich Schritt für Schritt an neue Verfahren heran. Es gibt vielfältige „Farbschattierungen von Praxismöglichkeiten" (Stähling/Wenders 2012).

Literatur

Bastian, Johannes/Combe, Arno/Langer, Roman (2007): Feedback-Methoden. Weinheim

Baumert, Jürgen/Klieme, Eckhard/Neubrand, Michael/Prenzel, Manfred et al. (Deutsches PISA-Konsortium) (Hrsg.) (2001): PISA 2000. Basiskompetenzen von Schülerinnen und Schülern im internationalen Vergleich. Opladen

Bohl, Thorsten (2001): Neuer Unterricht – neue Leistungsbewertung. Grundlagen und Kontextbedingungen eines veränderten Bewertungsverständnisses.

www http://methodenpool.uni-koeln.de/benotung/3976-4000-1-bohl_leistungsbewertung_2te_version020505zo.pdf (zuletzt aufgerufen am 06.03.2013)

Bohl, Thorsten (2003): Neuer Unterricht – neue Leistungsbewertung. Grundlagen und Kontextbedingungen eines veränderten Bewertungsverständnisses. In: Vorndran, O./Schnoor, D. (Hrsg.): Schulen für die Wissensgesellschaft. Ergebnisse des Netzwerkes Medienschulen. Gütersloh, 211-231

Bundesministerium für Bildung und Forschung (Hrsg.) (2003): BMBF-Expertise – Zur Entwicklung nationaler Bildungsstandards.

Groeben, Annemarie von der (2008): Verschiedenheit nutzen. Besser lernen in heterogenen Gruppen. Berlin

Müller, Andreas: Lernen ist eine Dauerbaustelle. Referenzieren – ein Ausweg aus dem Noten-Dilemma

www www.institut-beatenberg.ch/images/publikationen-und-materialien/dossiers/artikel_lernen_als_dauerbaustelle.pdf (zuletzt aufgerufen 06.03.2013)

Paradies, Liane/Wester, Franz/Greving, Johannes (2010): Individualisieren im Unterricht. Berlin

Stähling, Reinhard/Wenders, Barbara (2012): „Das können wir hier nicht leisten.“ Baltmannsweiler

Checkliste Schritt 18 ▶

Checkliste 1 Schritt 18

Wie kann ich die Leistung von Lernentwicklungen bewerten?

Leitfragen zur Einführung neuer Instrumente der Lernbegleitung und Leistungsbewertung

Werden an unserer Schule bereits Instrumente zur Lernbegleitung eingesetzt? Wenn ja, welche? Welche Erfahrungen wurden gemacht? Kollegen, die sie nutzen, stellen die Methoden und ihre Erfahrungen damit vor.	
Welche Formen der Leistungsbewertung gibt es an unserer Schule? Welche eignen sich für die Bewertung im individualisierten Unterricht?	
Welche Instrumente zur Lernbegleitung und Leistungsbewertung sollen zusätzlich eingesetzt werden?	
Können genutzte Instrumente verbessert werden?	
Wie kann ich alternative Formen der Lernbegleitung und Leistungsbewertung kennen lernen? Beispiele: • Fortbildungen • „Fachleute" anderer Schulen in Konferenzen einladen • kleine Gruppe des Kollegiums besucht „erfahrene" Schulen, um die Instrumente in der Praxis zu erleben • AG „Lernbegleitung und Leistungsbewertung" gründen	
Wie kann ich ein Pilotprojekt zur Erprobung individueller Leistungsbewertung in Gang setzen? Beispiele: • Jahrgangsteam plant und führt eine Unterrichtseinheit mit einfachen Formen der Rückmeldung durch. • Die Bewertung einer Teilleistung (z.B. Projektpräsentation) wird mit Lernberatungsgesprächen verbunden, für die es eine gemeinsam erarbeitete Vorlage gibt.	

Checkliste 2 Schritt 18

Kleiner Feedback-Leitfaden

Vier Schritte für ein hilfreiches Feedback:

1. Ich sehe, höre – *etwas wahrnehmen*
2. Ich deute, vermute – *etwas interpretieren*
3. Ich fühle, empfinde – *etwas fühlen*
4. Ich wünsche mir, schlage vor – *einen Verhaltenswunsch äußern*

Überprüfen Sie sich selbst. Hatte ich ...	**Überlegen Sie, was Sie hätten besser machen können.**
... einen geeigneten Ort gewählt?	
... ausreichend Zeit für das Gespräch?	
... mich ausreichend vorbereitet?	
... in der „Ich-Form" formuliert?	
... sachlich und ruhig vorgetragen?	
... meine Aussagen ziel-/aufgabenorientiert formuliert?	
... meine Aussagen beschreibend, nicht beurteilend formuliert?	
... meine Aussagen so konkret wie möglich, so ausführlich wie nötig formuliert?	
... meine Aussagen mit Vorschlägen/Angeboten ergänzt?	

Checkliste 3 Schritt 18

Bausteine eines Lernberatungsgesprächs

Notieren Sie rechts in Stichworten die Antworten Ihres Schülers/Ihrer Schülerin.

Schüler/in: ______________________ Klasse: __________ Datum: ______________

Ich helfe mit offenen Fragen, den eigenen Lernprozess zu beschreiben:	
Was hast du gemacht? Was lernst du jetzt genau? Wie bist du vorgegangen? Warum machst du das so? Warum hast du dich für ... entschieden?	
... konkrete Vorstellungen und realistische Ziele zu entwickeln und zu formulieren.	
Was willst du erreichen? Welche Ansprüche stellst du an das Ergebnis? Wie willst du vorgehen? Wann willst du damit anfangen?	
... Lernschwierigkeiten und mögliche Ursachen zu erkennen:	
Warum, glaubst du, gelingt dir das nicht? Wo genau liegt das Problem? Woran könnte das liegen?	
... Lernvoraussetzungen zu reflektieren:	
Was gelingt dir schon gut? Was genau ist noch schwierig für dich? Wie könntest du das ändern?	
... Lernmöglichkeiten wie Material, Strategien, Lernformen auszuwählen:	
Was würde dir jetzt helfen? Wer kann dir noch dabei helfen? Was kannst du selber tun? Was kann ich tun?	
... Lernmöglichkeiten in Lernhandlungen umzusetzen:	
Was kann dein nächster Schritt sein? Welche Möglichkeiten hast du? Wie könntest du vorgehen?	
... Ergebnisse der Lernhandlungen zu reflektieren:	
Wie hast du das gelernt? Was hast du erfahren?	
... Lernfortschritte zu erkennen:	
Was hast du in ... gelernt? Woran erkennst du das?	

19 Schritt 19: Ich gestalte meine Lehrerrolle neu.

Gundula Dechow

Ziel: Sie verstehen sich als Konstrukteur und Moderator von Lernprozessen.

Unabhängig vom Thema „Inklusion" trat John Hattie in einem Vortrag im Jahr 2003 mit dem Titel „Teachers make a difference" für ein **erweitertes Rollenverständnis** der Lehrkräfte ein. Er stützte sich auf die Erkenntnisse einer Studie, derzufolge die Person des Lehrers maßgeblich den Lernerfolg beeinflusst (www.visiblelearning.de).

Als entscheidend in der Wirkung erwies sich nicht allein das Wissen, sondern wie der Unterricht organisiert und strukturiert wird, um den Besonderheiten der jeweiligen Unterrichtsstunde und der Schüler gerecht zu werden. Dieses Ergebnis ist besonders beachtenswert im Hinblick auf inklusiven Unterricht.

Da inklusiver Unterricht nicht die Strukturen traditionellen Unterrichts aufweist, bringt er veränderte Aufgabenfelder für den Lehrer mit sich. Sie als Lehrer sind nicht mehr der Hauptakteur, sondern der einzelne Schüler steht im Zentrum, so dass eine

> „Umstellung von offensiven zum defensiven Lehrerhandeln" *(Klippert 2010, 88 f.)*

eingeleitet wird. Die Lehrerrolle muss neu definiert werden und braucht Ihre Bereitschaft zum Umdenken hinsichtlich Ihrer Tätigkeiten sowie Ihre Bereitschaft, Haltung und Handlungen zu verändern.

Grundhaltung

In Schritt 1 wird bereits ausführlich die Bedeutung eines Perspektivwechsels diskutiert, hin zu einer positiven Haltung hinsichtlich der Potentiale heterogener Lerngruppen.

„Wahrnehmung, Akzeptanz und Wertschätzung eines jeden" (Index für Inklusion, 2003, 10) sollten für alle Beteiligten immer spürbar sein. Sie bilden die Basis für Vertrauen. Besonders vielfältige Lerngruppen brauchen eine vertrauensvolle Atmosphäre, ein positives Lernklima, um auch unkonventionelle Schritte angstfrei gehen zu können.

> „Fehlt Sicherheit in der Klasse, hört alles Lernen auf." *(Ebbens/Ettekoven 2009, 18)*

Diese Sichereit können Sie Schülern geben, wenn Sie bereit sind, auch die Rolle einer Bezugsperson zu übernehmen, die unterstützt, berät und in schweren Zeiten Mut und Halt gibt (Stähling 2006).

Vorbild

Gehen Sie mit gutem Beispiel voran, denn Schüler brauchen Rollenmodelle!

Das Verhalten, das ein Lehrer von seinen Schülern erwartet, muss er selbst zeigen. Sollen die Schüler höflich miteinander umgehen, muss auch er höflich mit ihnen sein. Sollen die Schüler nach gewissen Regeln zusammenarbeiten, muss er es mit seinen Kollegen auch tun. Nur dann ist er authentisch! Handelt ein Lehrer anders, disqualifiziert er sich. Empathie wird nicht über Belehrung gelehrt!

Neue Rollen im individualisierenden Unterricht

Die veränderte Unterrichtsstruktur ordnet Rollen neu und weist sie anders zu. Die Ausführungen der Schritte 14 bis 18 konkretisieren diese neuen Aufgabenfelder deutlich. Sie als Lehrer geben Verantwortung an die Schüler ab und nehmen nicht in allen, aber in vielen Unterrichtssituationen eine zurückhaltende Rolle ein – als Moderator, Beobachter, Begleiter und Berater.

Nun könnten Sie entgegnen: „Wie soll ich das denn alles noch leisten?" oder „Dafür bin ich gar nicht ausgebildet!" Diese Aussagen machen Angst vor Überforderung deutlich. Das ist bei den ständig wachsenden Anforderungen an Ihre Arbeit einerseits verständlich (→ Schritt 3), andererseits jedoch nicht notwendig, wenn Sie Ihren Blickwinkel etwas verändern.

Hauptakteure im inklusiven Unterricht sind die Schüler. Diese Tatsache an sich kann schon entlastend für Sie sein. Ihre Hauptaktivität verlagert sich aus dem Unterricht in die Vor- und Nachbereitung. Ihre Aufgaben im Unterricht bestehen nun vorrangig im Formulieren von Arbeitsperspektiven, im Beobachten, Unterstützen und Ermutigen der Schüler während der Eigenlernphasen, im Bereitstellen von Materialien sowie im Strukturieren und Lenken von Auswertungsprozessen (→ Schritt 17). Das bedeutet, dass Sie selbst nicht mehr beständig der Dreh- und Angelpunkt im Unterrichtsgeschehen sind. Während die Schüler arbeiten – diese Zeitspannen sind länger als im traditionellen Unterricht –, gewinnen Sie neue Freiräume. Sie gewinnen Zeit!

- Zeit, um Lernprozesse genauer zu beobachten.
- Zeit, um das Vorgehen einzelner Schüler besser nachvollziehen und verstehen zu können.
- Zeit für mehr individuelle Unterstützung.

Sie sind definitiv näher an Ihren Schülern. Diese Nähe ermöglicht Ihnen Einblicke, individuelle Ressourcen (→ Schritt 5) zu erkennen, die wiederum bei der Planung der nächsten Schritte oder bei der Einordnung und Bewertung von Ergebnissen sehr hilfreich sind.

Für diese neue Unterrichtsrolle müssen Sie lernen:

- zuzuhören, abzuwarten und zu beobachten;
- zu beraten, Hilfen zur Selbsthilfe zu formulieren, Mut zu machen;
- den Lernprozess genauso wichtig zu nehmen wie die Lernergebnisse;
- Lernumwege und Lernirrwege zuzulassen;
- Materialien aufzubereiten;
- Kontakte herzustellen;
- Arbeitsformen vorzuleben;
- Arbeitsergebnisse zu strukturieren.

(vgl. Weidner 2008, 128)

Das praktizieren Sie zweifellos zum Teil schon – intensivieren Sie diese Haltungen und Handlungsweisen.

Im Alltag wird ziemlich schnell deutlich, dass eine effektive Lernberatung Kompetenzen braucht, die nicht vom Himmel fallen, jedoch erlernbar sind!

Erklären Sie sich bereit, mehr darüber erfahren zu wollen, wie Lernen funktioniert.

Lehrer als Konstrukteur

Strukturen festlegen und Lernumgebung arrangieren

Im Vorfeld legen Sie die strukturellen Rahmenbedingungen fest: fachliche, soziale und methodische Inhalte, die räumlichen Gegebenheiten (→ Schritt 9), sowie die Materialien für selbstgesteuertes Lernen (→ Checkliste Schritt 2).

Unterrichtsplanung

Der Unterrichtsgegenstand wird für die Schüler unterschiedlich aufbereitet (Methodenvielfalt → Schritt 14) unter folgenden Aspekten:

- Die Gestaltung individueller Lernwege ist das methodische Leitprinzip.
- Lernstrategiewissen und Metakognition werden unterstützt.
- Die Eigenaktivität der Schüler wird gefördert.
- Ziele müssen klar formuliert sein (Vorgehen plausibel, Ergebnissicherung deutlich und verbindlich).
- Bewertungskriterien werden festgelegt und transparent gemacht.
- Das Vorwissen spielt eine wichtige Rolle.
- Inhalte knüpfen an Vorwissen an.
- Geeignete Aufgabenformate (→ Schritt 17) werden gefunden.
- Aufgaben sind klar strukturiert und eindeutig formuliert (bei komplexen Aufgaben kann ein schriftlicher Leitfaden hilfreich sein).

- Rückmeldeschleifen (Monitoring) werden eingebaut.
- Geeignete Übungsformen ermöglichen „intelligentes Üben".
- Es werden passende Modelle und andere Medien zur Veranschaulichung genutzt.
- Fehler dienen dem Erkenntnisgewinn.
- Regelmäßige Wiederholungen und Zusammenfassungen sind Standard.
- Die Lernumgebung ist sachlich sinnvoll gestaltet. (→ Checkliste Schritt 2)

Lehrer als Moderator

Unterricht

Im Unterricht selbst steht der Schüler im Mittelpunkt. Sie haben viel Vorarbeit geleistet und übernehmen nun die Rolle des Moderators. Ein guter Moderator ...

- achtet auf eine passende Sitzordnung,
- begrüßt die Teilnehmer freundlich,
- gibt einen Ausblick auf Thema und Zeitrahmen,
- stellt seine eigenen Ziele, Werte und Meinungen zurück,
- hört überwiegend zu, spricht wenig,
- gibt Meinungen und Äußerungen wieder und fasst sie zusammen,
- stellt weiterführende Fragen,
- sorgt dafür, dass alle ihre Meinungen und Ideen vertreten können,
- hat das Ziel im Auge und strukturiert die Diskussion,
- untergliedert große Probleme in kleine,
- formuliert klare Frage- bzw. Aufgabenstellungen für die Gruppenarbeit,
- fasst Zwischenergebnisse zusammen und hält wichtige Ergebnisse und Vereinbarungen fest.

Viele dieser Aufgaben sind Ihnen vertraut. Anders sieht es in den Phasen des selbstständigen Lernens aus, die im inklusiven Unterricht einen größeren zeitlichen Raum einnehmen. In diesen Arbeitsphasen begleiten, beobachten und bieten Sie gegebenenfalls Unterstützung – Hilfe zur Selbsthilfe – an und können bei schwierigen Gruppenprozessen intervenieren.

Ihre Präsens in den Arbeitsphasen der Schüler lässt Sie aufmerksam für die Lernbewegungen Ihrer Schüler werden, wichtig für die Rückmeldungen, die Diagnostik und den Entwurf der nächsten Schritte (→ Schritt 15).

Bewertung – Reflexion (Feedback)

Wenn Schüler individuell lernen und auf ihrem eigenen Lernweg unterstützend begleitet werden, muss auch die Beurteilung und Rückmeldung individuell erfolgen. Im Zentrum der Bewertung stehen die Lernfortschritte des einzelnen Schülers, die den Ausgangspunkt für die Beurteilung der Schülerleistung bilden.

Die Bewertungen individualisierter Lernprozesse berücksichtigen folgende Aspekte:

- Wurden die Zielerwartungen klar benannt?
- Wurden die Beurteilungsverfahren erläutert und kommuniziert?
- Wurden die Aufgabenstellungen individuell zugeschnitten?
- Wie wurden äußere Rückmeldungen umgesetzt?
- Wurde die Selbsteinschätzung einbezogen?

Mündliche Rückmeldungen bilden neben Portfolios, Lerntagebüchern, Schülerselbstbewertungsbögen und Beobachtungen des Lehrers die Grundlage für Bewertungen sowie für weitere Planungen des Lernprozesses.

Mündliche und schriftliche Rückmeldungen (→ Schritt 16) helfen nicht nur den Lernprozess effizienter zu gestalten, sondern auch im Prozess nachzusteuern. Der Lehrer macht mit seiner Rückmeldung dem Schüler deutlich, welche Stärken er sieht, aber auch welche Schwachstellen er erkennt. Feedback geben sich Schüler und Lehrer gegenseitig. Der Schüler meldet dem Lehrer zurück, was er für seinen weiteren Lernweg braucht. Eine Feedback-Kultur[21] in den Unterricht zu implementieren heißt, Lernprozesse zu erhellen.

[21] Feedbackkultur gilt als Türöffner für Veränderungsprozesse (Bastian 2007b) und ist ein Thema für Lehrer, die ihren Blick auf individuelle Lernprozesse schärfen möchten.

Was im Unterricht erreicht wurde, wird häufig erst in Klausuren deutlich. Wie und warum die Ergebnisse erreicht wurden, bleibt dagegen oft unklar. Die Qualität der Lernprozesse – gelungenen oder weniger gelungenen – bleibt meist im Dunkeln.

Feedback bringt einerseits die vernachlässigte Perspektive der Schüler zur Geltung. Andererseits bietet eine Feedbackkultur im Unterricht die Chance für Lehrer und Schüler, etwas über die Wirksamkeit des eigenen Verhaltens zu erfahren, wenn sie den Charakter einer gemeinsamen Beratung annimmt.

(vgl. Bastian 2007a, b)

Lernbegleitung

Zur Lernbeobachtung und Lernbegleitung gehört die Dokumentation der individuellen Lernentwicklung: ein Entwicklungsplan. Er erfasst die prozessuale Entwicklung individueller Lernstände eines Schülers und beschreibt Entwicklungspotentiale und Lernentwicklung. Mit dem Entwicklungsplan erfolgt eine Abstimmung des Lernstandes mit den Lernangeboten und der Lernplanung.

Zu den Inhalten gehören:

- Lernausgangslage,
- Ziele,
- Maßnahmen zur Erreichung der formulierten Ziele,
- Einschätzung der Lernfortschritte des Lehrers,
- Einschätzung der Lernfortschritte des Schülers.

Form und Titel derartiger Entwicklungspläne können variieren (→ Schritt 16).

Lehrer im Team

Im deutschen Schulsystem haben Lehrer traditionell die Rolle eines Einzelkämpfers inne. Hinter verschlossener Klassentür ist er weitgehend allein verantwortlich für Lernerfolge und Schwierigkeiten seiner Klasse. Schon im Vorfeld der 2009 unterzeichneten Behindertenrechtskonvention haben Kollegen ihre Zusammenarbeit intensiviert und sich damit professionalisiert. Im Zuge der Diskussion um inklusiven Unterricht ist **Teamarbeit** das Zauberwort. Soll differenziertes Lernen in vielfältigen Lerngruppen gelingen, brauchen wir multiprofessionelle Teams, in denen Regelschullehrkräfte, Sonderpädagogen, Sozialpädagogen, Integrationshelfer u.a. zusammenarbeiten und ihr Expertenwissen im Sinne der Schüler kumulieren (→ Schritt 13).

Eine **professionelle Zusammenarbeit** führt jedoch auch zur „Veröffentlichung" der persönlichen Arbeit, in der auch Versagensmomente und Unzulänglichkeiten transparent werden (Börner 2010). Das zuzulassen, erfordert Ihre persönliche Bereitschaft, sich zu öffnen.

Verteilen Sie die Gesamtaufgabe auf mehrere Schultern. Anders lässt sich die Komplexität einer vielfältigen Lerngruppe nur schlecht bewerkstelligen. Mit den abgrenzbaren Aufgabenbereichen wird gleichzeitig eine Rollenstruktur entwickelt (Wocken 2012, 178).

Ihr Team tagt regelmäßig und kontinuierlich. Dabei sind die Arbeitsabläufe klar strukturiert und organisiert, die Verantwortlichkeiten transparent und geregelt.

Es bietet ein Forum für gemeinsame Planung und Reflexion – das kann sehr entlasten (Stichwort: Arbeitsteilung und Entwicklung). Sie bewältigen zeitweise mit Ihrem Teampartner gemeinsam den Unterricht, d.h., Sie sind nicht mehr der einzige Ansprechpartner im Unterricht. Das entlastet! In regelmäßigen Gesprächen tauschen Sie Ihre Erfahrungen aus und lernen alternative Sichtweisen kennen, die das eigene professionelle Handeln erweitern und bereichern.

Ihre Lehrerrolle als Mitglied in einem Team verändert sich. Wie Sie diese Rolle gestalten, bedeutet eine neue Herausforderung. In Schritt 13 werden Wege in diese neue Rolle beschrieben.

Auch wenn zu Beginn einige Stolpersteine zu überwinden sind, lassen Sie sich nicht entmutigen. Langfristig lohnt sich der Einsatz für die Implementierung dieser neuen Strukturen der Zusammenarbeit.

Literatur

Bastian, Johannes (2007a): Einführung in die Unterrichtsentwicklung. Weinheim

Bastian, Johannes (2007b): Feedback-Methoden. Weinheim

Boban, Ines/Hinz, Andreas (2003): Index für Inklusion. Lernen und Teilhabe in der Schule der Vielfalt entwickeln. Halle

Börner, Simone (2010): Lehrer haben (keine) Konflikte – Konfliktbearbeitung kooperierender Lehrer im Gemeinsamen Unterricht. In: Börner, Simone/Buchholz, Thomas/Fischer, Jörg (Hrsg.) (2010): Gemeinsamer Unterricht in Thüringen – Bilanz und Perspektiven. Tagungsband des 5. Landesweiten Integrationstages Thüringen 2010

Ebbens, Sebo/Ettekoven, Simon (2009): Unterricht entwickeln. Band 1: Effektiv Lernen. Baltmannsweiler

Klippert, Heinz (2010): Heterogenität im Klassenzimmer. Wie Lehrkräfte effektiv und zeitsparend damit umgehen können. Weinheim

Stähling, Reinhard (2006): Du gehörst zu uns. Inklusive Grundschule. Baltmannsweiler

Weidner, Margit (2008): Kooperatives Lernen im Unterricht. Seelze

www

www.visiblelearning.de/author/swaack/

Schritt 20: Ich unterstütze den Aufbau positiven Verhaltens und die Organisation von Gemeinschaft. Katja Tews-Vogler

20

Ziel: Sie kennen Eckpunkte für klare Strukturen in einer wertschätzenden Atmosphäre.

Aus einer Gruppe von Kindern oder Jugendlichen mit sehr unterschiedlichen Lernvoraussetzungen und kulturellem Hintergrund eine Klassen**gemeinschaft** zu formen, stellt hohe Anforderungen an Beziehungs- und Erziehungskompetenz.

Laut internationaler Forschung (einschließlich Hattie-Studie) sind für ein *„lernförderliches Klima"* zwei Voraussetzungen notwendig: Eine gute Beziehung zwischen Schüler und Lehrer und ein effektives Classroom-Management.

Organisation von Gemeinschaft durch effektives Classroom-Management

Nichts ist für Schüler so verwirrend und belastend wie ständig wechselnde Abläufe. Dagegen fördern transparente und verlässliche Abläufe effektives Lernen und erfüllen das Bedürfnis nach Sicherheit (→ Schritt 4).

Zum Classroom-Management gehören gut durchdachte Räumlichkeiten und eine *vorbereitete Umgebung* (→ Schritt 9). Individualisierte Arbeitsformen erfordern ein sorgsam durchdachtes Organisationssystem. Hinzu kommen:

- Regeln,
- strukturierte Verfahrensabläufe und Arbeitsstrategien,
- Rituale.

Diese unterstützen ein zügiges Voranschreiten des Lernprozesses, weil die Schüler wissen, was auf sie zukommt, was von ihnen erwartet wird, wie sie Hilfe erhalten. Lehrkräfte, die ihre Unterrichtsabläufe bis hin zur methodischen Umsetzung gut vorbereitet haben, erleben weniger Überraschungen. Sie planen:

- Wie sollen Handlungsaktivitäten umgesetzt werden?
- Welche Schwierigkeiten können dabei auftreten?
- Wie sollen die geplanten Differenzierungsmaßnahmen umgesetzt werden?
- Wie können eventuelle Freiräume und Pausen gefüllt werden?

„Gutes Classroom-Management besteht vor allem aus einem: Vorbereitung, Vorbereitung, Vorbereitung."
(Wong 2004; zitiert nach Eichhorn 2011, 152)

Regeln und Umgangsformen planen

Für eine zuverlässige, sichere Lernatmosphäre ist die Einführung von sozialen und kommunikativen Regeln wichtig. Ein Minimum an praktikablen Regeln trägt dazu bei, möglichst viele Verfahrensabläufe zu klären (Tipps zur Einführung → Checkliste).

Wenn Schüler von der Bedeutsamkeit der Regeln überzeugt sind, lassen sich diese besser umsetzen. Erörtern Sie deshalb mit Ihren Schülern die Fragen:

- Was brauchen wir, um gut miteinander arbeiten zu können?
- Wie wollen wir miteinander umgehen?

Kommunikation untereinander soll so respektvoll wie möglich ablaufen, Konflikte möglichst konstruktiv gelöst werden. Für eine vertrauensvolle Atmosphäre ist z.B. wichtig:

- Wie möchte ich begrüßt werden?
- In welchem Ton wird mit mir gesprochen?
- Wie kann ich meinen Mitschülern Tipps geben, ohne sie zu verletzen?
- Wie schaffe ich es, Tipps anzunehmen, ohne beleidigt zu reagieren?
- Wie zeige ich meinen Ärger, ohne andere zu verletzen?
- ...

Abläufe und Arbeitsstrategien ritualisieren
Störungen entstehen auch dann, wenn Schüler nicht wissen, wie sie sich verhalten sollen. Verfahrensabläufe müssen eingeübt, Arbeitsphasen so strukturiert und vorbereitet sein, dass ein *hoher Anteil echter Lernzeit* möglich wird (Tipps zur Ritualisierung von Abläufen → Checkliste). Dazu müssen die Schüler genau wissen,

- was sie zu tun haben,
- wo sie erforderliche Materialien finden,
- wo sie Hilfe und Unterstützung finden.

In Gruppen- oder Partnerarbeitsphasen muss klar sein,

- wer mit wem arbeitet,
- welche Aufgabe jeder in der Gruppe hat,
- wie lange die Phase dauert.

Sehr wichtig ist auch die genaue Klärung der Frage: Was tue ich, wenn ich fertig bin? Freiräume werden immer entstehen. Wie sollen die Schüler sie nutzen? Wenn freie Arbeitsmaterialien oder sinnvolle Beschäftigungsangebote vorliegen, entstehen weniger Störungsquellen.

Auch **Rituale** dienen der Strukturierung täglicher Abläufe. Sie vermitteln Berechenbarkeit, Sicherheit und Transparenz. Beispiele finden Sie unter:

www www.erziehungshilfe.com > news > Landesfachtag Ich-Du-Wir.

Bewährt haben sich Rituale

- für den Unterrichtsbeginn,
- zur Ein-, Aus- und Überleitung von Phasen,
- zur Unterstützung des Lernens,
- zur Rückmeldung.

Klarheit und Konsequenz
Die Einsicht in den Sinn von Regeln führt bei Schülern nicht automatisch auch zu deren Einhaltung. Schüler beobachten besonders zu Beginn aufmerksam Ihr Verhalten im Umgang mit Vereinbarungen und Regeln. Es beeinflusst, wie viel Respekt sie Ihnen in Zukunft entgegenbringen.

„Wenn der Lehrer nicht bestimmt, was im Klassenzimmer gilt und was nicht gilt, dann bestimmen dies die Schüler."

(Jones 2000; zitiert nach Eichhorn 2011, 162)

Die Schüler möchten wissen, wie sie mit Ihnen „dran" sind. Wie weit können sie gehen? Sind Sie konsequent und zuverlässig? Das anstrengende „Austesten" hängt eng mit dem Bedürfnis nach Sicherheit und Stabilität zusammen (→ Schritt 4). Klären Sie deshalb von Anfang an:

- Ihre konkreten Erwartungen,
- Verfahrensabläufe (für Arbeitsprozesse, kommunikative und soziale Prozesse). Üben Sie diese wiederholt ein!
- Formulieren Sie immer positiv! Ihre Schüler müssen wissen, wie erwünschtes Verhalten aussehen soll.
- Loben Sie die Schüler, die Ihre Erwartungen bereits erfüllen. Achten Sie auch auf kleine Fortschritte.
- Seien Sie konsequent und beharrlich.
- Reagieren Sie sofort auf Störungen! Wichtig: trotzdem wertschätzend und positiv bleiben.
- Bemühen Sie sich von Anfang an auch um einen positiven Beziehungsaufbau zu Ihren Schülern!

Dass es sinnvoll ist, Unterrichtszeit in soziales Lernen und den Aufbau positiven (Lern)-Verhaltens zu investieren, auch wenn dies nicht im Lehrplan steht, ist den meisten Kollegen heute klar. Binden Sie am besten auch die Eltern von vornherein ein. Überzeugen Sie sie davon, dass fachliches Lernen effektiver und schneller erfolgt, wenn ein *lernförderliches Klima* herrscht und Konflikte in angemessener Form ausgetragen werden.

Der Aufbau von Beziehungen und Zusammengehörigkeitsgefühl
Schüler müssen täglich viele Dinge erledigen, die Sie ihnen auftragen. Je besser Ihre Beziehung ist, desto eher werden sie dazu bereit sein. Wenn Sie der Vielfalt ihrer Schüler ressourcenorientiert und wertschätzend begegnen, wirkt

sich das auf ein günstiges Klassenklima und eine gute Beziehung aus (→ Schritte 4 und 5).

Den Umgang mit „Anderssein" haben viele Schüler nicht gelernt. Sensibilisieren Sie Ihre Schüler von Anfang an für Gemeinsamkeiten und Verschiedenheit und sorgen Sie nach einer Kennenlernphase für einen offensiven Umgang mit diesem Thema (→ Schritt 4).

Hilfreich sind auch Gelegenheiten, in denen Ihre Schüler sich mit ihren eigenen Besonderheiten beschäftigen können.

- Ich kann gut ...
- Ich interessiere mich für ...
- Ich kann nicht so gut ...
- Ich traue mich nicht ...
- Ich brauche Unterstützung bei ...

Besonders die letzten beiden Übungen zur Selbstreflexion und zur Wahrnehmung von Unterstützungsbedarf setzen einen respektvollen Umgang mit dem voraus, was die Schüler voneinander erfahren.

Schüler übernehmen Verantwortung

Den Aufbau einer vertrauensvollen Atmosphäre fördern Sie, indem Sie die Schüler teilhaben lassen und ihnen Verantwortung übergeben (→ Schritt 5). Dafür ist zum Beispiel das Instrument des **Klassenrates** geeignet. Viele Informationen finden Sie unter:

www www.derklassenrat.de

Der Klassenrat wird von Schülern selbstständig durchgeführt, sie bestimmen die Themen (gemeinsames Lernen oder Gemeinschaft), leiten ihn und sind für Lösungen selbst verantwortlich. Schüler können soziales und demokratisches Handeln üben; gleichzeitig werden Probleme zeitnah behandelt. Es entstehen im Unterricht weniger Störungen.

Abbau von unerwünschtem und Aufbau von positivem Verhalten

Selbstverständlich gehört zum Aufbau positiver Beziehungen innerhalb der Klasse auch der Abbau unerwünschten Verhaltens.

Unterrichtsstörungen stellen eine erhebliche Barriere dar auf dem Weg zu einer Schule, die allen Kindern und Jugendlichen gerecht wird. Aber die Auffassungen darüber, was eine Störung ist, differieren stark. Sie reichen vom Dazwischenreden bis zur vollständigen Arbeitsverweigerung, von Unhöflichkeit bis zur Bedrohung.

Was in Ihrer Klasse als Störung oder unerwünschtes Verhalten angesehen werden soll, können Sie mit Ihren Schülern selbst festlegen. Wenn Sie oder Schüler sich in ihrem Recht auf Respekt und/oder Schutz der Person missachtet fühlen, gibt es Handlungsbedarf. Besprechen Sie auch die Folgen, die ein Regelverstoß nach sich zieht. Sinnvolle Konsequenzen sollen dem Betreffenden dabei helfen, zukünftig Regeln besser einhalten zu können.

Eine Konsequenz

- sollte **vor** einem Regelverstoß festgelegt werden. Durch diese Transparenz vermeiden Sie den Eindruck von Willkür.
- soll eine Reaktion auf das Verhalten sein (nicht auf die Person); Trennung zwischen Tat und Person!
- sollte unmittelbar auf den Regelverstoß erfolgen und einen engen, sinnvollen Bezug zum Fehlverhalten aufweisen.
- kann in Form von Wiedergutmachung, befristeten Auflagen, befristetem Entzug von Rechten, Entschuldigungen usw. bestehen.

Reagieren Sie auf unerwünschtes Verhalten oder Regelverstöße sofort, aber nicht unbedingt öffentlich. Besonders im Pubertätsalter ist es manchmal ratsamer, unauffällig zu reagieren, um dem Jugendlichen nicht noch zusätzlich das Gefühl des Gesichtsverlusts zu geben.

Ein **Beispiel:** Ein Schüler beschimpft und tritt eine Mitschülerin beim Betreten des Klassenraumes. Am besten reagieren Sie sofort und erinnern den Schüler daran,
- wie der Klassenraum betreten wird,
- wohin er nach Betreten des Klassenraumes gehen und was er tun soll.

Folgt der Schüler Ihrer Aufforderung, bedanken Sie sich bei ihm. Wann immer es möglich ist, sollte ein „Konflikt klein gehalten werden" (Kounin). Das können Sie in diesem Fall auch erreichen, indem Sie leise mit dem Schüler sprechen. Damit machen Sie die Angelegenheit zu einer zwischen sich und ihm. Sie schützen ihn, machen dennoch deutlich, dass Sie auf Einhaltung des erwarteten Verhaltens beharren.

Eine auf Sicherheit und Wert, auf Bindung und Wachstum ausgerichtete Erziehung kommt nicht ohne Grenzsetzungen aus. Auch Kritik und negative Konsequenzen sind von Zeit zu Zeit notwendig. Hier kommt es entscheidend auf die Art und Weise an.

Der Abbau unerwünschten Verhaltens schafft nicht automatisch erwünschtes positives Verhalten. Das muss aktiv aufgebaut und gefördert werden. Hilfreich dafür ist ein Vorgehen (→ Schritt 5), das auf Lösungen ausgerichtet ist und mit Zielvorstellungen arbeitet: Erwartungen müssen klar und konkret, vor allen Dingen aber positiv formuliert sein. Nur so kann ein Kind eine Vorstellung von erwünschtem Verhalten entwickeln (zum Verfahren → Checkliste).

„Ermahnungen sind kurz und teilen dem Schüler konkret mit, was er tun soll (J. Kounin) - und nicht, was er nicht tun soll." *(Eichhorn 2011, 167)*

Klassenübergreifende Maßnahmen

Klassenübergreifende Maßnahmen sollen dabei helfen, Konflikten mit Schülern, Konflikten von Schülern untereinander und Unterrichtsstörungen adäquat begegnen zu können. Wissenschaftliche Studien belegen, dass besonders Schulen, die über ein verbindliches Vorgehen und über ein einheitliches Verständnis im Umgang mit Konfliktsituationen verfügen, pädagogisch erfolgreicher arbeiten. Deshalb ist es wichtig, dass Sie sich mit allen Beteiligten über ein gestuftes System an Maßnahmen verständigen. Dafür wurden mittlerweile mehrere Programme entwickelt.

Ein gut geeignetes Beispiel hierfür ist „Ich schaff's" von Ben Furman, die deutschsprachige Version von „Kids' Skills", dem internationalen lösungsorientierten Programm für Kinder und Jugendliche (siehe Literatur unter Bauer/Hegemann und Furman).

Ich schaff's! Lösungsorientiert-systemisches Programm für die Arbeit mit Kindern (bis ca. 12 Jahre)

Ich schaff's! - Cool ans Ziel
Programm für die Arbeit mit Jugendlichen (ca. 13-17 Jahre)

Um jedes Missverständnis auszuschließen: Bei den in diesem Schritt skizzierten Anregungen handelt es sich um Tipps, die hilfreich sein können. Es wird aber immer Schüler geben, die nicht „einzufangen" sind und die mehr als herausforderndes Verhalten zeigen. Dann ist der Zeitpunkt gekommen, Unterstützung und geeignete Maßnahmen einzufordern (→ Schritt 11). Noch immer ist es oft so, dass Lehrkräfte zu lange mit stetig wachsenden Problemen allein gelassen werden. Hier muss ein Umdenken erfolgen!

Literatur

Bauer, Christiane/Hegemann, Thomas (2011): Ich schaffs! – Cool ans Ziel. Das lösungsorientierte Programm für die Arbeit mit Jugendlichen. Heidelberg

Bergsson, Marita/Luckfiel, Heide (2011): Umgang mit „schwierigen" Kindern. Berlin, 8. Auflage

Eichhorn, Christoph (2011): Classroom Management. Wie Lehrer, Eltern und Schüler guten Unterricht gestalten. Stuttgart

Furman, Ben (2011): Ich schaff's! Spielerisch und praktisch Lösungen mit Kindern finden. 15-Schritte-Programm für Eltern, Erzieher und Therapeuten. Heidelberg

Hartke, Bodo/Vrban, Robert (2010): Schwierige Schüler. 49 Handlungsmöglichkeiten bei Verhaltensauffälligkeiten. Hamburg, 4. Auflage

Hattie, John (2008): Visible Learning. A Synthesis of Over 800 Meta-Analyses Relating to Achievement

Helmke, Andreas (2009): Unterrichtsqualität und Lehrerprofessionalität. Seelze

WWW | www.erziehungshilfe.com

WWW | www.unterrichtsstoerungen.de

Checkliste Schritt 20 ▶

Checkliste Schritt 20

Wie schaffe ich ein gutes Classroom-Management und baue positives Verhalten auf?

Einführung von Regeln	
Eckpunkte	Mein nächster Schritt:
Aufbau einer Regel (modifiziert nach Bergsson 2011, 64): • enthält ein Gebot, kein Verbot • wird positiv formuliert • ist einfach, konkret, bildhaft • ist kurz (einfacher Hauptsatz) • soll mit „ich" oder „wir" anfangen • das erwartete Verhalten soll beobachtbar sein Beispiel: „Wir melden uns!"	
Möglichst wenige Regeln (nicht mehr als drei), die möglichst viele Abläufe verdeutlichen. Welche drei Regeln möchten Sie einführen?	
Haben Sie zur **Einführung einer Regel** • diese gemeinsam mit der Klasse festgelegt? • gemeinsam Konsequenzen besprochen und festgelegt? • Regeln gut sichtbar im Klassenraum aufgehängt?	
Sie achten **konsequent** auf Einhaltung. In welchen Situationen im Unterricht müssen Sie besonders aufpassen?	
Sie sind selbst das beste **Vorbild** bei der Einhaltung von Regeln. In welchen Situationen im Unterricht könnten Sie damit Schwierigkeiten haben?	
Sie **loben** diejenigen, die sich an die Regeln halten. Wann und wie tun Sie dies am besten?	

Einführung von Verfahrensabläufen und/oder Arbeitsstrategien	
Eckpunkte/Umsetzungsmöglichkeiten	**Ich entscheide mich für:**
Sie vereinbaren ein **Signal,** wenn ein Schüler • eine Frage hat • andere Hilfe benötigt • fertig ist •	
Damit andere Schüler oder Sie selbst nicht gestört werden, vereinbaren Sie **nonverbale Signale** wie • Wäscheklammer an Schnur oder Pappstreifen an der Tafel oder Wand • einfaches Schild auf dem Tisch • Schild in Form eines Prismas auf dem Tisch: jede Seite kann für eine andere Situation beschriftet werden • ...	
Sie **visualisieren Abläufe** übersichtlich/plakativ und permanent im Klassenraum verfügbar • neben der Tafel • ...	
Sie üben den Ablauf konsequent ein und **ritualisieren** ihn folgendermaßen: • genaue Erklärung des erwünschten Verhaltens • Visualisierung des Ablaufs • eventuell Demonstration • Lob derjenigen, die bereits erfolgreich das erwünschte Verhalten gezeigt haben • Wiederholung	

Aufbau positiven Verhaltens durch klare Zielformulierungen[22]	
Das gewünschte Verhalten muss dem Schüler **konkret** vor Augen stehen. • Sie formulieren klare Ziele: Wie soll das erwünschte Verhalten aussehen? • Sie wählen positive Formulierungen. • Sie erklären das erwünschte Verhalten. • Sie lassen es unter Umständen vormachen.	
Sie suchen nach vorhandenen **Ressourcen** für die Erreichung des Ziels. • Wie kann der Schüler das gewünschte Ziel erreichen? • Was kann dabei helfen? Sie ermutigen den Schüler, sich auf den Weg zu machen.	
Sie beobachten und begleiten den individuellen Lernprozess. Sie melden Positives präzise zurück: • Was genau läuft gut? • Welche Schüler haben was genau richtig gemacht? Sie geben zu den einzelnen Prozessabschnitten **Rückmeldung.** Sie loben sofort erfolgreiche Zwischenschritte. Sie machen Komplimente und spiegeln dadurch Ressourcen. • Was funktioniert schon? • Was hat dabei geholfen?	
Sie planen die **weiteren Entwicklungsschritte** gemeinsam. Sie besprechen gemeinsam mit den Schülern: • Was kann noch besser gemacht werden? • Wie können wir das schaffen?	

[22] Die skizzierten Verfahrenseckpunkte orientieren sich an den Vorschlägen von Eichhorn und den Kollegen Ahrens und Plagmann, die in Schleswig-Holstein im Bereich der Erziehungshilfe arbeiten. Die Tipps von Ahrens/Plagmann können im Internet nachgelesen werden: www.erziehungshilfe.com > News > Landesfachtag Ich-Du-Wir > Positive Verhaltensunterstützung (zuletzt aufgerufen: 06.03.2013)

Unterrichtsmodelle

Auf den folgenden Seiten stellen wir Ihnen drei Unterrichtsmodelle vor, die auf der Grundlage der in diesem Buch beschriebenen 20 Schritte entstanden sind. Ausführungen zu den entsprechenden Themen (z.B. Rhythmisierung, Gestaltung des Klassenraums oder Teamarbeit) lesen Sie bitte vorn bei den Schritten nach. Um unnötige Wiederholungen zu vermeiden, werden sie hier nicht noch einmal erläutert.

Stundenmodell Deutsch, 7. Klasse

Katja Tews-Vogler

Ziel	Die Klasse 7 informiert die Schülerinnen und Schüler der Klasse 5 über Chancen und Gefahren von Handys. Dabei lernen sie: • **einem Text Informationen entnehmen** • **Erstellen und Präsentieren eines Informationsplakates** • **einen Vortrag halten** mit Hilfe der Präsentationsform **Plakat**
Begründung des Themas	Das Thema **„Chancen und Gefahren von Internet und Handy"** entspricht dem Kompetenzbereich „Lesen - mit Texten und Medien umgehen". Da das Thema für die Lebenswelt der Jugendlichen sehr bedeutsam ist, entstehen zusätzlich relevante Lernzusammenhänge.
Kompetenzbereiche der Einheit (Auswahl) Fachliche Inhalte werden themenzentriert erarbeitet	**Sprechen/Zuhören:** Zu anderen sprechen und sich verständlich ausdrücken; vor anderen sprechen **Schreiben:** Text dem Zweck entsprechend und adressatengerecht gestalten, einen Schreibprozess eigenverantwortlich gestalten: Text planen, schreiben, kriteriengeleitet überarbeiten **Lesen - mit Texten und Medien umgehen:** Informationen zielgerichtet entnehmen; Methoden der Texterschließung nutzen **Sprache/Sprachgebrauch:** Besonderheiten der schriftlichen Kommunikation über Facebook und Handy untersuchen
Lerngruppe	• 24 Mädchen und Jungen • mehrere Kinder mit dem Förderschwerpunkt Lernen
Bedingungsanalyse	**Individuelle Lernvoraussetzungen** wurden erhoben durch: • freie Schreib- und Leseproben • kriteriengeleitete Beobachtungsbögen (aus dem schulinternen Curriculum oder aus aktuellen Fachzeitschriften) • Klassen- oder Vergleichsarbeiten • Tests **Notwendige Differenzierungen:** • Einzelne Schüler benötigen vereinfachte Texte • Möglichkeiten der Textentlastung: – Vorwissen/Vorerfahrungen aktivieren – Leseauftrag oder Fragen vor dem Lesen formulieren (Strukturierungshilfe besonders auch für Kinder mit Deutsch als Zweitsprache) – Kulturelle Vorentlastung – Sinnentnahme durch gezielte Fragen oder zu beachtende Schlüsselbegriffe unterstützen – Wichtige Textstellen im Text hervorheben – Text mit entsprechendem Bildmaterial anbieten • individuelle Zielabsprachen für den Vortrag

Für den Kompetenzbereich Schreiben (Texte schreiben und richtig schreiben) gibt es mittlerweile in vielen Lehrwerken Inklusionsmaterial, differenzierte Arbeitsmaterialien und Hinweise für die Lehrpersonen in heterogenen Lerngruppen.

Kompetenzraster für das Fach Deutsch finden Sie auch im Internet, z.B.: www.institut-beatenberg.ch.

Probleme macht es häufiger, lernniveaubezogene Angebote für den Kompetenzbereich Lesen zu erstellen. Meist besteht die Lösung darin, leistungshomogene Gruppen zu bilden, die einen anderen Text erhalten. Dabei können sowohl ein hochbegabtes Kind als auch ein Kind mit dem Förderschwerpunkt Lernen innerhalb einer Gruppe gemeinsam an einem Thema arbeiten – auf der Grundlage eines Textes. Diese Möglichkeit soll auf den folgenden Seiten vorgestellt werden.

Thema und Lernsetting

Schüler der 5. Klassen, die im Sommer neu an die Schule gekommen sind, sollen informiert werden. Das „echte Ziel" steigert die Motivation für die zu erledigenden Arbeiten. Fachbezogene Aufgaben, die alle Kompetenzbereiche sowohl der Bildungsstandards als auch der Lehrpläne abdecken, werden über das Rahmenthema, motivierende (Einstiegs-)Impulse und interessante Lernaufgaben erarbeitet.

Dafür werden zunächst mit den Schülern zentrale Fragen mit Hilfe einer Mindmap besprochen (→ Schritt 15):

- Was wollen wir zu diesem Thema wissen?
- Welche Themenschwerpunkte und möglichen Unterthemen gibt es?

Aus dem Ergebnis erarbeiten wir die thematische Zuspitzung über die Chancen und Gefahren des Handys. Gemeinsam überlegen wir Leitfragen und Verfahrenswege für die daraus resultierende Unterrichtssequenz:

- Welche Informationen sollen die jüngeren Mitschüler erhalten?
- Wie können wir uns notwendige Informationen beschaffen? (Recherche im Internet, Literaturrecherche ...)
- In welcher Form sollen die Informationen mitgeteilt werden? (Präsentation, Gestaltung eines Plakats)

Die Präsentationsform „Plakat" kann alternativ bewusst vorgegeben werden, wenn sie im Repertoire der Gruppe noch fehlt.

Anforderungen/Kriterien festlegen

Damit die Jugendlichen Verantwortung für den eigenen Lernprozess übernehmen, werden sie in alle Prozesse eingebunden. Klar definierte Ziele, transparente Anforderungen, inhaltliche und formale Kriterien werden gemeinsam so konkret wie möglich erarbeitet.

Folgende Eckpunkte werden festgelegt:

- Welche Inhalte sollen die Plakate enthalten? (Vorteile des Handys, Gefahren und Risiken)
- Wie müssen die Plakate aufgebaut sein? (Schrift, Aufbau, Anordnung der Textteile, Bilder, Visualisierungen, ...)
- Wie muss der Vortrag gehalten werden, damit wir gut zuhören können? (frei sprechen, deutlich artikuliert sprechen; Präsentationstechniken nutzen, ...)

Planung und Kooperation

Gemeinsam mit der Sonderschullehrperson analysieren Sie geplante Inhalte, Anforderungen, zu erwartende Schwierigkeiten, geeignete Methoden, erforderliche Unterstützungs- und Differenzierungsmaßnahmen. Sie vereinbaren:

- die Erhebung der Lernvoraussetzungen,
- die Konzeption und Umsetzung von Förderplänen für die Kinder mit Förderbedarf,
- die Konzeption und Umsetzung unterschiedlicher Lernziele für einzelne Schüler, individuelle Lernzielübersichten, Kompetenzraster, Lernverträge (→ Schritt 16),
- Planung des Unterrichts:
  - Welche Aufgaben eignen sich für die gemeinsame Bearbeitung, welche werden für das eigenständige Lernen vorgesehen?
  - Welche Schüler benötigen besondere Unterstützung, um an dem Vorhaben teilnehmen zu können, wie soll die Unterstützung aussehen, wer soll sie leisten?
  - Welche Hilfsmittel werden benötigt, wer organisiert sie?
- Auswahl von Texten: Welche sollen entlastet/differenziert werden, bei welchen Texten wird die Aufgabenstellung auf unterschiedliche Anforderungsbereiche abgestimmt?

Vorbereitung und Voraussetzungen

1. **Classroom-Management** (→ Schritte 15 und 20): Für ein zügiges Voranschreiten des eigenverantwortlichen Lernens müssen die Schüler wissen, wo sie notwendige Materialien und Hilfsmittel finden. Erforderliche Verfahrensabläufe, Methoden, Strategien, Rituale und Regeln müssen mit ihnen erarbeitet und ritualisiert werden.

2. **Lern- und Arbeitsstrategien für eigenverantwortliche Lernprozesse:**

- Leitfragen für den eigenverantwortlichen Arbeitsprozess (siehe Checkliste),
- Lesestrategien bzw. Techniken zur Informationsentnahme (siehe Checkliste).
  Um Texten Informationen entnehmen zu können, benötigen Schüler Lesestrategien (Vorschläge hierfür finden Sie in vielen Lehrwerken). Ob Sie mit 3, 5 oder 7 Strategien arbeiten, ist unerheblich. Wichtig sind die sorgfältige Einführung und das Einüben der einzelnen Schritte:
  - Wählen Sie gemeinsam Strategien aus, die die Jugendlichen hilfreich finden.
  - Einigen Sie sich auf 5 (oder 3 oder 7) Strategien.
  - Machen Sie deutlich, dass nicht jede Strategie für jeden Schüler gleichermaßen hilfreich ist. Eventuell werden einige Schüler nur vereinzelte Strategien anwenden. Auch das soll möglich sein.
  - Entwickeln Sie einen Selbstkontrollbogen mit den Schülern.
- Regeln und Rituale für den Ablauf der kooperativen Arbeitsformen:
  - Wer macht wann was?
  - Wie habe ich mich zu verhalten, wenn ...
- Kriteriengeleitetes konstruktives Feedback:
  - Mir hat gut gefallen, dass ...
  - Ich habe eine Frage ...
  - Ich habe einen Tipp für dich ...

3. Lernniveaubezogene Aufgaben für das eigenverantwortliche Lernen

Die Schüler erarbeiten in leistungsheterogenen Gruppen negative Aspekte des Handys. Jede Gruppe bearbeitet einen Teilaspekt[23] (Filmaufnahmen, Abzocke durch teure Apps oder Klingeltöne, Ablenkung, ...). Die Jugendlichen sollen Texten Informationen entnehmen und diese anschließend auf einem Plakat darstellen. Grundlage bildet ein Informationstext, der dem individuellen Leseniveau der Jugendlichen angepasst ist und den sie sich zunächst individuell mit Hilfe von Lesestrategien erschließen (→ Schritt 15). Damit dies gelingt, gibt es unterschiedliche Möglichkeiten:

a. **Sie vereinfachen die komplexen, anspruchsvolleren Originaltexte,** die die Grundlage für die gemeinsame Gestaltung des Plakats und den Vortrag bilden.

Beispiel für einen Originaltext:	Entlasteter (vereinfachter) Text:
Filmen mit dem Handy Auf einer Party hat Lena viele lustige Fotos und kleine Filme gemacht. Auch von Caro und Sascha, die sich küssen, und von Janina, die viel zu viel getrunken hat und nun betrunken auf dem Boden am Schrank lehnt. Die Fotos postet Lena sofort bei Facebook, um sie ihren 358 Facebook-Freunden zu zeigen. Am nächsten Tag hat Janina ein ungutes Gefühl. Sie möchte, dass Lena die Filme löscht.	**Filmen mit dem Handy** Auf einer Party macht Lena viele Filme. Sie filmt Janina. Janina hat zu viel getrunken und sitzt auf dem Boden. Lena postet die Fotos bei Facebook. Sie hat 358 Facebook-Freunde. Am nächsten Tag möchte Janina lieber, dass Lena die Filme löscht.

Leistungsstärkere Schüler können zusätzliches Textmaterial zur Bearbeitung erhalten:

- juristische Informationen bis hin zu Originalauszügen aus dem Strafgesetzbuch (z.B. § 131 Gewaltdarstellung; § 201a Verletzung des höchstpersönlichen Lebensbereichs durch Bildaufnahmen, ...),
- diskontinuierliche Texte wie Grafiken.

b. **Die Fragen variieren lernniveaubezogen.** Die folgenden Schritte I bis III orientieren sich an den Anforderungsbereichen der KMK (→ Schritt 17):

I	bekannte Informationen wiedergeben	„Nenne drei Risiken bei der Benutzung eines Handys und schreibe sie auf."
II	Zusammenhänge herstellen; erworbenes Wissen auf vertraute Sachverhalte anwenden können	Nach dem Lesen des Fallbeispiels (s.o.): „Warum kann es riskant sein, wenn du dich von einer Mitschülerin filmen lässt?"
III	eigenständig reflektieren, bewerten und beurteilen	„Überlege, welche Chancen und Gefahren in der Benutzung von Handys liegen. Erarbeite sinnvolle Regeln für die Schüler unserer Schule."

[23] Hilfreiche Materialien zum Thema finden Sie unter: www.klicksafe.de und www.nlm.de/u-materialien-handy.html. Die Niedersächsische Landesmedienanstalt hat Unterrichtseinheiten und -vorschläge zu unterschiedlichen Teilaspekten des Themas erarbeitet, die gut einsetzbar sind. Download der Einheit: „Nicht alles, was geht, geht: das Handy".

Stundenverlauf der ersten Doppelstunde

Ziel:

Wir erschließen uns einen Text über Gefahren des Handys.

Einstiegsphase:

Positive Aspekte von Handys werden gesammelt (z.B. Clustermethode).

Erarbeitungsphase:

Kooperative Verfahren unterstützen peergestütztes Lernen in leistungsheterogenen Gruppen. Der Dreischritt **„Denken-Austauschen-Besprechen"** (Think-Pair-Share) ermöglicht eine individuelle lernniveaubezogene Einzelarbeitsphase mit anschließender Sicherung und Einigung auf zentrale Inhalte in der Gruppe. Mit der **Placemat-Methode** können Gruppen zu je vier Schülern dies umsetzen. Die Schüler erschließen zunächst allein ihren eigenen Text und notieren wichtige Schlüsselbegriffe in dem für sie vorgesehenen Feld. Anschließend erfolgt ein Austausch in der Gruppe und die Einigung auf zentrale Aspekte. Diese werden schriftlich im Mittelfeld fixiert.

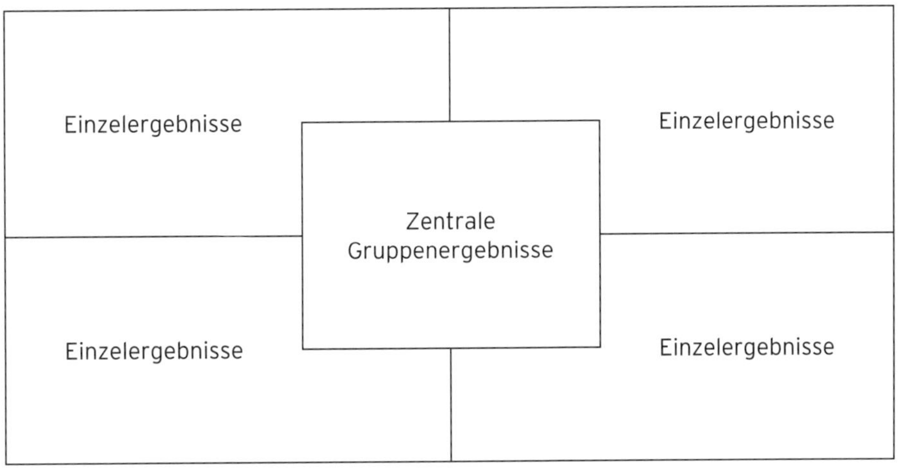

Reziprokes Lesen (Vierergruppen):

Alternativ können Sie eine weitere Methode nutzen, die gemeinsames Arbeiten an einem Text in leistungsheterogenen Gruppen ermöglicht. Das reziproke Lesen lässt sich gut mit Lesestrategien kombinieren, zum Beispiel mit dem Markieren von Texten.

1. Ein Text wird in Abschnitte geteilt, jeder Abschnitt wird zunächst leise von allen gelesen.
2. Jedes Gruppenmitglied erhält eine Rolle im Leseprozess:
   A liest den Abschnitt vor und stellt Fragen, die mit Hilfe des Textabschnitts von den anderen beantwortet werden.
   B fasst den Inhalt zusammen.
   C fragt nach Worterklärungen und fordert zur Erläuterung unklarer Textstellen auf.
   D stellt Vermutungen darüber an, was im nächsten Textabschnitt kommen könnte.
3. Diejenigen, die gerade nicht dran sind, agieren als Korrektiv oder als Gesprächspartner.
4. Bei jedem neuen Textabschnitt wechseln die Rollen im Uhrzeigersinn.

Die Schüler verfügen nach dem ersten Lesen über alle wichtigen Informationen. Auch schwache Leser haben nach den Lesephasen den Text verstanden: Ihre Verständnisschwierigkeiten zeigen sich sofort und können behoben werden. Starke Leser profitieren, weil sie ihre Fähigkeiten in der Gruppe einbringen und den Schwächeren helfen können.

Reflexionsphase:
Es folgt eine kriteriengeleitete Reflexionsphase, in der die Gruppen ihre Ergebnisse mit Hilfe der Plakate präsentieren. Die Jugendlichen geben sich konstruktives Feedback, überlegen aber auch, wie weit sie im bisherigen Lernprozess gekommen sind, was sie sich für das nächste Mal vornehmen und wie sie noch deutlichere Fortschritte erzielen können.

Weiterer Verlauf:
In den nächsten Stunden bilden die Kompetenzbereiche Schreiben (Texte situations- und adressatengerecht verfassen) sowie Sprechen und Zuhören die Schwerpunkte. Das Plakat wird kriteriengeleitet inhaltlich und formal gestaltet. Die Arbeit erfolgt wiederum in Kleingruppen, zusätzlich wird es Expertenstationen geben, z.B. für Schrift und Layout. Fähigkeiten und Fertigkeiten einiger Jugendlichen können hier positiv genutzt werden (→ Schritt 5). Anschließend werden Vortrag und Präsentation kriteriengeleitet geübt.

Literatur:

WWW www.nlm.de/u-materialien-handy.html

WWW www.klicksafe.de (EU-Initiative) (2010): Zusatzmodul Lehrerhandbuch „Knowhow für junge User"

Institut für Qualitätsentwicklung an Schulen (IQSH) (Hrsg.) (2006): Kompetenzorientierter Deutschunterricht. Anregungen für die Arbeit mit den Bildungsstandards zum Hauptschulabschluss und mittleren Abschluss (Sekundarstufe I). Kronshagen

Steves, Mirjam (2012): Online sein – aber sicher! Praktische Materialien zum gefahrlosen Surfen, Chatten, E-Mailen. Mühlheim an der Ruhr

Thüringer Institut für Lehrerfortbildung, Lehrplanentwicklung und Medien (2005): Lass es mich selbst tun. Materialien für die Entwicklung von Lernkompetenz. Heft 113. Bad Berka

Checkliste Unterrichtsmodell Deutsch (für die Hand der Schüler)

Du kannst in der rechten Spalte Stichwörter notieren oder einfach abhaken, wenn ein Arbeitsschritt erledigt ist. Arbeitest du mit einem Partner oder in der Gruppe, füllt die Checkliste gemeinsam aus.

Ich plane meine Arbeit.	
Wie lautet meine Fragestellung? Wie heißt mein Ziel?	
Wie komme ich zum Ziel? Wie gehe ich vor?	
Was weiß ich schon zu dem Thema? Kenne ich etwas Ähnliches?	
Welche Materialien benötige ich zur Beantwortung der Fragestellung?	
Welche Schritte sind zur Beantwortung der Fragestellung notwendig?	
Mit welchen Hilfsmitteln kann ich die Frage klären?	
Woher bekomme ich die erforderlichen Hilfen? Wie kann/soll ich sie nutzen?	
Wann erledige ich welche Aufgaben?	
Was muss ich für die Präsentation beachten?	
Was muss ich sonst noch beachten?	
Nach Erledigung der Aufgabe: Habe ich alles bedacht? Passt das Ergebnis zu meinem Ziel?	
Wie habe ich das gemacht? Wie hätte ich etwas besser machen können?	

Ich erschließe mir einen Text mit Hilfe von Lesestrategien.	
Nach dem Lesen der Überschrift überlege ich: Worum könnte es gehen? Was weiß ich schon zu dem Thema?	
Ich kläre unbekannte Begriffe (mit dem Nachbarn, im Wörterbuch, im Internet).	
Ich finde Überschriften zu den einzelnen Abschnitten.	
Ich lese den Text genau. Ich markiere Wichtiges. Ich schreibe Schlüsselwörter heraus.	
Ich fasse den Text zusammen und erkläre ihn einem Partner mit Hilfe meiner Stichpunkte (Schlüsselwörter).	

Think-Pair-Share (Denken-Austauschen-Besprechen/Vorstellen)	
Ich erschließe mir meinen Text mit Hilfe von Lesestrategien. Ich schreibe Schlüsselwörter in meine Ecke der Place-Mate-Vorlage.	
Wir einigen uns auf Schlüsselwörter und tragen diese in das mittlere Feld ein.	
Wir präsentieren unsere Ergebnisse und vergleichen sie mit denen der anderen Teams.	

Stundenmodell Mathematik, Grundkurs 7. Klasse

Konstanze Reents

Ziel	Die Schüler lösen **Zuordnungsaufgaben in Sachkontexten.** Zieldifferent (s. Lerngruppe): Die Schüler lösen **Zuordnungsaufgaben (Zweisatz) in Sachkontexten.**
Lerngruppe	• Grundkurs der Oberschule entspricht grundlegendem Niveau • 18 Schülerinnen und Schüler, davon drei mit Bedarf an sonderpädagogischer Unterstützung im Bereich Lernen. Diese werden zieldifferent unterrichtet.
Bedingungsanalyse	**Lernvoraussetzungen bzgl. der inhaltsbezogenen Kompetenzen:** • Multiplikation und Division beherrschen; Eingangstest („check in") zur Selbsteinschätzung bezogen auf die o.g. Lernvoraussetzungen bearbeiten **Lernvoraussetzungen bzgl. der prozessbezogenen Kompetenzen:** • Texte lesen und verstehen • modellieren • kommunizieren und argumentieren • mit dem Regelheft umgehen • grundlegende Fähigkeiten im Umgang mit Kompetenzrastern und Checklisten erwerben (Wissen um die Bedeutung der Bewertungskriterien von ++ bis --) • in Planungs- und Abschlusskonferenzen Vorhaben und Ziele besprechen, vereinbaren und reflektieren (Selbstreflexion) • Arbeit im „Lernbüro" und damit Rituale selbstständigen und kooperativen Lernens und Arbeitens: Ergebnisse überprüfen, gemeinsamer Stundenbeginn (Planungskonferenz), Ergebnisse ablegen, Material finden, mit Material angemessen umgehen, den Arbeitsplatz organisieren, Möglichkeiten der Arbeit in Gruppen, gemeinsamer Stundenabschluss (Abschlusskonferenz), Unterstützung einfordern (bei Schülern und Lehrern), Unterstützung leisten, ... **Lernvoraussetzungen bzgl. des Arbeits- und Sozialverhaltens:** • selbstständig Aufgaben lesen, verstehen, bearbeiten und lösen • sich selbst einschätzen • kriteriengeleitetes Feedback geben und annehmen • in unterschiedlichen Gruppenzusammensetzungen miteinander arbeiten Als Förderschullehrerin bin ich mit insgesamt sechs Stunden in der Klasse eingesetzt. Davon liegen drei Stunden parallel zum Mathematikunterricht der Klasse. Der Unterricht findet als Doppelstunde (90 min) statt.
Material/Medien	für Lehrpersonen: • Kerncurriculum für die Hauptschule, Mathematik, Schuljahrgänge 5-10, Hannover 2006 • Schuleigener Arbeitsplan Mathematik • Busch, Meike (Hg.): Klick! 8. Mathematik. Hannover 2012, S. 17, 108-117. Viele Kopiervorlagen liegen inzwischen in elektronischer Form vor, sind editierbar und bieten so die Möglichkeit, differenzierte Aufgabenstellungen individuell zu gestalten.
	für Schüler: • Kompetenzraster und Checkliste (S. 141 ff.) • eingeführtes Schulbuch, Arbeitsheft und Kopiervorlagen sowie selbst gestaltete Arbeitsblätter

Kompetenzraster und Checklisten:

Die Kompetenzraster (S. 141 f.) sind jeweils unabhängig von eingeführten Schulbüchern formuliert und zu nutzen. Ein Raster bezieht sich hier auf eine Unterrichtseinheit. Die Spalten beinhalten in aufsteigender Folge die zu erwerbenden Teilkompetenzen, die Zeilen geben an, auf welchem Niveau der kognitiven Durchdringung (Anforderungsbereich) diese Teilkompetenzen erworben werden können. Derart gibt das Raster einen Überblick über die Unterrichtseinheit und kann im Verlauf und zum Ende der Einheit zur Dokumentation der Lernentwicklung genutzt werden.

In den Unterrichtsstunden ist jedoch die Checkliste wesentliches Arbeitsmittel. Hier finden sich die Aufgabenstellungen, anhand derer die Schüler die einzelnen Teilkompetenzen erwerben können. Zur Differenzierung sind die verschiedenen Anforderungsbereiche und somit die Aufgabenstellungen getrennt ausgewiesen. Die Schüler suchen sich die Anforderungen entsprechend ihres Leistungsvermögens und notieren nach Bewältigung der Aufgaben die Selbsteinschätzung ihrer Fähigkeiten (von ++ bis --).

Sollten Schüler sich mit minus oder schlechter einschätzen, nutzen sie die Möglichkeit, dies mit den Lehrpersonen gemeinsam zu reflektieren, Ursachen für ihre Unsicherheiten herauszufinden und ggf. entsprechende Übungsaufgaben zu vereinbaren. In Abständen gibt es Lernstandskontrollen, die sich auf die Teilkompetenzen der Kompetenzraster beziehen. Die Schüler bearbeiten diese, wenn sie sich auf den Checklisten mit plus oder besser einschätzen.

Das Bestehen wird durch Klebepunkte im Raster vermerkt. Der Einsatz von Kompetenzrastern und Checklisten wird in einen unterrichtsmethodischen Rahmen eingebettet, der einerseits den Schülern und Lehrern eine Orientierung bietet (Planungs- und Abschlusskonferenzen) und andererseits Selbstständigkeit und Lernberatung ermöglicht (in Anlehnung an das Konzept „Lernbüro").

Vorbereitung/Voraussetzung:

Der Umgang mit Kompetenzrastern und Checklisten wurde sukkzessive eingeübt, er ist an dieser Stelle den Schülern bereits ebenso bekannt wie eine reflektierte Selbsteinschätzung (s.o.).

Die hier aufgeführten Kompetenzraster sind jeweils so aufgebaut, dass sich die ersten beiden Spalten auf Teilkompetenzen beziehen, die die Lernausgangslage für die Berechnung von Zuordnungen betreffen. Das bedeutet in dieser Einheit, dass es sich um grundlegende Informationsentnahme und das Ausfüllen einer Wertetabelle handelt, deren Werte noch nicht zu berechnen sind.

Die unten stehenden Checklisten sind in Anlehnung an das Schulbuch „Klick! 8" entstanden. Exemplarisch soll an dieser Stelle verdeutlicht werden, welche Unterschiede bzw. Gemeinsamkeiten in den Aufgaben der einzelnen Anforderungsbereiche zu finden sind. Folgende Abkürzungen sind den Schülern geläufig: SB: Schülerbuch, AH: Arbeitsheft, KV: Kopiervorlage, AB: Arbeitsblatt.

Zu Beginn des Schuljahres haben wir den Klassenraum so eingerichtet, dass Material für jedes Unterrichtsfach seinen Platz hat, so dass „Lernbüros" entsprechend der Fächer zur Verfügung stehen. Dazu nutzen wir auch den Gruppenraum. Das Material wird zu Beginn jeder Unterrichtseinheit aktualisiert, angepasst und den Schülern erläutert. Entsprechend unseres Methodencurriculums beherrschen die Schüler aufsteigend seit der fünften Klasse Methoden wie Helfersysteme, Planungskonferenzen, Vergleichen von Arbeitsergebnissen, Regeln und Rituale für den Unterricht (wie Signale für Beginn und Ende von Unterrichtsphasen, Hausaufgabenkontrolle, ...) und zum Umgang mit dem Material (Ablage fertiger Aufgaben, Materialaufbewahrung, ...).

Bei der Zusammenstellung des Materials nutzen wir insbesondere bei den zieldifferenten Anforderungen Schulbücher der Förderschule (z.B. Klick! Mathematik) und Anschauungsmittel, die handlungsorientiertes Arbeiten ermöglichen.

Zu Beginn jeder Unterrichtseinheit wird entsprechend der inhaltlichen Lernvoraussetzungen (s. Tabelle) ein Check durchgeführt (ca. 15 min). Die Schüler bearbeiten Eingangsaufgaben in Einzelarbeit und lösen dabei in diesem Fall grundlegende Anforderungen zur Multiplikation und Division.

Planung:

Bei der gemeinsamen Unterrichtsvorbereitung der Einheit ist die Regelschulkollegin vorrangig für die Anforderungen des Grundkurses und die Förderschulkollegin vorrangig für die zieldifferente Gestaltung zuständig. Es wird darauf geachtet, dass es möglichst Berührungspunkte gibt, wie z.B.

den Erwerb ähnlicher prozessbezogener Kompetenzen, oder dass entsprechende Kompetenzen in unterschiedlicher Komplexität erworben werden. Als Grundlagen dienen hierzu die schuleigenen Arbeitspläne und die daraus entstandenen Kompetenzraster. Dazu passend erstellt das Team die Checklisten und ordnet Aufgaben zu, deren Bearbeitung ein Erreichen der angestrebten Kompetenz ermöglicht.

Durchführung:
Den Beginn der Unterrichtsstunde bildet eine Planungskonferenz im Sitzkreis (15 min). Jeder Schüler legt hier fest, was er sich für diese Stunde vornimmt. Vorhaben können sowohl Aufgaben, Ziele oder Kompetenzen (inhaltlich, methodisch oder sozial) sein. Außerdem wird geklärt, wie die Arbeit organisiert wird, z.B. wer mit wem in dieser Stunde arbeitet. Hier besteht auch die Möglichkeit, Schüler an Rückmeldungen aus den vorangegangen Stunden, an bestehende Regeln oder Anforderungen zu erinnern. Die Schüler ziehen hierzu immer wieder die Kompetenzraster und Checklisten heran.

Während der Arbeit im „Lernbüro“ bearbeiten die Schüler entweder allein oder in Gruppen ihre Aufgaben und Vorhaben. In dieser Zeit haben wir als Lehrpersonen Zeit, uns einzelnen Schülern bzw. Gruppen zuzuwenden und unterstützend tätig zu werden. Unterschiedliche Leistungsniveaus, auf inhaltlicher oder sozialer Ebene, werden so gut berücksichtigt.

Den Abschluss der Stunde bildet – ebenso ritualisiert – eine Abschlusskonferenz (15 min). Hier reflektieren die Schüler entsprechend ihrer Vorhaben aus der Planungskonferenz, ob sie diese umsetzen bzw. erreichen konnten, und begründen dies anhand ihrer Checkliste. In der Abschlussrunde besteht die Möglichkeit des gegenseitigen, kriteriengeleiteten Feedbacks, aber auch der Rückmeldung durch die Lehrpersonen. Eine Kontrolle der Ergebnisse durch die Lehrpersonen erfolgt zum einen durch die Beobachtung und Begleitung der Schüler und Gruppen während der Unterrichtsstunden, zum anderen werden schriftliche Ergebnisse stichprobenartig eingesammelt und nachgesehen.

Kompetenzraster Mathematik Grundkurs Klasse 7:

Am Ende der Unterrichtseinheit lösen die Schüler Zuordnungsaufgaben in Sachkontexten.

Teilkompetenzen / Anforderungsbereiche	Teilkompetenz (TK)	TK	TK	TK	TK
	Ich kann aus Sachsituationen wichtige Informationen entnehmen.	**Ich kann eine Wertetabelle richtig ausfüllen.**	**Ich kann die Art der Zuordnung benennen (proportional, antiproportional, nicht proportional).**	**Ich kann fehlende Werte berechnen.**	**Ich kann aus einem problemorientierten Sachkontext die Lösung durch Zuordnung bestimmen.**
Anforderung I	Ich kann die Informationen in eigenen Worten wiedergeben.	Ich kann eine vorgegebene Wertetabelle richtig ausfüllen.	Ich kann anhand fertiger Sätze die Art der Zuordnung begründen.	Ich kann anhand vorgegebener Operationen fehlende Werte berechnen.	Ich kann ein bekanntes Lösungsschema anwenden.
Anforderung II	Ich kann aus einer überbestimmten Aufgabe wichtige Informationen wiedergeben.	Ich kann eine Wertetabelle erstellen und ausfüllen.	Ich kann anhand teilweise vorgegebener Satzmuster die Art der Zuordnung begründen.	Ich kann innerhalb einer vorgegebenen Zuordnungsart (z.B. proportional) fehlende Werte berechnen.	Ich kann Zuordnungsaufgaben innerhalb einer vorgegebenen Zuordnungsart lösen.
Anforderung III	Ich kann aus einer unterbestimmten Aufgabe fehlende Informationen ergänzen.	Ich kann die Merkmale einer Wertetabelle begründen.	Ich kann die Art der Zuordnung durch selbst entwickelte Satzmuster begründen.	Ich kann fehlende Werte bei proportionaler und antiproportionaler Zuordnung berechnen.	Ich kann Zuordnungsaufgaben lösen.

Innerhalb des Rasters können die Schüler sich von links nach rechts orientieren, d.h. sie erwerben aufsteigend Teilkompetenzen während der Unterrichtseinheit. Sie können aber auch innerhalb einer Teilkompetenz in verschiedenen Anforderungsbereichen lernen, indem sie sich von oben nach unten voranarbeiten.

Kompetenzraster Mathematik zieldifferente Aufgaben:

Am Ende der Unterrichtseinheit lösen die Schüler proportionale Zuordnungsaufgaben (Zweisatz) in Sachkontexten.

Teilkompetenzen / Anforderungsbereiche	Teilkompetenz (TK)	TK	TK	TK	TK
	Ich kann aus Sachsituationen wichtige Informationen entnehmen.	**Ich kann eine Wertetabelle richtig ausfüllen.**	**Ich kann die Art der Zuordnung benennen (proportional, antiproportional, nicht proportional).**	**Ich kann fehlende Werte berechnen.**	**Ich kann aus einem problemorientierten Sachkontext die Lösung durch Zuordnung bestimmen.**
Anforderung I	Ich kann die Informationen in eigenen Worten wiedergeben.	Ich kann eine vorgegebene Wertetabelle richtig ausfüllen.	Ich kann anhand fertiger Sätze die Art der Zuordnung begründen.	Ich kann anhand vorgegebener Operationen fehlende Werte berechnen.	Ich kann ein bekanntes Lösungsschema anwenden.
Anforderung II	Ich kann aus einer überbestimmten Aufgabe wichtige Informationen wiedergeben.	Ich kann eine Wertetabelle erstellen und ausfüllen.	Ich kann anhand teilweise vorgegebener Satzmuster die Art der Zuordnung begründen.	Ich kann innerhalb einer vorgegebenen Zuordnungsart (z.B. proportional) fehlende Werte berechnen.	Ich kann Zuordnungsaufgaben innerhalb einer vorgegebenen Zuordnungsart lösen.
Anforderung III	Ich kann aus einer unterbestimmten Aufgabe fehlende Informationen ergänzen.	Ich kann die Merkmale einer Wertetabelle begründen.	Ich kann die Art der Zuordnung durch selbst entwickelte Satzmuster begründen.	Ich kann fehlende Werte bei proportionaler und antiproportionaler Zuordnung berechnen.	Ich kann Zuordnungsaufgaben lösen.

Dieses Kompetenzraster steht den Schülern mit Bedarf an sonderpädagogischer Unterstützung zur Verfügung. Dabei handelt es sich um ein Raster, das sich auf den schuleigenen Arbeitsplan Mathematik für den 6. Jahrgang bezieht.

Checklisten Unterrichtsmodell Mathematik

Name: ______________________ Klasse: __________ Datum: ______________

Thema: Zuordnungen in Sachkontexten	++	+	–	– –	Material/Aufgaben
Ich kann aus Sachsituationen wichtige Informationen entnehmen.					I: SB S. 108, Nr. 1a II: AH S. 40, Nr. 2 III: AB 1, Nr. 2
Ich kann eine Wertetabelle richtig ausfüllen.					I: II: III:
Ich kann die Art der Zuordnung benennen (proportional, antiproportional, nicht proportional).					I: II: III:
Ich kann fehlende Werte berechnen.					I: II: III:
Ich kann aus einem problemorientierten Sachkontext die Lösung durch Zuordnung bestimmen.					I: II: III:

++ bedeutet: Das kann ich sehr gut, denn ich kann es anderen verständlich erklären.
+ bedeutet: Das kann ich.
– bedeutet: Da bin ich noch unsicher, daher muss ich hier noch üben.
– – bedeutet: Da bin ich noch sehr unsicher, denn hier benötige ich noch Hilfe von anderen.

Name: ______________________ Klasse: __________ Datum: ______________

Thema: Zuordnung (Zweisatz) in Sachkontexten	++	+	–	– –	Material/Aufgaben
Ich kann aus Sachsituationen wichtige Informationen entnehmen.					I: SB S. 127, Nr. 2 II: AH S. 54, Nr. 1 III: KV 136, Nr. 4
Ich kann eine Wertetabelle richtig ausfüllen.					I: II: III:
Ich kann die einander zugeordneten Wertepaare benennen (proportional).					I: II: III:
Ich kann fehlende Werte berechnen.					I: II: III:
Ich kann aus einem problemorientierten Sachkontext die Lösung durch Zuordnung bestimmen.					I: II: III:

Beispiele für verschiedene Aufgaben:

In der folgenden Tabelle sind exemplarisch Aufgaben für den Grundkurs den zieldifferenten Aufgaben zum besseren Vergleich einander gegenüber gestellt:

<table>
<tr><th>Aufgaben für den Grundkurs</th><th>zieldifferente Aufgaben</th></tr>
<tr>
<td>
I: SB S. 108, Nr. 1a könnte lauten:
Du siehst hier eine Wertetabelle mit einer Zuordnung. Beschreibe die Zuordnung.

Hauptstädte in Deutschland
<table>
<tr><th>Bundesland</th><th>Hauptstadt</th></tr>
<tr><td>Niedersachsen</td><td>Hannover</td></tr>
<tr><td>Bayern</td><td>München</td></tr>
<tr><td>Hessen</td><td>Wiesbaden</td></tr>
<tr><td>Nordrhein-Westfalen</td><td>Düsseldorf</td></tr>
<tr><td>Berlin</td><td>Berlin</td></tr>
</table>
</td>
<td>
I: SB S. 127, Nr. 2 könnte lauten:
In der Tabelle siehst du Hauptstädte von deutschen Bundesländern. Kreuze wahre Aussagen an. Erstelle daraus eine Beschreibung der Zuordnung und schreibe sie in dein Heft.

Hauptstädte in Deutschland
<table>
<tr><th>Bundesland</th><th>Hauptstadt</th></tr>
<tr><td>Niedersachsen</td><td>Hannover</td></tr>
<tr><td>Bayern</td><td>München</td></tr>
<tr><td>Hessen</td><td>Wiesbaden</td></tr>
<tr><td>Nordrhein-Westfalen</td><td>Düsseldorf</td></tr>
<tr><td>Berlin</td><td>Berlin</td></tr>
</table>

<table>
<tr><td>Jedem Bundesland wird eine Hauptstadt zugeordnet.</td><td></td></tr>
<tr><td>Jedem Bundesland wird die gleiche Hauptstadt zugeordnet.</td><td></td></tr>
<tr><td>Jeder Hauptstadt wird ein Bundesland zugeordnet.</td><td></td></tr>
<tr><td>Mehrere Hauptstädte werden einem Bundesland zugeordnet.</td><td></td></tr>
<tr><td>Einem Bundesland wird ein Bundesland zugeordnet.</td><td></td></tr>
<tr><td>Jedes Bundesland wird Deutschland zugeordnet.</td><td></td></tr>
<tr><td>Die Bundesländer gehören zu Deutschland.</td><td></td></tr>
</table>
</td>
</tr>
</table>

II: AH S. 40, Nr. 2 könnte lauten: Auf der Deutschlandkarte im Atlas S. 56 findest du Informationen, aus denen sich eine Zuordnung herstellen lässt. Zum Beispiel Bundesländer und ihre Hauptstädte oder Bundesländer und ihre Einwohnerzahl. Erstelle daraus eine Wertetabelle und beschreibe die Zuordnung.	**II: AH S. 54, Nr. 1 könnte lauten:** In dem Elternbrief ist der Ablauf der Klassenfahrt nach Hannover dargestellt. Ordne jedem Tag Unternehmungen zu und beschreibe die Zuordnung. Liebe Eltern, am Montag, den 27. Mai treffen wir uns am Bahnhof. Unsere Jugendherberge erreichen wir mit der U-Bahn problemlos. Am ersten Nachmittag besuchen wir das Wachsfigurenkabinett. Am 28.5. fahren wir mit der U-Bahn zum alten Rathaus, das wir vormittags besichtigen. Abends gehen wir gemeinsam ins Kino. Am 29.5. starten wir bereits am Morgen unsere Fahrradtour. Ganz wichtig sind regenfeste Kleidung und ein Fahrradhelm, den wir uns leihen können. Nachmittags besichtigen wir das große Aquarium. Für den 30.5. ist eine Führung durch das Museum verabredet. Anschließend haben die Schüler ein bisschen Zeit zur freien Verfügung. Am Freitagmorgen, den 31.5. geht es nach dem Frühstück gleich ans Kofferpacken, denn wir fahren wieder nach Hause. Ich freue mich auf die gemeinsame Fahrt. Mit freundlichen Grüßen
III: AB 1, Nr. 2 könnte lauten: Finde ein Beispiel für eine Zuordnung aus dem Bereich „Deutschland". Erstelle eine Wertetabelle und beschreibe die Zuordnung.	**III: KV 136, Nr. 4 könnte lauten:** In der Lutherschule fanden Bundesjugendspiele statt. Denke dir Ergebnisse für den Weitsprungwettbewerb aus. Erstelle eine Wertetabelle.

Stundenmodell Geographie, 6. Klasse

Gundula Dechow

Ziel	Gestaltung eines „Europäischen Abends" für die Eltern • Orientierung in Europa, Klima, Vegetation, Sehenswürdigkeiten • Gestaltung und Vorstellung eines Länderporträts
Lerngruppe	Gemeinschaftsschule, 6. Klasse 14 Mädchen, 10 Jungen, davon drei Schüler mit dem Förderschwerpunkt „Hören", ein Schüler mit dem Förderschwerpunkt „Sehen" und eine Schülerin mit AVWS (Auditive Verarbeitungs- und Wahrnehmungsstörung). Sie werden zielgleich unterrichtet. Zwei Schüler mit dem Förderschwerpunkt „Lernen" werden zieldifferent unterrichtet.
Bedingungsanalyse	**Erforderliche Lernbedingungen:** Zu berücksichtigende didaktische Prinzipien für den Unterricht mit hörgeschädigten Schülern sowie Schüler und Schülern mit AVWS: • Strukturierung (klarer Stundenverlauf, Teilzusammenfassungen) • Visualisierung (Stundengliederung, anschauliches Tafelbild, Fachbegriffe) • Sicherung der Informationsaufnahme (deutliche Aussprache, Gesprächsdisziplin, Mundbild des Sprechers sichtbar, Lehrer-/Schülerecho) Für den sehgeschädigten Schüler müssen bei der Unterrichtsplanung/-durchführung folgende Aspekte berücksichtigt werden: • kontrastreiche und optisch klar strukturierte Unterrichtsmaterialien • ggf. Vergrößerung von Vorlagen (z.B. bei bildlichen Darstellungen) • zusätzliche Verbalisierung von Unterrichtsinhalten • klar strukturierte, kontrastreiche Medien (z.B. sauberer Tafeluntergrund, kein Umweltschutzpapier) • Demonstrationsobjekte erhält der Schüler als Letzter, um diese in Ruhe betrachten zu können.
Voraussetzungen	Sach- und Methodenkompetenzen • Orientierung im Schulatlas • fachspezifische Informationsentnahme aus physischen und thematischen Karten (Legende, Maßstab, Höhenangaben) • Vorstellung über Lage und Größe der Kontinente • grobe Vorstellung hinsichtlich der Klimazonen der Erde • Nachschlagewerke zur Recherche nutzen • themenbezogene Informationsentnahme aus kürzeren Texten und Bildern
Material/Medien	Tafel, OHP, PC, Atlas, Lexika, Schulbücher, Bücher zur Landeskunde, Internet, Reisekataloge, Reiseführer, Lernkarteien, Wandkarte, Lernwerkstatt Europa
Begründung des Themas	Die vorliegende Unterrichtseinheit gehört laut Lehrplan zum Thema „Grundwerte" sowie zu dem Unterthema „Reise durch Europa" (Lehrplan „Weltkunde" Schleswig-Holstein, Klassenstufen 5/6). Realitäts- und Lebensweltbezüge ergeben sich aus Reiseerfahrungen der Schüler, aus Berichten von Mitschülern oder aus Reportagen in den Medien über Landschaften und Lebensverhältnisse im europäischen Raum.
Kompetenzbereiche	**Sachkompetenz:** • Topographie Europas • Alltagsleben in ausgewählten europäischen Staaten im Vergleich (u.a. Sprache, Essen, Schulalltag, landestypische Produkte) • Vegetation in Europa • Urlaubsreisen in Europa • Waren aus europäischen Ländern auf unseren Tischen **Methodenkompetenzen:** • Verfahren zur Erschließung und Auswertung von Informationen aus unterschiedlichen Quellen kennen und anwenden • themenbezogene Informationen aus Bildern, Graphiken, Klimadiagrammen und Tabellen entnehmen • Texten fragenrelevante Informationen entnehmen und wiedergeben

- Unterrichtsergebnisse in verschiedenen Formen darstellen
- Organisationskompetenz für Arbeitsabläufe entwickeln
- Selbstständigkeit bei der Lösung von Arbeitsaufträgen gewinnen

Selbstkompetenzen:
- neugierig auf Unbekanntes und Fremdes werden
- einen eigenen Standpunkt bilden
- Kommunikations- und Kontaktfähigkeit verbessern
- kriteriengeleitetes Feedback geben und annehmen

Rahmenbedingungen:

Der Klassenraum verfügt über eine verbesserte Raumakustik (durch Teppichboden, eine Akustikdecke oder andere schallschluckende Materialien). Der Raum ist gut ausgeleuchtet und weist keine Stolperfallen auf.

Es gibt einen festgelegten Lernbereich für das Fach Geographie (→ Schritt 9). Hier finden die Schüler die Materialien z.B. in Regalen, in Schränken, auf Materialwagen und an einer Demonstrationsfläche (z.B. Wand, Regalrückwand), die nach einer klaren Ordnungsstruktur (Symbole, Farben) abgelegt sind. Je nach Thema wird das Material zusammengestellt. Dabei liegen die Schwerpunkte auf handlungsorientiertem Material, Materialvielfalt und Medien. Der Umgang mit ihnen wurde seit der 5. Klasse mit jedem Thema schrittweise erweitert.

Regeln und Rituale im Unterricht, die Abläufe im Unterricht strukturieren (z.B. Anfang/Ende von Unterrichtsphasen, Organisation der eigenen Unterlagen, Ablauf der Kleingruppenarbeit) sind eingeführt (→ Schritt 14).

Die Klasse ist durch das Tischgruppentraining seit Beginn der 5. Klasse mit der Kleingruppenarbeit vertraut. Die Tischgruppen in den Klassen entsprechen sozialen Subsystemen. Die Gruppenbildung wird nicht allein den Schülern überlassen, sondern erfolgt unter binnendifferenzierenden Kriterien. Heterogene Tischgruppen ermöglichen das Entstehen von Helfersystemen sowie das Kennenlernen unterschiedlicher sozialer Hintergründe. Unter dem Motto „Du musst nicht mit jedem befreundet sein – aber mit jedem zusammen arbeiten können" lernen die Schüler im gezielten Tischgruppentraining, zunehmend selbstständig, kooperativ und kommunikativ den Unterricht mitzugestalten.

Eine FM-Anlage ermöglicht in Unterrichtsgesprächen ein ausreichendes Sprachverstehen mit der gesamten Lerngruppe. Eine FM-Anlage ist eine drahtlose Signalübertragungsanlage, die Signale mit frequenzmodulierten Funksignalen (FM) überträgt. Der Sender (Sprecher) trägt ein Mikrofon, der Hörgeschädigte ein Empfangsgerät. Das Mikrofon wird bei Gesprächen mit der gesamten Lerngruppe an den Sprecher gegeben.

Planung:

Die Planung und Organisation findet in Zusammenarbeit mit dem/den Förderschulkollegen statt (→ Schritt 13). Das Einfließen beider Expertisen in die Planung lässt effektivere Lernarrangements erwarten. Der Fokus der Förderschulkollegen liegt darauf, die unterschiedlichen Entwicklungsniveaus bei der Planung angemessen zu berücksichtigen, individuelle Erziehungsbedürfnisse zu erkennen und Barrieren aufzudecken. Der Unterrichtseinheit wird ein Befragungsbogen zur Erhebung der fachlichen Lernvoraussetzungen vorgeschaltet. Auf ihrer Auswertung baut die Planung – besonders im Hinblick auf individuelle Differenzierungen – auf. Es werden Aufgaben für das Plenum und Aufgaben für das eigenständige Lernen entwickelt.

Inhalte, Anforderungen, Aufgaben, Methoden, Differenzierungsmöglichkeiten und -formen, außerdem notwendige Rahmenbedingungen werden gemeinsam geklärt und abgestimmt. Die Lernziele werden spezifiziert und individuell ergänzt, passende Lernraster entwickelt.

Das Lehrerteam entscheidet: Wer ist für welche Bereiche verantwortlich? Wer bereitet was vor? Wer übernimmt welche Aufgaben im Unterricht? Wer besorgt welche Materialien?

Differenzierungsbeispiele für die Übungsaufgaben des sehgeschädigten Schülers:

- keine filigranen Zeichnungen,
- Arbeitsblätter auf DIN-A3 vergrößert,
- geringere Schreibmengenanforderungen,
- Aufgabenmenge reduziert.

Differenzierungsbeispiele für die Übungsaufgaben der hörgeschädigten Schüler:

- Aufgabenformulierungen in einfachen, kurzen Sätzen;
- das Textverständnis steht im Vordergrund, daher werden komplexe Texte sprachlich vereinfacht.

Arbeit mit dem Lernraster und Checklisten:

Dieses bewusst reduzierte Beispiel versteht sich als erster Schritt zur Verwendung von Lernrastern.

Vor Beginn der Arbeit werden der Zeitrahmen und die Lernzeiten festgelegt (z.B. Zeit vom... bis...; Wochentage, Unterrichtsstunden, zu Hause).

Schüler erhalten ein auf das Thema zugeschnittenes Lernraster (→ Schritt 18). Die in den einzelnen Feldern beschriebenen Kompetenzen werden in Checklisten konkretisiert. Sie enthalten die im Raster aufgelisteten Kriterien mit den dazugehörigen Lernaufgaben. Die Materialien für die Lernaufgaben und die Lösungsmuster liegen im Lernbereich „Geographie" im Klassenraum. Die Lernaufgaben umfassen u.a. das Lernen mit Lernkarteien, an Lernstationen, E-Learning, Arbeitsblätter, Kartenarbeit und Zeichnen.

Jeder Schüler kann individuell horizontal und vertikal „durch das Raster gehen". Nach jedem bearbeiteten Feld kontrolliert er sich selbst oder wie es bei der jeweiligen Lernaufgabe vorgesehen ist. Er muss die Frage für sich selbst beantworten: „Kann ich das wirklich?" Hat ein Schüler einen Teilbereich des Lernrasters mit Hilfe der Checkliste fertig bearbeitet, kann er einen Lerntest schreiben. War er erfolgreich, markiert er mit einem Klebepunkt das Erreichen dieser Lernstufe im Raster. War der Lerntest nicht erfolgreich, wird im Gespräch mit einem Lehrer der Grund des Misserfolgs analysiert, nachgesteuert und der Lerntest zu einem späteren Zeitpunkt wiederholt.

Auch wenn mit einem einfachen Wortschatz die einzelnen Rasterfelder mit „Ich kann"-Formulierungen verständlich beschrieben werden, fällt es lernschwachen Schülern häufig schwer, mit Lernrastern zu arbeiten. Daher ist die Begleitung dieser Schüler durch engmaschige Rückmeldungen der Lehrperson (→ Schritt 18) während der Arbeit mit dem Raster notwendig.

Die Tabelle auf Seite 151 zeigt mögliche Strukturen von Unterrichtsphasen der Einheit auf (Phasenstrukturbeispiele).

Lernraster

Thema	Anforderungsbereich 1 Ich kann gut wiedergeben. A	Anforderungsbereich 2 Ich kann gut erklären. B	Anforderungsbereich 3 Ich kann Zusammenhänge und Probleme erkennen und meine eigene Meinung begründen. C
Orientierung in Europa	1 Ich kann die Nachbarstaaten Deutschlands und deren Hauptstädte aufzählen.	1 Ich kann mindestens 20 europäische Staaten benennen, die Staaten und deren Hauptstädte auf einer Europakarte zeigen.	1 Ich kann eine Reiseroute zusammenstellen, die mindestens 8 Staaten und deren Hauptstädte berührt. Ich starte in meinem Heimatort.
	2 Ich kann große europäische Flüsse und Gebirge benennen.	2 Ich kann drei europäische Flüsse benennen, die jeweils durch vier verschiedene Länder fließen. Ich kann die Lage der Pyrenäen und der Alpen angeben.	2 Ich kann Aussagen und Darstellungen auf Richtigkeit überprüfen (fehlerhafte Karten korrigieren, Transportwege überprüfen).
	3 Ich kann Großräume Europas benennen.	3 Ich kann die Staaten Europas den Großräumen zuordnen (Nord-, Mittel-, Süd-, West-, Ost-, Südosteuropa).	3 Ich kann die Staaten Europas nach verschiedenen Kriterien in Gruppen zusammenfassen (z.B. Euro, EU, Klima, Verkehrswege).
Klima	4 Ich weiß, dass es im Norden von Europa durchschnittlich deutlich kälter ist als im Süden.	4 Ich kann das Klima der kalten Zone, der gemäßigten Zone und der Subtropen beschreiben.	4 Ich kann den Zusammenhang zwischen Klimazone und Temperatur bzw. Niederschlagswerten erklären.
Sehenswürdigkeiten	5 Ich kenne Sehenswürdigkeiten in Europa.	5 Ich kann verschiedene Sehenswürdigkeiten in Europa den Ländern zuordnen.	5 Ich kann die Bedeutung von Sehenswürdigkeiten an verschiedenen Beispielen erläutern.
Alltag	6 Ich kann andere über die Lage, die Sprache, den Schulalltag meines Beispiellandes informieren.	6 Ich kann zu meinem Beispielland Informationen zu mindestens 4 Bereichen geben	6 Ich kann erläutern, wie Alltagsgebräuche meines Beispiellandes entstanden sind.
landestypische Produkte	7 Ich kenne ein typisches Produkt meines Beispiellandes.	7 Ich kann begründen, warum ein Produkt typisch für mein Beispielland ist.	7 Ich kann erläutern, wie es zur Ausprägung verschiedener landestypischer Produkte gekommen ist.

Beispiel: Checklistenausschnitt und Trainingsmöglichkeit

B 1: Ich kann mindestens 20 europäische Staaten benennen, die Staaten und deren Hauptstädte auf einer Europakarte zeigen.

	Ich kann ...	Ich übe ...
1.	Ich kann europäische Staaten und ihre Hauptstädte benennen.	Schulbuch S. ___ AB Nr. ___ Lernkartei Europa Nr. ___
2.	Ich kann Staaten in Europa auf der Karte zeigen.	Atlas S. ___ AB Nr. ___ AB „Stumme Karte" PC: Topographie-Quiz (z.B. www. toporopa.eu/de)
3.	Ich kann europäische Hauptstädte auf der Karte zeigen.	Arbeit mit der Europakarte: Vorderseite: Staaten Rückseite: Lernkarte (Partnerarbeit)

Literatur

www http://bildungsserver.berlin-brandenburg.de (Suchbegriff: Kompetenzraster)

www www.beatenberg.ch

Geographie heute (2010): Heft 285, Thema „Individualisierung". Seelze

Phasenstrukturbeispiele

	Schüler (S.)	Lehrperson (L.)	Barrieren abbauen durch
Einstieg	Plenum: Schüler erhalten Information über die beiden Schwerpunkte der Unterrichtseinheit: Reise durch Europa. 1. Ich arbeite wie ein Geograph. 2. Gestaltung eines „Europäischen Abends“	**Moderator:** • informierender Unterrichtseinstieg • kurze mündliche Einführung ins Thema • Visualisierung: Bilder aus europäischen Staaten • L. strukturiert das Unterrichtsgespräch.	visualisierten Unterrichtsverlauf, verbalisierten Unterrichtsverlauf, Einsatz der FM-Anlage, Tafelanschrieb von wesentlichen Begriffen in großer Schrift.
Erarbeitung	Schüler erarbeiten Kriterien für die Länderpräsentation. Einzelarbeit → Gruppenarbeit → gesamte Lerngruppe S. stellen Ergebnisse (Kriterien) der Gruppe vor.	**Konstrukteur:** L. strukturiert den Arbeitsauftrag mit dem Verfahren Think-Pair-Share (→ Schritt 14). Präsentation und Ergebnissicherung im Plenum. L. ruft dazu gezielt Schüler aus den Gruppen auf. L. fasst zusammen und hält wichtige Ergebnisse und Vereinbarungen schriftlich (Tafel, Folie, PC) fest.	FM-Anlage, klar strukturiertes Tafelbild, kurze, eindeutige Arbeitsanweisung, Zusammenfassung wesentlicher Inhalte. Hörgeschädigte/AVWS-Schüler arbeiten mit ihrem Partner außerhalb des Klassenraumes.
eigenverantwortliches Lernen mit Lernbegleitung	Beginn im Plenum: Was liegt heute an? Was nehme ich mir heute vor? Fragen werden geklärt. Mitschüler geben Tipps. S. bearbeiten eigenverantwortlich die Lernaufgaben in Einzel-, Partner- oder Kleingruppenarbeit. Unterstützung durch Mitschüler: „Helfermodell“	**Lernbegleitgespräche:** • Rückmeldungen zur bisherigen Arbeit und Besprechen des weiteren Vorgehens • Arbeits- und Zeitplanung • „Hilfe zur Selbsthilfe“	Arbeitsplätze auch außerhalb des Klassenraumes, Lärmampel im Klassenraum, Rückzugsmöglichkeit (räumlich).
Feedback	Abschluss einer Stunde: S. geben Rückmeldungen zum Stand ihrer Arbeit und ihrer Ziele; sie stellen eventuell ihre Arbeitsergebnisse/Teilergebnisse vor. S. geben sich gegenseitig Kriterien geleitetes Feedback.	**Moderator:** • erinnert an Regeln und Vereinbarungen • legt den Zeitrahmen fest • L. gibt auch Rückmeldung zum Prozess/Ergebnis • fasst zusammen	FM-Anlage, Visualisierung wesentlicher Inhalte, große Schrift an der Tafel, adäquater Sitzplatz des sinnesgeschädigten Schülers, Lehrerecho.
Präsentation und Bewertung	Plenum: • Länderpräsentationen der Gruppen • Rückmeldung und Bewertung nach erarbeitetem Kriterienkatalog	**Moderator:** • strukturiert den Präsentationsablauf • leitet das Feedback an • gibt Meinungen wieder und fasst sie zusammen	FM-Anlage, Visualisierung wesentlicher Inhalte, große Schrift an der Tafel, Sprecher antlitzgerichtet, adäquater Sitzplatz der sehgeschädigten Schülers.

Literatur

Arnold, Rolf (2012): Wie man lehrt, ohne zu belehren. 29 Regeln für eine kluge Lehre. Heidelberg

Baumert, Jürgen/Klieme, Eckhard/Neubrand, Michael/Prenzel, Manfred/Schiefele, Ulrich/ Schneider, Wolfgang/Stanat, Petra/Tillmann, Klaus-Jürgen/Weiß, Manfred (Hrsg.) (2001): PISA 2000. Basiskompetenzen von Schülerinnen und Schülern im internationalen Vergleich. Opladen

Benkmann, Rainer/Chilla, Solveig/Stapf, Evelyn (Hrsg.) (2012): Inklusive Schule – Einblicke und Ausblicke, Bd. 13 der Schriftenreihe „Theorie und Praxis der Schulpädagogik", Kassel

Boban, Ines/Hinz, Andreas (2003): Index für Inklusion. Lernen und Teilhabe in der Schule der Vielfalt entwickeln. Deutsche Übersetzung der englischen Ausgabe von Tony Booth und Mel Ainscow. Halle

Bönsch, Manfred (2012): Gemeinsam verschieden lernen. Berlin

Booth, Tony/Ainscow, Mel (2003): Index für Inklusion. Lernen und Teilhabe in der Schule der Vielfalt entwickeln.Übersetzt, für deutschsprachige Verhältnisse bearbeitet und herausgegeben von Ines Boban und Andreas Hinz. Martin-Luther-Universität Halle-Wittenberg

Brüning, Ludger/Saum, Tobias (2009): Erfolgreich unterrichten durch kooperatives Lernen. Strategien zur Schüleraktivierung. Essen

Graumann, Olga (2002): Gemeinsamer Unterricht in heterogenen Gruppen. Bad Heilbrunn

Helmke, Andreas (2010): Unterrichtsqualität und Lehrerprofessionalität. Diagnose, Evaluation und Verbesserung des Unterrichts. Seelze, 3. Auflage

Kempfert, Guy/Rolff, Hans-Günter (2005): Qualität und Evaluation. Ein Leitfaden für pädagogisches Qualitätsmanagement. Weinheim/Basel

Malik, Fredmund (2006): Führen – Leisten – Leben. Wirksames Management für eine neue Zeit. Frankfurt/M.

Metzger, Klaus/Weigl, Erich (Hrsg.) (2010): Inklusion – Eine Schule für alle. Modelle – Positionen – Erfahrungen. Berlin

Meyer, Hilbert (2004): Was ist guter Unterricht? Berlin

Mittendrin e.V. (Stangier, Stephanie/Thoms, Eva-Maria als Hrsg.) (2012): Eine Schule für alle – Inklusion umsetzen in der Sekundarstufe. Mühlheim an der Ruhr

Paradies, Liane/Wester, Franz/Greving, Johannes (2010): Individualisieren im Unterricht. Berlin

Riecke-Baulecke, Thomas/Müller, Hans-Werner (1999): Schul-Management. Den Wandel gestalten. Leitideen und praktische Hilfen. Braunschweig

Rolff, Hans-Günter (2007): Studien zu einer Theorie der Schulentwicklung. Weinheim/ Basel

Rolff, Hans-Günter/Buhren, Claus/Lindau-Bank, Detlev/Müller, Sabine (2000): Manual Schulentwicklung. Handlungskonzept zur pädagogischen Schulentwicklungsberatung (SchuB). Weinheim/Basel, 3. Auflage

Schöler, Jutta (1997): Leitfaden zur Kooperation von Lehrerinnen und Lehrern – nicht nur in Integrationsklassen. Heinsberg